Unbelievable:

Investigations into Ghosts, Poltergeists, Telepathy, and Other Unseen Phenomena, from the Duke Parapsychology Laboratory

Stacy Horn

超常現象を科学にした男

J.B.ラインの挑戦

ステイシー・ホーン

ナカイサヤカ 訳　石川幹人 監修

紀伊國屋書店

超常現象を科学にした男——J・B・ラインの挑戦

UNBELIEVABLE

Investigations into Ghosts, Poltergeists, Telepathy,
and Other Unseen Phenomena,
from the Duke Parapsychology Laboratory

デューク大学
超心理学研究所に在籍していた
科学者たちへ

主要登場人物

J. B. ライン（1895-1980）
アメリカの超心理学者。植物生理学の研究者だったが、心霊研究に興味を惹かれたころ、心理学者マクドゥーガルに出会い、ともにデューク大学超心理学研究所を設立。1934年に刊行した著作『超感覚的知覚』で一躍時代の寵児となる。アメリカの超能力研究に厳密で科学的な実験と統計を持ち込み、学問としての超心理学の地位確立に尽力した功績を讃えられ、近代超心理学の父とも呼ばれている。

ルイーザ（ルイ）・ライン（1891-1983）
J. B.ラインの妻。1920年に結婚。夫と同じシカゴ大学で1923年に植物学の博士号を取得。その後は夫と二人三脚で超能力研究の近代化に貢献した。1男3女の母であり、子育てに専念した期間もあったが、研究に復帰したあとは超心理現象のケーススタディーで高く評価されている。長女サリー・ライン・フェザーは父の後をついで研究所を支えた。

ゲイザー・プラット（1910-1979）
ラインの一番弟子の超心理学者。牧師になろうと進学したデューク大学で、哲学とギリシャ語を学んでいるなかJ. B.ラインと出会う。超心理学で博士号を取得し、研究グループでは中心的な役割を演じた。マスコミでも大きく取りあげられたシーフォードのポルターガイスト事件（1958年）の調査に立ち会う。また、ピアースの超能力実験はインチキだという嫌疑と常に戦い続ける。しかし晩年はラインと袂を分かつ。

チャーリー・スチュアート（1907-1947）
デューク大学で数学を専攻していたが、J. B.ラインの研究に魅了され、超心理学の道を歩む。ゲイザー・プラットと2人で初期のラインを支え、ESP研究の推進役となった。第2次世界大戦中はスタンフォード大学の心霊研究講座に招かれ研究員として2年間滞在（1942-44）。生まれつき心臓が弱く、惜しまれつつも39歳で早世する。

ベティ・ハンフリー（1917-?）
インディアナ州の大学で哲学を学び、卒業後はデューク大学のラインのもとで心理学の博士号を取得した超心理学者。戦時中の研究所を支えた若手女性スタッフ「2人のベティ」の1人。偶発的予知についての研究に取り組む。

ベティ・マクマハン（1924-2009）
超心理学研究所のスタッフ。愛称はベティマック。アパラチアン州立教育大学1年生だった1943年、J. B. ラインの本を読んで感銘を受け、研究所の最年少スタッフとして採用される。デューク大学で修士号を取得後、昆虫学の博士号をハワイ大学で取得している。同時期に研究所に在籍したベティ・ハンフリーの親友で「2人のベティ」と呼ばれた。

ヒューバート・ピアース（1905-1973）
ESPカードによる超能力実験の高得点者。牧師になるためにデューク大学に進学したが、J. B. ラインの講義をきっかけにESP実験の被験者となり、その能力が見出される。ゲイザー・プラットを相手に、安定して驚異的なスコアを出すが、失恋をきっかけにその能力を失ってしまう。その後は故郷に戻って牧師として余生を過ごしたが、ライン、プラットとは生涯の友になった。

ウィリアム・マクドゥーガル（1871-1938）
イギリス出身の心理学者。実験心理学分野の先駆者であり、社会心理学と動機付けの研究で名を知られる。ハーバード大学に招聘されてアメリカに移り、その後デューク大学心理学部長となる。「心霊現象は大学での研究に値する」との信念のもと、J. B. ラインに超心理学研究の道を勧め、最大の理解者として支援した。

アイリーン・ギャレット（1892-1970）
アイルランド出身の霊媒。科学的探究に興味を持ち、アメリカに招かれてからはラインの超心理学研究所と緊密な関係を保ちつつ、独自の心霊研究を続けた。霊能者としての仕事の他に、出版社経営や雑誌『トゥモロウ』の発行、超心理学財団の設立など、超心理学の発展に大きな業績を残している。

プロローグ

怪談は魅力的だ。

だが一般的に科学者たちは、超常現象の報告や、それらを厳密に研究しようという考えを軽蔑し続けてきた。しかし二〇世紀の前半、今までになく薄くなった現実というベールの下に、目に見えない力や波、粒子などを発見し、宇宙が膨張していることを科学が証明していった時代があった。そのごく短い期間、長らく〈超常現象〉として科学者たちがろくに調べもせずに片づけてきた事象に対し、科学的なアプローチが可能かもしれないという考えを受け入れる余裕が学問の世界に生まれた。このわずかな絶好の機会のあいだに、デューク大学は超心理学研究所を開設したのだった。この研究所についてはは何年ものあいだ耳にしていたが、そこでおこなわれていたことについて、私は何も知らなかった。

現在デューク大学には、七〇〇箱以上に及ぶ超心理学研究所の記録が保存されている。研究所の科学者たちは、他の科学者たちが解明したいなどとは思わなかった、あるいは解明することができなかった「事件」を調査していた。私は、この数十年ほとんど手つかずのまま放置されていた資料にたちまち魅入られた。

研究所のリーダーはJ・B・ラインという名の男だった。現在、超心理学の狭い世界の外ではラインは忘れ去られようとしているが、かつて彼は〈超常現象のアインシュタイン〉だった。一九三〇年代から一九八〇年に没するまでのあいだ、メディアは彼を追いかけつづけ、研究所が発表する目新しい実験のほとんど全部を報道した。『ライフ』誌から『リーダーズダイジェスト』誌、『ニューヨークタイムズ』紙、『ニューヨーカー』誌まで、新聞・雑誌は、毎日のように科学の進歩が報じられているなかで、同じように超常現象の証拠をわずかな断片であっても世間に伝えようとやっきになっていた。

一方市井の人びとは、研究所に自らが経験した超自然現象を調査してもらいたかったので、研究所員たちは多くの訪問者と手紙の洪水にさらされた。たとえば当時ラインと関わりのあった有名な人物は——アルバート・アインシュタイン、アプトン・シンクレア〔社会派作家。食肉加工現場の実態を暴いた『ジャングル』〕、B・F・スキナー〔行動心理学の重鎮。条件付け実験装置であるスキナーボックスの発明者〕、リチャード・ニクソン〔当時副大統領〕、オルダス・ハクスリー〔小説家。『すばらしい新世界』や、メスカリン体験による『知覚の扉』など〕、アーサー・ケストラー〔作家『機械のなかの幽霊』、「ホロン」の提唱者〕、カール・ユング〔著名な深層心理学者〕、そして、ジャッキー・グリーソン〔コメディアン、俳優、ムードミュージックの大家〕などである。

ティモシー・リアリー〔元ハーバード大学の心理学教授。LSDを世間に広めた、サイケデリックムーブメントの中心人物〕は一九六一年にデューク大学を訪れ、ラインと研究所のスタッフ数人にシロシビンによるトリップを体験させた。この並外れたドラッグが、ラインらが解明しようとしていたずば抜けた精神能力——ESP〔超感覚的知覚。テレパシー、透視、予知などの総称〕、PK〔念力〕を強化するかどうかを試すためだった。

ヘレン・ケラー〔盲聾唖の社会福祉家〕はラインと会ったとき、その指をラインの唇におき、たびたび

ESPを経験していると語った。

陸軍と海軍は超感覚的知覚の動物実験を研究所に委託し、また空軍はESPマシンを作った。これは実験の一部を自動化した比較的簡単な構造のコンピュータである。ジェネラル・ダイナミクス社のような防衛産業が、政府の高等研究計画局の要請を受け、研究所の実験の進み具合を見学しに訪れた。鉄のカーテンの向こう側から、ロシアにも超心理学研究所があるとの情報が流れてきたとき、超心理学のマンハッタン計画が取りざたされたこともある。CIAはやがてマインドコントロールの開発に数百万ドルを費やすことになる。

産業界もラインの超心理学研究所に興味を持った。早くも一九三八年の時点で、ラインはIBMとESPマシンを作る話をはじめている。のちの空軍のように、ラインはテクノロジーが彼らのESPへの理解を深める助けになるかどうかを見てみたかったのだ。そして当初IBMは乗り気だった。AT&T〔米国の大手電話会社〕やゼニス・コーポレーション〔米国のラジオ、テレビメーカー〕、そしてウェスティングハウス〔米国の大手電機・原子力製造会社〕のような会社の代表者が、いつの日か現実世界で利用されるかもしれない〈未知の精神的な力〉についてもっと研究するための実験をおこなおうと試み、ラインと連絡をとっていた。経験豊かな実業家で自然科学者でもあったスローン－ケッタリング癌研究所のアルフレッド・P・スローンや、ゼロックス〔現在のコピー機〕の創始者である、チェスター・F・カールソンなどはラインの実験結果にとても興奮し、他の発見を期待して、ラインの研究所にポケットマネーを投資した。非常に高名であり、知的で大胆な援助で知られるロックフェラー財団は、もう一人の学術的先駆者であるアルフレッド・キンゼイ〔性科学者、『キンゼイ・レポート』〕に基金を提供したのと同じころ、ラインの研究所に財政援助をしている。

　ラインとキンゼイには共通する点が多い。キンゼイはもともと昆虫学者で、やがて人間の性行為の科学的研究のパイオニアになった。一方ラインは植物学の博士号から出発した。人に強い印象を与え、何かに衝き動かされているような男たち。彼らはふたりとも、強さと弱さを複雑な形で併せ持っていた。ラインにはキンゼイと同じように、まだ開拓されていない学問分野の研究で指揮をとるのに必要な資質があった。背が高くハンサムなラインは知的反逆者として魅力的で、いつでも、熱烈に忠実な学生やスタッフ、研究者たちを超心理学研究所に集めることができた。

　しかしこれもまたキンゼイと同じように、ラインはその魅力と同じくらい印象的な欠点も持っていた。元海兵隊員だったラインは戦うことが好きで、それは自体は悪いことではなかった。ただ、懐疑的で、敵対的な態度をとる科学者たちに対して、研究所の実験結果を受け入れるように説得するためには論争がつきものだったが、ラインは少しばかり戦いを好みすぎるきらいがあった。彼は引き際を知らず、ときには自分の陣営の人間まで敵視した。なかには、痛みと怒りがあまりにも強く心に残ったままなので、今日になってもどうしてもラインについて話したくないという人びとがいる。しかし一方では、テープに記録された彼の声の響きを聞いただけでいまだに胸がどきどきするという女たちがいるし、彼の人格の誠実さを証明するためならすすんで自分のキャリアを犠牲にできるという男たちもいる。

ラインはその生涯高名だったが、同時に孤立もしていた。彼は西海岸のロッキードミサイルスペース社での講演から、東海岸のハーバード大学で研究者たちを釘付けにした講演まで、立ち見でいっぱいになった群衆を前に数多くの講義をおこなったが、多くの賛同を得つつも、その後絶え間ない「インチキ」、「妄想」、「無能」といった批判にも応答しなくてはならなかった。

研究所の実験のほとんどは、実験にもっとも適し、観測も容易におこなえるESPに関するものだが、研究所の保存記録となっている七〇〇箱のなかには「すばらしい驚き」を収納していたものもあった。ある日、私はメリーランド州の取り乱した司祭からの手紙の束にでくわした。彼の手紙はワシントンDC郊外の家に住む男の子をめぐる、異常な出来事を説明していた。それは噴出する吐瀉物に至るまで、映画『エクソシスト』にそっくりだった。そして実のところ、これは作家であり脚本家のウィリアム・ピーター・ブラッティのベストセラー『エクソシスト』のモチーフとなった実話だった。司祭はラインに、一連の不穏な出来事はポルターガイストの仕業ではないかと書き綴り、研究所で「真相究明をするつもりはないか」と打診している。そしてラインらは実際に調査もおこなったのだが……。

ラインはいつでも、どんな超自然現象でも、できうる限り偏見を持たずに扱おうとしていた。しかし彼は〈死後も続くもの〉について反論の余地のない証明を探究していたので、実験室のなかで検証できないものは役に立たなかった。たとえば、彼はあるポルターガイスト事件（非常に激しかったため地元警察が事件として調査を開始したが、今日に至るまで未解決となっている）を調査するために彼のスタッフ数名をニューヨークに送ったことがあった。事件を担当することになった刑事も、この刑事が相談した様々な専門家のだれも、どうやって彫像がテーブルの上からだれの手も借りずに浮き上がり、とてつもない爆発音を立て、そして壊れることなく床に落ちたのかを説明することはできなかった。ラインはいつでも何を超常現象と考えるかについてとても慎重だった。自分の科学的な支持者集団に答える義務があったからだ。しかしラインと同僚たちはこの事件の七七の現象のどれをも超常現象と断言するのをためらう一方で、その多くが通常の物理法則では説明がつかないと結論づけている。

当時の有名な霊媒や霊能力者は、ラインの慎重さを理由に研究所に足を踏み入れることを拒否していた。冷静な観察をおこなう科学者たちを確信させることができなければ、実入りがよい職業が台無しになってしまう。科学者たちの意見は即座に新聞に載り、全米をかけめぐるからだ。

ラインを研究室のなかにとどまらせる要因となったのは、数々の失望とはっきりしない結論だった。すべての超自然的領域のなかで、彼は「科学」として信じられ、検証可能で、また徐々に理解可能になるはずだと考えた〈超感覚的知覚〉に焦点を定めた。研究所はやがてテレパシーについてのいくつもの発見をしたが、これらは現在再発見されつつある。後日、合衆国政府は、ラインの妻ルイーザが一九五〇年代に気づいていたＥＳＰのある様相の研究に何百万ドルも費やすことになる。今日、幻聴について出版されている本や論文が詳しく述べている発見は、研究所が怪談の調査をおこなっているうちに発見されたものに似ている。今現在、意識についての研究は科学のなかでも最新の分野のひとつだが、ラインはずっと意識こそがＥＳＰへの鍵となると信じていた。

だがラインが超常現象のなかでもっとも科学的に見える意識とＥＳＰに焦点をあわせようと努力している一方で、彼の支持者と同僚の多くは〈死後も続くもの〉への興味に衝き動かされ、研究室を離れ、現場へと向かった。そこでは、確かなデータより信じたいという願いと希望的観測が事件を作り上げていた。ラインは生涯をこうした人びとを落胆させることに費やしたのかもしれない。最初は私もその一人だった。ラインがいくつかの不可思議な、しかし非常に興味深い超常現象事件を追跡しなかったのを発見したとき、私は何故一瞥する価値もないのかと不思議に思った。しかしその後すぐに、私はもうひとつの可能性に心躍らせた。

ラインと彼の同僚たちは実験に基づいた確証を見出したのかもしれない。

そして彼らが研究していた現象のひとつ、ＥＳＰは本物だったのか？

心痛む事実としては、このすべての調査と研究に足りなかったものは、彼が「どのくらい近くまで真実に迫っていたのか」がわからなかったということだ。この調査をはじめたとき、私は信仰と科学の真ん中あたりにいた。超心理学研究所の実態を調査するためにノースカロライナ州に行ったときにも、私は幽霊もＥＳＰも信じていなかった。昔、大学にいたころ、映画『キャリー』〔スティーヴン・キング原作の超能力少女映画〕を見たことがある。そして机の上で、心の力で鉛筆を転がしてみようとしたがダメだった。しかし私は人間だ。人間の心の力は私たちが思っているほど限られたものではない。それに「死は終わりではない」と信じたくない人間がどれだけいるだろうか？怪談は魅力的だ――しかしこの世界には、本当に何か超常的な現象があるのだという科学的証拠の方がもっと魅力的だ。まだ誰もはっきりと〈死後も続くもの〉があるということを証明していないのは知っていた。しかしラインと彼の同僚たちはデューク大学で膨大な実験をおこなっており、もしそのひとつでも成功していたら？

　私が発見したのは、そのひとつが成功していたということである。

第1章 交霊会

はじまり

一九二〇年代後半、アメリカ南部の無名の神学校がデューク大学へと改組された当時、その地ノースカロライナ州ダーラムは、マイナーリーグ球団とタバコが多少有名という程度の田舎町にすぎなかった。郊外はさびれていて、街には工場労働者が暮らす貧しげな家が並び、点在する倉庫からタバコの葉の甘ったるく重たい香りが漂ってきた。しかしデューク大学のキャンパス付近は深い緑に包まれ、マグノリアが香る楽園であった。

タバコ産業界が数百万ドルを注ぎこんでこの大学を作りあげたとき、腰を据えて学問に取り組める場所を探し求めていたJ・B・ラインと、その妻ルイーザ・ラインがやって来た。彼らにとってデューク大学は、当時流行していた薄暗いサロンのイカサマ霊媒と距離を置き、超常現象の科学的解明をはじめるためのまっさらな舞台だった。さらにここには、研究熱心で、弟子に対しては惜しみなく支援する指導者もいた。生まれたばかりのデューク大学心理学部の学部長、ウィリアム・マクドゥーガル博士である。研究棟の新築や改装が進むなかで、ラインとマクドゥーガル博士は主に死について語りあった。

それまでの半年間、ラインはジョン・トーマスという男を対象に研究してきた。トーマスは霊媒を繰り返し訪れては、亡くしたばかりの妻と本気でコミュニケーションを取ろうとしていた。

ラインの検証した結果はぞくぞくするようなものだった。霊媒が言いあてる事実はトーマスしか知らないものが多く、ラインの厳しい目にも検証する価値があると思わせた。しかしそのうち、ラインは行き詰まってしまった。霊媒のメッセージに含まれる事実の裏を取るためには何でもしてきた。ニューヨーク州北部の一〇〇年前の小さな墓地を探して何百マイルも旅をし、交霊会で伝えられた曖昧な情報を確認しにも行った。霊媒が伝えてくる情報は、ほとんどの場合正しかった。しかし、どんなに事実が一致したところで、それがどんなに驚異的でも、霊媒があの世から情報を得ているという証明にはならないのだ。インチキやまぐれあたりの可能性は排除できるかもしれないと考えながらも、ラインはもうひとつの可能性に思いをめぐらせていた。既知の感覚器官を使うことなく、心と心が直接通じあうことを可能にする「テレパシー」である。霊媒に情報を伝えているのは、本来ならばこの男性の死んだ妻のはずだが、ひょっとすると生きている人間、たとえば夫本人であるかもしれないのだ。

結局のところ、「亡き妻の霊」か「夫からのテレパシー」のどちらなのだろうか？　この疑問に科学的に答える方法は、まだなかった。妻の霊を実験室に連れてくることなど不可能だ。それまでにもテレパシーを実証しようとした研究は試みられていたが、「実験室のテレパシー効果」は、霊媒のレベルに遠くおよばなかった。しかしマクドゥーガルは、テレパシーがあるという証拠は驚くほど豊富で、問題は、制御された環境下で信頼できる実験方法が開発されていないことなのだと言って譲らなかった。ラインとマクドゥーガルが決めたのは、まず何よりも、そうした実験を設計《デザイン》しなくてはならないということだった。なにしろマクドゥーガルは、それができるきわめてまれな地位にあったのだ。彼はラインと同じくらい、超常現象と死後生存の研究に熱意を注いでいた。そして、デューク大学の学長自らが、心霊研究に対して資金を提供する約束をしたため、マクドゥーガルは名誉あるハーバード大学の地位を離れる決心をしたのだ。彼は、ラインによる死後生存の証明を支援するためには、何でもするつもりだった。

それから一〇年もしないうちに、ダーラムはもう単なるタバコの町ではなくなった。一九三四年には、デューク大学と、ラインのやがてＥＳＰ（超感覚的知覚）として知られるようになる驚くべき研究が、世間の注目を集めるようになるのである。「ラインのＥＳＰ研究の成功は、暗闇のなかに小さく輝く光である」とマクドゥーガルは宣言した。それは死後も人格が生き続けるのか否かという、死後生存の証明に迫る最初の確実な一歩だった。

ボストンの霊媒

デューク大学における超心理学研究の話は、もとをたどればマサチューセッツ州ボストンのほの暗いサロンからはじまる。サロンには死者と話すことができると称する美しい女性がいた。時は一九二六年、心霊ブームのなかで霊媒は大流行していたが、ボストンの人望厚い外科医ルロイ・G・クランドンの妻、ミナ・クランドンの名声は全米の他の霊媒を圧倒していた。お洒落で、徹底して上品なビーコンヒル〔ボストンの富裕層地区〕の一画で開かれる交霊会で、魅惑的なミナはマージェリーと名乗り、こう約束してみせた。「あなたは死んでしまうことはありません。永遠に消えてしまうことはありません。さあ、こちらへ来て私の手を握って、そして足も。ご自分でこれが嘘偽りのないことを確かめて。これはトリックではありませんし、死も終わりではないのです」

ミナは室内履きとストッキングに、薄いガウンだけを身につけていることが多く、彼女の夫は、招待客がエクトプラズム〔霊媒の体内から出るとされる霊的な物質〕の出現を見ることができるように、科学探究の名のもとに妻のガウンを開いてみせた。エクトプラズムは彼女の口から、耳から、そして両足のあいだからあらわれた。

エロスと不死。これ以上魅力的なものがあるだろうか？

戸惑う客もいた。しかしクランドン医師は、手を伸ばして彼女に触ってみるように勧めるのだった。その特異な交霊会は真暗闇のなかでおこなわれ、今や裸体となったミナの広げた足のあいだからあらわれる、恐ろしい「ぐにゃぐにゃした」舌のような物体が、ミナの夫が手にした赤い電灯で照らし出された。クランドン夫妻はそれが一九一一年に鉄道事故で死んだミナの弟、ウォルターの手のエクトプラズムだと主張した。

目撃者のひとりであるトーマス・R・ティッツェが書いた報告によると、その末端は「まるで切断された指のように不規則に分裂していた」とのことだ。しかし目を背けるものはいなかった。「触ってみたい人はいませんか」とクランドン医師が聞く。ほとんどが恐ろしさに尻ごみしたが、ひとりの会席者によれば女性の胸のような感触がしたという。他の会席者は、冷たい生の牛肉か濡れたゴムのようだったという。この時代に流行したのは「身体から出てくるもの」で、超常現象といえば、濡れてしたたり、臓物めいているのがお約束だった。現出物のトリックとしてガチョウの脂に浸したガーゼを利用した霊媒もいたという。

ハーバード大学の教授たちはのちに、ミナの「手」は動物の肺臓から作られていたと結論づけている。このころまだハーバードに在籍していたマクドゥーガル教授は「さらに興味深い疑問は『なぜ解剖学でしかわからないようなものが（心霊的現象で）出てきたのか』ということだ」と、最初にはっきり言ったひとりだった。

ミナはこの疑問の検証は拒否した一方で、『サイエンティフィックアメリカン』誌〔一八四五年創刊の一般向け科学雑誌〕の委託研究者へレワード・キャリントンを「私にキスしてくれないかしら」と誘惑していた。当時この雑誌は、霊能力を持っていると証明できたものには二五〇〇ドルの賞金を出すとしており、キャリントンはミナの主張を査定するためにサロンを訪れたのだった。のちに彼は人々の理解を求め弁明している。「いったいどうすればよかったんだ？ 彼女はすでに私の腕のなかにいたんだから」と。別の訪問者は「彼女はそこにいる男性すべてに取り入っていた」と証言している。そしてキャリントンは、その後四〇回にわたりミナの交霊会に会席する常連客となった。

交霊会では、ミナはキャリントンの膝の上に足を乗せ、彼の手を握った。キャリントンは『サイエンティフィックアメリカン』誌の査定委員会（奇術師であり、霊媒のトリック暴きで名を馳せたハリー・フーディーニは入っていたが、マクドゥーガルはメンバーではなかった）で、ただひとりミナを擁護した。結局、同誌は中立の立場に留まり、本物ともインチキとも宣言しなかったのだが、彼らの調査がまた話題を集め、ミナはさらに有名になった。彼女は本物だと主張する熱心な支持者もいた。シャーロック・ホームズの作者、アーサー・コナン・ドイル卿もそうしたひとりで、「真実を求めるあなたの英雄的な苦闘をたたえて」と刻んだ銀のカップをミナに進呈したほどだった。

その後も男性たちはボストンのサロンに集まり続けた。彼女の夫がすぐそばにいるなかで、ミナの胸やヴァギナを見つめ、彼女を縛り、触り、キスし、彼女を微笑ませた。すべては夫であるクランドン医師の許可のもとにおこなわれ、そして性的な意図はまったくないとされていた。

J・B・ライン登場

この過熱したエロチックなムードで溢れかえる交霊会を訪れたのが、ジョセフ・バンクス・ライン博士だった。通称J・B、友人からはバンクスと呼ばれた三〇歳のラインには、愛妻ルイことルイーザ・ライン博士が連れ添っていた。

ラインは当初牧師になろうとしていたが、大学在学中に学問に関心が移り、宗教を放棄した。死後生存について学問的な結論が出ていなかったため、ラインはこの問題への新しいアプローチを探りはじめたのだ。J・Bとルイは、心霊写真や、死後の世界と交信する方法について耳にするたびに当事者のもとを訪れた。もちろんアーサー・コナン・ドイル卿の講演も聴きに行った。ドイルは死んだ息子とコミュニケーションしたと疑いもなく信じており、その確信ぶりは印象的だった。そして「心霊現象は科学の対象となりうるだろう」という彼の意見は、ラインのかき立てられつつある興味をあと押しした。専攻の植物学と生物学は、もうラインのライフワークとして現実的でも魅力的でもなくなっていた。そうなるとすぐにJ・Bとルイはウェストヴァージニア大学を辞職し、家具を売り払いボストンへと引っ越した。当時ボストンのハーバード大学周辺では、最先端の心霊研究（と当時は呼ばれていた）が進められていた。そしてそれが大学の研究として適切であると信じる著名な英国人心理学者、ウィリアム・マクドゥーガル博士が同大学で教鞭をとっていたのである。

ライン夫妻は、最初にミニー・ソール夫人という霊媒との交霊会に会席したが、明らかなインチキで期待はずれに終わった。そこでボストンの新たな同僚たちが口をそろえて強い印象を受けたという人気霊媒、ミナ・クランドンに目を向けたのだった。一九二六年七月一日金曜日、真夏の夜、ライン夫妻は大きな期待を抱いてライム通り一〇番地のクランドン家の階段をのぼった。

若き日のライン夫妻

ことは最初からうまくいかなかった。まず、ライン夫妻は普通の交霊会に会席することになると告げられたのだ。ラインは科学者としてもっと特別な交霊会を望んでいたのだが、それは叶わなかった。普通の交霊会はまず夕食と酒ではじまる。エロスと永遠の命への期待がない交ぜになり、すでに酔い心地になっているところにアルコールを注ぐのだ。その夜、クランドン医師は禁酒家のラインにシャンパンを勧めたが、ラインは断った。食事が終わるとクランドン夫人は、部屋着と室内履きに着替えるために部屋を出た。

交霊会がはじまる前にサロンを見てまわることは許可されなかったが、その夜に使われることになる様々な道具が手わたされ、検査するようにと言われた。たとえば「ヴォイス・マシン」というのは管とマウスピースからなっていて、霊媒の口のなかに入れて、話すことができなくなるようにするものだった。話しているのは死者であって、ミナではないことを証明するためである。ライン夫妻は、ミナのトランペットも検査した。この時代の霊媒はみんなトランペットを使っていた。トランペットは時として宙に浮き、死者の声を増幅するために使われる、要は大げさなメガホンだった。ライン夫妻は全部をよく検査したが、ミナの道具には明らかな仕掛けを見つけ出せなかった。

マージェリーことミナ・クランドン
（写真提供 The Libbet Crandon de Malamud Collection）

ミナが入室した。部屋にはキャビネットがあり、そのなかにミナの椅子があった。キャビネットの横板には手が出せるように穴があいていて、穴の外側には手を乗せる台がついている。ミナが椅子に座ると、手首と足首がワイヤーで縛られた。首には皮の紐が回され、キャビネットの後ろの板に固定された。これなら会席者の誰もが「インチキなどできなかったはずだ」と証言するだろう。ミナのキャビネットの正面ドアはひらいていて、客は彼女を囲むように半円を作って座った。ラインは彼女のすぐ右側に座った。

灯りが消えた。それからは特別なことが起こったときにクランドン医師が赤い電灯を照らすとき以外は、闇のなかに座っていることになる。ミナがトランス状態になったときは、弟ウォルターの霊があらわれて話したり、心霊現象を起こしたりすると言われていた。その夜、トランスが起こっているあいだじゅう、ウォルターの霊は恐ろしいどころか友好的で気さくだった。

ラインはのちにその交霊会を、七幕の演劇として説明している。次から次へと心霊現象が起こった。霊は籠を投げたり、闇のなかで会席者の持ち物を判別したりした。ヴォイス・マシンが持ちこまれ、ミナがマウスピースをつけて話せなくなると、ウォルターの霊が「主の祈り」をドイツ語で唱えてみせた。例のトランペットも、ミナのキャビネットのあちこちにぶつかる音を立ててから、最後に部屋のなかへと飛んできた。しかし、ラインには遠くに転がっていってしまったトランペットをミナが足を使ってたぐり寄せるのが見えたし、「霊が物体に作用する」のと同時に、ワイヤーを引っ張る音も聞こえた。ミナの手を縛ったワイヤーにはずいぶん遊びがあったのだ。

ミナの転落

ミナの交霊会から二週間後、米国心霊研究協会〔略称はＡＳＰＲ。一八八五年ボストンにて設立〕の理事会に向けてラインは報告書を提出した。ライン夫妻も協会のメンバーであり、ミナを支持していた協会がどのような対応に出るのか、大きな期待を抱いていたのだ。「本件についてはいうまでもなく、我々の学会誌がミナを支持すると学界に対して表明していた姿勢についても、私は失望しました。我々が現在に至るまで積みあげてきた実績は、本件によってまちがいなく台無しになります。そうなれば、協会の社会的評価はどのようになるでしょう？　我々は今後何年も、世界中の笑いものになります」

Ｊ・Ｂとルイは、再び学会誌にミナの交霊会を酷評する報告を投稿した。それでも協会の反応はかなり鈍かったので、ライン夫妻は別の論文誌『異常心理学と社会心理学』にも投稿してみた。同時投稿は禁じられていたが、米国心霊研究協会は論理的な調査研究をする組織としての評価を失いつつあった。ラインはまっとうな科学者としての専門的評価を得たいと願っていたのだ。同論文誌は報告書の掲載を受諾した。ライン夫妻は米国心霊研究協会の会員資格を返上し、一九二七年初頭、彼らの報告書が発表された。

報告書は事例を詳細に説明している。ミナのトリックを完璧に解明できなかった部分では、「この素晴らしい女性奇術師は、あらかじめ用意された道具と手口をあまりにたくさんみせてくれたので、『彼女はどうやったのか』と長い時間をかけて考えこむことさえばかばかしかった」と書いた。そしてライン夫妻は、その後彼ら自身が投げかけられることになる疑問を、自ら述べている。「通常の行為やトリックでは説明できず、また解釈に矛盾もないとほぼ確実に言えるようでなければ、それは科学ではないし、心霊現象について何かを知ることもけっしてできないだろう」

ラインの報告書の最後には残酷な注釈があった。ミナはすでに二回結婚し、現在の夫も次のクランドン夫人を探しに行きかねない。その夫をつなぎ留めるために、このような交霊会をひらいていたのだというのだ。つまり、ミナは夫が病的に死を恐れていることと、心霊的なものごとに強い興味を持っていることを知っていて、これが彼女なりの夫を引き留める方法だったという指摘である。学術誌上でのラインの断言は、場ちがいで不適切に見えた。それまでの冷静で科学的な論調とはうって変わって、まるでゴシップ記事だった。しかしこれが、エロチックな感情に満ちた薄暗いサロンから、研究室の明るい冷徹な照明のもとへ超常現象を引きずり出すための挑戦状となったのである。そしてここからJ・B・ラインの生涯にわたる戦いがはじまる。彼は終始手加減しなかった。

ラインの報告後、ミナにとって状況は一変していった。時を経て一九三九年に夫が死に、ひとり遺されたミナは太り、美貌を失い、酒を飲みはじめた。彼女はうつになってしまい、交霊会の途中に屋上から身を投げようとしたことさえあった。「私は今週の夜は五回会席しましたが、ミナは毎晩酔っぱらっていました。しらふだったのは土曜の朝だけでした」と、ラインの友人からの手紙に書かれている。哀れなミナ。彼女はもはや他人の同情にもすがらず、親戚の霊との交信を勧められても拒絶した。素顔の彼女はおびえた教養のない農家の娘で、生活のためにできる唯一のことをやっていただけだったのだ。酔っぱらいの痛ましい見せ物は、ミナが肝硬変で一九四一年に五二歳でこの世を去って、ようやく終わりを迎えた。

ライン夫妻の報告書はミナにとっては転落のはじまりだったが、ミナの支持者にとっては召集令状だった。よく知られた話だが、報告書が出版された直後にボストン市民が朝刊をひらくと、アーサー・コナン・ドイル卿による身も蓋もない広告が掲載されていた。

〈J・B・ラインはバカだ〉

様々な新聞が競ってミナに対するラインの懐疑的な報告を取りあげると、ドイルと同志たちは彼女の弁護にまわった。当時トップレベルの心霊研究団体であったボストン心霊研究協会〔一九二五年設立。当初マクドゥーガルも関わっていた〕と米国心霊研究協会のふたつの協会員は編集部に怒りの手紙を送りつけたが、そのなかでラインは「悪党」、「バカ」、そして一番マシなところで「下品でうぬぼれ屋」とこきおろされていた。

超常現象をめぐって刺激的なことが起こっている一方で、一九二七年の冬はラインにとって辛い時期になった。ちょうど報告書が出版されるころ、急にラインの母が世を去ったのだ。苦しまない突然の死だったので、その点はありがたいとラインは感じていたのだが、同時にそれゆえに安らぎを切望した。「私は亡き母が死後に向かうしかるべき場所を見つけてやらねばならない、そうだ、考え得るかぎりの法則や手段を持ってしてもだ。さもなくば母の思い出に背を向けて母を忘れるかだ」

死後生存の問題は今やさらに重要なものとなり、ラインは答えを見つける現実的で実験可能な方法をひっさげて、あまりにもだまされやすい世界中のコナン・ドイルたちと戦うつもりだった。

デューク大学へ

ラインがミナの交霊会に会席した同じ月、ライン夫妻をデューク大学へと導くことになる男が、とある霊媒と出会っていた。その男ジョン・トーマスは、妻エセルを二ヵ月前に亡くした。入院したときには簡単な手術のはずだったのに、手術台で息を引き取ったのだった。トーマスにとって彼女の突然の死は受け入れがたかった。辛い日々が続き、彼は亡き妻を探し求めてさまようことになった。自分が愛した妻が、跡形もなく、何も残さずただ消えてしまうはずがないと彼は信じ続けていた。もし霊的存在があるのなら、彼女と交信できる可能性はないのか？　トーマスはデトロイトの公立学校の財政監督官で、科学を重んじる人間だったのだが、彼は妻を求めるあまり、交霊会に会席するようになるところまで追い詰められていたのだ。同時に、彼自身はこれをまじめな研究調査だと考えていた。

トーマスはラインより運がよかった。ミニー・ソールはラインを落胆させた最初の霊媒なのだが、トーマスと彼女の交霊会の結果は驚くべきものだった。霊媒ソールは亡くなった妻について、なんと六二項目をも言いあてたのだ。トーマスは交霊会の様子や交信情報の几帳面な記録をつけていた。ミナや他の霊媒たちのように暗闇での交霊会とは異なり、ソールの交霊会は明るい場所でおこなわれ、はるかに専門的だった。さらにジョン・トーマスは、霊媒の語る言葉のなかに生前の妻の人格を認めた。霊は「私は一番活き活きしている死者よ」と言ってきたのだが、そのユーモアのセンスはまちがいなくエセルのものであり、トーマスは歓喜せずにはいられなかった。一九二六年一二月、ライン夫妻が心霊研究への希望を回復しようと苦闘している頃、トーマスは心霊研究へと突き進んでいた。

トーマスはハーバード大学の心理学部に連絡してきて、ラインと知りあうことになった。彼はライン宛の手紙に、これから英国に行って、彼のことを何も知らないはじめて会う霊媒と交霊会をするつもりだと書いてきた。もし、英国の霊媒から得た結果が今までと同じように確信を持てるものであったら、いっしょに研究を助けてくれるだろうかというトーマスの問いに対して、ラインは気乗りがしないまま、とりあえず興味があるとだけ書いた。

トーマスが英国の霊媒から得た結果は、またしても衝撃的だった。霊媒はたとえば妻とともに埋葬された珍しいネックレスをあてただけでなく、とにかく膨大な数々の事実を言いあてたのだ。すべての交霊会を終えたときにその項目は数千にのぼった。「彼は別の人間になって帰ってきたわ。以前は妻を亡くした男だったけど、今や彼女を見つけ出したのよ」とルイは当時の記憶を語った。彼はもう孤独ではなかった。「私たちも影響を受けたわ」とルイは認めた。交霊会の結果は正真正銘の本物かもしれなかった。

トーマスの亡き妻エセルの霊は、英国の霊媒を通じて「(ハーバードを離れてデューク大学に移籍していた)マクドゥーガルに会うように」と夫に告げたという。トーマスはマクドゥーガルに、自分は七五〇ページにおよぶ霊媒訪問の記録を持っており、それを活用したいと手紙を書いてきた。そしてライン夫妻がデューク大学に行き、顧問の立場で自分の記録を研究することを提案した。ラインへの手紙には、もしマクドゥーガルがライン夫妻のデューク大学への移籍を承認してくれたらどうするかと書いたところ、ラインは熟考し「この分野全体について、素晴らしい高揚感と憂うつな落胆とのあいだで気持ちが揺れている」と返答した。しかしトーマスからの電報で、マクドゥーガルが承認したとのニュースを受け取ると、ライン夫妻はさっそくデューク大学に向かうべく荷造りをはじめた。夏の終わりのことだった。

一九二七年九月、J・Bとルイはダーラムのデューク大学に着任した。死後生存として知られるようになる問題に答えを見出すために、再び転居したのだ。

「死後も魂はあるのか？（Is there life after death ?）」

ラインはトーマスの記録に強い興味を持っていたが、まだためらっていた。しかしながらその次の春、マクドゥーガルとラインは、トーマスの記録を説明するためにもっとも有望な手掛かりはテレパシーだということ、そして、それを確かめる場所は全国に広がる墓地ではなく、実験室のなかであるという合意に達していた。

第2章 ESP

テレパシーとの出合い

ラインがデューク大学に移った数ヵ月後のアメリカ西海岸では、社会派作家アプトン・シンクレアの病弱な妻メアリー・クレイグ・シンクレアが、テレパシーの実在を証明しようと実験をはじめていた。彼女が若いころに体験した心霊現象が本当のことだったのか、それともただの空想だったのかを確かめたかったのだ。

シンクレア夫妻はカリフォルニア州ロサンゼルスの南側に広がるロングビーチに住んでいた。あらかじめ約束した時間になったら、ロサンゼルスの北東一五キロに位置するパサデナで義弟ボブ・アーウィンが絵を描き、一五分から二〇分、絵に精神を集中する。同じ時間にメアリー・クレイグは、明かりを落とした自宅の長椅子に横になり、ボブの絵の精神的イメージを受け取ろうと、彼女の言うところの「雑念のない」状態になるように精神集中する。そして自分も受け取ったイメージの絵を描いて、あとで義弟の絵と比べた。実験はだんだん洗練されたものになっていった。たとえば封筒に入れた絵を胸に抱いて、「翼がはばたく音」と「勝利の感覚」とともに、ビジョンがあらわれるのを待ったりもした。また実験の相手は義弟だけでなく、夫アプトンであったり、自信に満ちたテレパシーの実演によってメアリー・クレイグにきっかけを与えた若い霊媒、ローマン・オストージャであったりもした。

メアリー・クレイグは、ほぼ一年にわたり二九〇回の実験をおこなった。結果は無視できないものだった。彼女が描いた絵は、原画の正確な複製か、どう見てもそれに近いものであることが多く、しかも彼女は何度でも繰り返しやってみせることができた。心霊研究に「ずっと興味を持っていたが、信じるには迷いがあった」というシンクレアは、運命的に巡り会った二度目の妻が、テレパシーを実践し解明しようとしていることを喜び、その探究を『精神通信《メンタルラジオ》(*Mental Radio*)』という本にまとめた。叙述的記述と科学的報告があいまったこの本で、シンクレアは「私たちはここに多くの証拠を公開し、無知からくるあざけりがいかに多くとも、それらに悩まされるつもりはない。はっきり申しあげよう。とても重要なので太字で書く。**テレパシーはある!**」と書いた。そしてシンクレアは自分が何をしているのかを自覚していた。テレパシーの実在を訴えることとは、世間を敵に回すことだったのだ。

予想どおり、メアリー・クレイグの実験が噂になると、間髪入れずに〈**シンクレア薄気味悪くなる**〉と題した批判的な記事が掲載される。しかもこれを書いたのは、シンクレアが友人だと信じていた人物だった。

心理学者として十分なキャリアを持った五八歳のマクドゥーガルでさえ、この件ではうんざりして疲れ果てていた。心霊研究に興味を持っていると公言するだけで揶揄《やゆ》され、伝統的分野の学者から、繰り返し棘《とげ》のある言葉を投げかけられるのだ。ちょうどその一年前に、マクドゥーガルは『ニューヨークタイムズ』紙に手紙を送っている。「三〇年にわたり、私は死後生存問題の証拠を得ようとする理論的試みの一端を担い、活発なる探究を続けてきました。しかしこの探究によって、私の科学者としての社会的評価は崩れ去ったのです」。英国人科学者の彼にとっては、自分より若いアメリカ人科学者の侮蔑に晒《さら》されるのも辛いことだった。

とにかく誰であれ、気安く手を染めるべき分野ではなかった。トーマス・エジソンがアメリカの進歩と発明の象徴であることに異論はないだろう。ところが彼ほどの才能を持ち、社会的尊敬を集めていた科学者であっても、死後生存の問題に目を向けたときに待ち受けていたのは軽蔑だった。エジソンは一九二〇年一〇月三〇日の『サイエンティフィックアメリカン』誌に、死者と交信する機械のアイデアを発表したが、編集部は自分たちの評価を気遣うあまり、記事のはじめにわざわざ二重線で囲んだ断り書きを載せたのだ。

シンクレアの出版エージェントは、彼の社会派作家として得ていた評価を守りたかった。そのために、尊敬されている著名人や科学者で、彼の本を支持し、重みと信頼性を与えるような原稿を寄せてもらえる人物を探した。アルバート・アインシュタインはシンクレアの友人だったので、序文を書くことには同意してくれた。さらに一九二九年五月八日、シンクレアは推薦文がもらえればと考え、マクドゥーガルに原稿と手紙を送った。結果としてこれ以上あり得ないという絶妙のタイミングで、原稿はもっとも熱心な読者のもとに届いたのだ。メアリー・クレイグの実験報告はマクドゥーガルを勇気づけた。そして彼はシンクレアに「私と同じくらいこの手の探究に熱心」なJ・B・ラインという人物に原稿を見せていいかと尋ねたが、シンクレアはもちろん大賛成だった。

マクドゥーガルは、メアリー・クレイグに、科学者の観察下で実験を繰り返してほしいと考えていた。しかしシンクレアは、やろうと思ってもできるとはかぎらないのだと説明した。「このテレパシー実験は、いつも彼女の気分が盛り上がったときにおこなわれたもので、しかも相手は親しい信頼できる人物なのです。同じことを赤の他人とやろうとすれば、話はまったく異なってきます」

これが実験室中でテレパシーを捕まえようとするのが、どれほど難しい作業であるかという最初の指摘だった。

ESP——超感覚的知覚

同じころ、ジョン・トーマスとラインのあいだでも対立が起こりつつあった。以後ラインの生涯を通じてこの種の問題がついてまわることになる。トーマスは、亡き妻エセルが霊媒に情報を与えていると確信していたのに対し、ラインはまだ別の可能性もあると考えていた。トーマスの記録は細部まで行き届いており、彼が訪れた霊媒がもたらした情報量は、容易には説明できないほど大量だった。しかしラインは、今やメアリー・クレイグの実験を知っていた。テレパシーの実在を劇的に立証するこの実験は、霊媒の情報源が死者ではなく生者トーマスである可能性と、それを証明するためにラインが実施すべき実験の方法を示していた。「もし霊媒が生きている人間、たとえば君自身から情報を得ていたとしても、それは悪いニュースだというわけではありません」と、彼はトーマスに説明した。肉体を離れて存在する何かを見つけ出さなくては、人格が死後も生存するという確証は得られない。何をさておいても、反論不能なテレパシーの証拠をまずは見つけ出さなくてはならない。ラインはそう心を決めた。

トーマスにしてみれば、ラインが腕のなかから無理やり亡き妻エセルを連れ去ってしまうように感じたにちがいない。「私はいなくならないわ」とエセルは霊媒を通じて戸惑う夫に伝えてきたが、テレパシーを証明すれば妻がメッセージを送ってきていたのではなく、霊媒が彼の心を読んでいただけということになってしまう。しかしラインは熱くなっていた。ようやく生涯を賭けて取り組む仕事のスタート地点まで来たのだ。テレパシーの仕組みを見つけ出す実験を開発しよう。テレパシーを理解するまで、霊媒がエセルとトーマス自身のどちらから情報を得ているか知る術はなく、そして死後生存が科学的に証明されることもないのだ。マクドゥーガルや他の人々も、これがもっとも科学的で、進むべき道だとラインに賛成した。

しかし、どうやってこの考えを、敵対的な態度を示している科学者たちにに提示すべきだろう？　ラインは実験を組み立てはじめた。当時好まれていた用語は、感覚器を経由しない知覚という意味の Extra-Sensory Perception（超感覚的知覚）、あるいはその頭文字をとったＥＳＰだった。「とりあえず今は『超感覚的知覚』を用いることにする。できるかぎり普通に聞こえるようにしたい」とラインは説明した。ラインは、科学者たちがテレパシーをすんなり受け入れるはずがないことを承知していた。そして少しでも抵抗なく受け入れてもらえるようにするために、心霊主義〔spiritualism の訳語で、人の死後の霊魂の存在を信じる立場〕やウイジャボード〔こっくりさんのような占い板。一二五頁写真参照〕などのあやしい匂いがしない、学術的な用語を使いたかった。心理学者は知覚の研究をよくおこなっているから、「知覚」という言葉を含む用語を使うことで、少しでも聞こえがよくなればと願った。

次にするべきは、曖昧さが最小になるような実験結果を得ることができ、また世界中の研究室で簡単に再現できるような実験を設計することだった。メアリー・クレイグのスケッチ実験には、結果の分析における主観的性質という問題がある。これはつまり、義弟がサボテンを描いていて、メアリー・クレイグがサボテンのように見える花を描いたら、これを正解とするか否かという問題だ。

ラインはサマー・キャンプで、子どもたちと簡単なあてっこコンテストをすることからはじめた。ラインが数を書いたカードを手に持ち、子どもたちはそれをあてようとする。答えはあたりかはずれである。秋の新学期になると、今度はデューク大学の心理学部の学生たちと同じような実験をした。ただし今回は、カードは封をした封筒に入れておいた。催眠状態になると被験者のESPが強化されるかどうかを見るための実験もした（当時はまだ催眠の可能性が注目を集めていたのだ）が、注目すべき結果は得られなかった。しかしひとつ明らかになったのは、普通のトランプを使うと、人々は無意識に自分が好きなマークや好みの数字を選ぶ傾向があるということだった。大学内には超心理学研究に適した学部はなかったが、とりあえず心理学部は研究を歓迎してくれていた。ラインがトランプカードと人の好みに関連する問題に直面したとき、この問題を解決したのも心理学者だった。ラインが心理学者カール・ゼナーに助けを求めると、ゼナーは新しいカードをデザインしてくれたのだ。カードは一組二五枚で、五種類のカードが五枚ずつあり、それぞれ、円、四角、十字、波線、星が描かれていた。ゼナーが選んだ五種類の図形は、人々の好みが偏らないように選ばれていた。しかし、のちにゼナーはラインの研究にひと役買ったことを後悔し、これをゼナーカードと呼ぶのをやめさせようとする日が来る。だがこの時点では、ラインと心理学部の人々の関係は心の底から友好的で、カードの開発は進歩であり、マクドゥーガルはこのうえなく満足していた。その年の一一月には、「わが同僚ラインは（霊との交信ではなく）透視としか呼べない結果を得つつある」と、西海岸のアプトン・シンクレアに手紙を書いている。

勉強熱心な学生がラインのまわりに集まりつつあった。そのなかにふたりの物静かでまじめな学部生がいた。ゲイザー・プラットは二一歳でギリシャ語科・哲学科の学生、チャールズ・スチュアートは二二歳で数学専攻だった。スチュアートは注意深く、優しくて学究肌で、そして精神的にも肉体的にも傷つきやすかった。プラットはノースカロライナの農場育ちで一〇人兄弟のひとりだった。デューク大学へは奨学生として入学していて、皿洗いのアルバイトをしたり、友人の宿題をタイプしてやったりして生活費を稼いでいた。プラットは、ラインと同じように最初は牧師になろうとしていたが、やがて宗教が自分の抱きはじめた疑問に十分な答えを与えてくれないと思うようになって考えを変えた。ラインとともに、ふたりの若者は、望む者には誰でもESPテストを実践させた。その実験はおもしろく、堅苦しい勉強の合間の気分転換になったので、デューク大学の学生たちはこぞって被験者になりたが

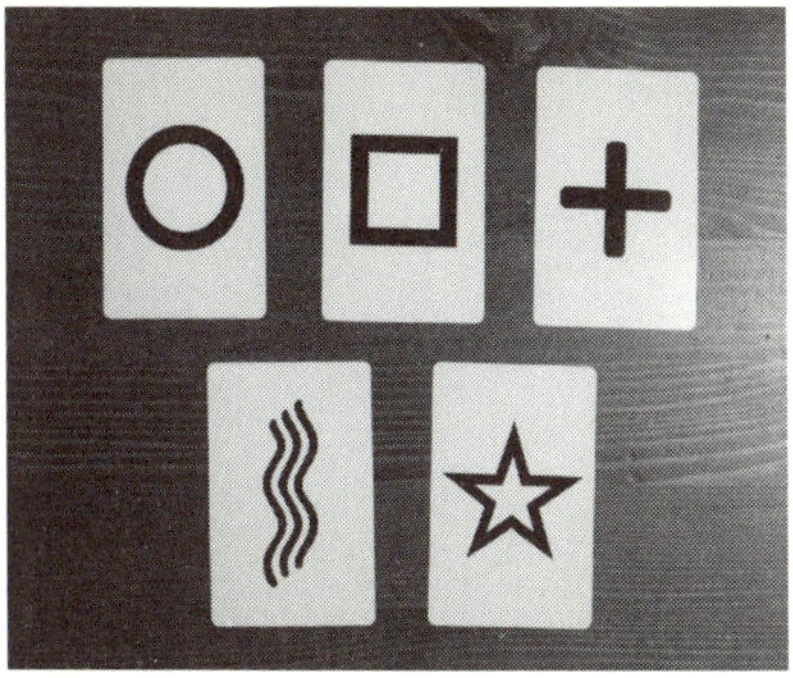
ESPカード

った。

アインシュタインと霊媒

一九三一年初頭、ラインが実験の改善に取り組んでいるあいだに、興奮したシンクレアがマクドゥーガルに手紙を書いてきた。「アインシュタインがやってきて、長いあいだいっしょに過ごしました。とても愛すべき人物です」

アインシュタインは、ロサンゼルス郊外のパサデナにあるウィルソン山天文台を訪れていた。天文台ではエドウィン・ハッブルにより赤方偏移〔光のドップラー効果〕が発見されており、それは宇宙が膨張しているという最初の証拠だった。アインシュタインは、天文台の科学者たちに統一場理論〔電磁気力や重力などの自然界の力を統一的に記述する理論〕の構想を示したかったのである。シンクレア家の人々はこの機を逃さず、アインシュタインをローマン・オストージャとの交霊会に招待した。オストージャはシンクレアの妻、メアリー・クレイグがともにテレパシー実験をした霊媒である。

アインシュタインはシンクレアの交霊会への招待に応え、カリフォルニア工科大学の物理学者ふたりを連れてやってきた。物理学者のひとりは、のちにアメリカの原爆開発プロジェクト〈マンハッタン計画〉の科学顧問となった人物だった。科学者のグループを集め、オストージャの「本当のテスト」をするのはシンクレアとその妻の夢だった。そして今、まちがいなく世界でもっとも偉大な科学者が交霊会に立ち会い、本当の霊媒は何ができるのかを目にしようとしていた。

このシンクレアの非公式な交霊会は厳正に管理された実験とは言えなかったが、どちらにせよ彼は落胆のうちに「完璧な失敗でした。オストージャはもう三年もやっていなかったからと弁解し、もう一度やらせてくれと頼みましたが、アインシュタインは多忙でした」と、ラインに手紙を書いてきた。オストージャに一度会ったことがあるマクドゥーガルは「オストージャは非常に不安定である」と述べていたが、失敗に終わったことを聞いて嘆いた。きわめて影響力が強く、かつ味方になってくれる可能性のあったアインシュタインに、強い印象を与えるという得がたい機会を逃してしまったのだ。

実際は、最初からアインシュタインを説得できる見こみはなかった。彼の秘書であったヘレン・デュカスによると、アインシュタインは「もし幽霊をこの目で見たとしても信じないだろう」と口にしていたとのことだ。のちにアインシュタインは超心理学者ジャン・アーレンワルドに、シンクレアのドイツ語版『精神通信』に序を書いたのは「著者と個人的に友人だったからで、自分が信じていないことは明らかにせずに書きました。とはいえ、嘘をついたわけではありません」と手紙を書いている。しかし数ヵ月後、アーレンワルドのテレパシーに関する本を読んだあと、アインシュタインは自分の意見を修正している。「あなたの本は私にとって、とても刺激的でした。そして、ある意味、この複雑な問題全体に関して私がもともと持っていたきわめて否定的な態度を和らげることになりました。人は目を閉ざして世界を歩んでいってはいけないのです」

アインシュタインが、しっかり管理された実験環境のもとで、説得力のある超常的能力の実践を目にしていれば、たとえ超心理学を支持しなかったとしても、研究を非難したり、ばかにしたりすることはなかっただろう。それは山のようなデータと同じくらい重要なことだったかもしれないが、そうはならなかったのである。

ヒューバート・ピアース

一九三一年、ラインは六三人の学生を使って、一万回のESP実験をおこなった。確率より高いスコアを出してESP能力を示した者も多かったが、なかでも突出した能力者を次の年に発見した。ヒューバート・ピアースという若い神学生である。アーカンソー州の小さな町クラレンドンの配管工の息子だ。ローマン・オストージャの能力が非常に不安定だったとすれば、ピアースは非常に安定していた。ラインとマクドゥーガルはあのシンクレア家の晩を振り返り、アインシュタインと会席したのがオストージャではなくてピアースであれば、と残念に思ったことだろう。

ある日ピアースは、ラインの講義に顔を出した。自分がテレパシーを持っているのではないかと感じていて、そう思うと怖くなったからだ。テレパシーについてのラインの講義を聞き、誰もいなくなるまで教室の後ろで待っていた。自分の疑念が肯定されるのも怖かったが、誰にも知られたくなかったのだ。ピアースは牧師になることが決まっており、のちに彼の妻となるルシールは「彼はどこへ行ってもその話をすることはなかったわ。メソジスト派の牧師がESPを信じているなんて、けっしていいことではなかったから」と述べている。ピアース自身が保守急進派というわけではなかったが、二六歳の神学生にとって、ESPは宗教的保守派が嫌う進化論よりはるかに危険だった。神以外に奇蹟を起こせる者はいないはずだからである。そこでラインは、ゲイザー・プラットが大急ぎでスタンプを押して作ったゼナーカードをつかみ、秘書とふたりでピアースの寄宿舎の部屋へ行った。誰も見ていないところで、いくつかテストをしてみるつもりだった。

確率から言えば、デタラメにあてている場合、二五枚のカードを全部試すごとに五枚のあたりが出るはずだ。もしそれより安定して多くあてれば、注目すべき

ヒューバート・ピアース

結果であり、何か別の力が働いている証拠になる。そしてこの日以降、ピアースは他の誰よりも明らかによい結果を出すことになる。

ラインとピアースは最初のテストをはじめた。ラインは伏せたカードを一枚ずつ置き、その上に手を置いた。ピアースがカードの種類を予測するとラインが表に返す。ピアースがひとことと言い、ラインがひとこと答える以外、ほとんど会話はなかった。ラインは最初のカードを伏せて、ピアースが予測した。

「あたり」

ピアースが次を推測した。また「あたり」だ。さらにもう一度「あたり」と続き、彼は最終的に連続一〇枚をあてた。それは運だけではほとんど不可能だ。しかし現実には、起こりそうにないことだって起こる。ただ何度も起こらないだけだ。彼はもう一度できるだろうか?

ラインはピアースを見つめた。ラインは強い集中力を持っていて、一度集中しはじめたら彼の気をそらすことは不可能だった。ラインが二三歳の海兵隊員だったころ、大統領杯を勝ち取ったことがある。ライフルの射撃コンテストで、軍隊の全部門が参加して優勝を競った。競技中に嵐になったが、ラインはたじろぎもしなかった。豪雨が降り注ぎ、雷鳴がとどろくなか、ラインは三〇〇点満点中の二八九点を上げて優勝した。そして今、その嵐にひるまず尋常ではない結果を導いたラインの集中力が、ピアースに注がれていた。若い新学生を穴があくほど見つめているラインの明るい灰色の目には、ピアースを喜ばせるものがひそんでいた。期待である。ピアースはまだおびえていたが、あれほど率直な感嘆と強い期待を寄せられて、嬉しく思わないものがいるだろうか？　同じ二五枚からピアースは再び一〇枚のカードをあてた。偶然の結果の二倍の枚数である。確率論で言えば、ピアースはテレパシー能力を持っていた。他の学生もＥＳＰ能力をみせており、ラインはすでに立証に十分な量の証拠を持っていたが、懐疑的な科学者たちの前に出るときには被験者がしっかりしているほどよいことはない。そしてピアースの能力は十分素晴らしかった。

ラインは寄宿舎の部屋での短い非公式のテストで、人々が納得するはずがないことも承知していた。細心の注意のもとに、厳しく管理された状況下で同じことを繰り返す必要があった。また、ピアースの出した結果は印象的だったが、彼とラインがやったのは、要は答えあわせだけで、科学的には不明な点ばかりだった。

ＥＳＰとは実のところ何なのか？

そしてどう作用するのか？

それらに答えるためには、もっと実験が必要だった。

ピアースは、ラインと、そして心理学部の大学院生となってラインのアシスタントを務めるようになっていたゲイザー・プラットと、何度も実験するようになった。ピアースの恐怖心は徐々に和らいで、寄宿舎の部屋から、デューク大学西キャンパスの医学部研究棟にあったラインの研究室へと移動して実験できるようになった。次の一年と半年、プラットとラインは交代でピアースをテストした。他の有望そうな学生たちの能力はすぐに消えていったが、ピアースは二年間高いスコアを記録し続けた。一度など二五枚通しであてたほどである。ある日の午後やってきたピアースは、最初調子が上がらなかった。景気づけの意味で、ラインは彼に次のカードをあてられないほうに一〇〇ドル賭けると言った。するとピアースはあてた。ラインは次にもう一〇〇ドル賭けると、彼はまたあてた。ラインは賭け続け、ピアースはあて続け、最後にピアースの二五〇〇ドル勝ちとなったとき、ふたりの男は震えていた。もちろん、ラインは負けの二五〇〇ドルを払うことはなかった。彼らはふたりとも、ある時点で研究所にそんな金はないということに気がついていたと言っているが、空想はうまいぐあいに働いてくれたのだった。

のちに科学者たちは、ラインが都合よく優秀な被験者を見つけてくることについて、強い懐疑を示すことになる。他の研究者がラインの実験を再現しても、二五枚全部をあてるような被験者と出会うことはほとんどなかった。しかし、コロンビア大学の心理学者でラインの生涯の友であり、自ら心霊調査をしていたガードナー・マーフィーは、「同僚や被験者に対する率直で荒削りな強い力」がラインにあるのを見てきたという。「被験者は彼の燃え上がるような熱意に動かされて、求めに応じようとする……そしてそのうち何人かは、超感覚現象を起こす道を選ぶのだ」。ラインの同僚たちはいつもこの考えに眉をひそめてきた。カリスマ？　それは入手法も計測法も不明な要素で、研究所の実験とは相容れなかった。

しかし、ピアースと賭けをしたことで、ラインはＥＳＰの証明にあたって感じはじめていたことが裏づけられたように思った。大きな問題は、被験者の感情なのだ。ラインとピアースが一〇〇ドルの賭けをしたのは大恐慌の真っ只中で、ピアースは若く、貧しく、一〇〇ドルは大金だった。心の底では彼も夢だとわかっていただろうが、貧しければ余計に夢は大切になる。何らかの結果を出すためには、希望と想像力が不可欠な時代だった。数年後、ラインはやはり素直な思いが生んだ同様の例を見ることになる。地元の孤児院からやってきた九歳の少女が劇的によい点数を出したのだが、この子は研究所の若い女性になついていて、もっと長い時間をいっしょに過ごしたいと願っていたのだった。「わたしはにじゅうさんかいあてててうれしいです。でも、わたしはぜんぶあてたいです。ぜんぶあてるためにいっしょうけんめいがんばります……さよならするとさびしくなるので、おうちにかえりたくないです」と、少女は手紙を書いてきた。次にうまく結果が出せなかったとき、この子は真剣に「なにもいわないで。やってみせることがあるから」と言い、次の実験のあいだじゅうとても強く願った彼女は、二五枚全部を正しくあてた。しかし残念ながら、ピアースとちがい、この子は長く続けることはできなかった。

ラインは現象を認識しはじめた。しかし、どうやって感情や願いのように気まぐれでかすかなものを、実験室における研究で管理すればいいのか？　ラインは手法をより洗練されたものへと改良していき、実験室のなかに実験者がいる状態で、被験者が居心地よく過ごせるような過程を実験手順に組みこんでいった。

ピアースが非常によい結果を出し続けたので、ラインは不正行為を疑われないように、まずは実験環境を整える必要があった。ささいなことではあるが、ピアースがカードを見ることができないように衝立《ついたて》で仕切り、実験のたびに新しいカード一組を使うことなど、きちんとルールを定めた。

一九三三年の秋、ラインはピアースの能力が距離に影響されるのかどうかを検証しはじめた。考案された実験は、実験者であるプラットが西キャンパスの物理研究棟にある実験室に座り、被験者のピアースは、そこから約九〇メートル離れた図書館の書架のあいだにある小部屋に座るというものである。実験をする日、ふたりはまずプラットの部屋で落ちあい、時計をあわせ、それからピアースが中庭を横切って図書館に入るのをプラットが見届ける。

設定した時間になるとプラットはカード一組を切り混ぜ、一山にしてカードテーブルの上に置く。そして一番上のカードを取り、表を見ずにテーブルの中央に置く。一分待って脇に移す。最後の一枚になるまで同じことを繰り返す。一方、ピアースは推測した結果を一分にひとつ書いていく。二五枚すべて終えると、プラットはカードを表に返し、順番ごとの記号を記録する。ふたりは五分間待って、また同じことを繰り返す。実験が終わるとふたりはそれぞれの記録を封筒に入れて封をし、別々に直接ラインのもとへ届ける。最初の数回の実験では、ピアースの点数は自分の平均記録を下回った。しかしその後は高くなるばかりだった。ふたりはもっと離れて実験することにした。

ピアースは図書館の席に留まり、プラットのほうが医学部研究棟のラインの部屋へ移動した。これでふたりは二三〇メートルほど離れたことになる。距離による結果はまちまちだった。プラットは物理研究棟の実験室に戻りもう一度試したが、ピアースの結果は不安定なままだった。もし距離が要因であれば、そのまま実験結果に反映されるはずなので、心理的要素が影響しているのだろうと彼らは考えた。それでも全体の結果は悪くはなかった。マクドゥーガルが、「若者たちが不正を働いている」と糾弾されはしないかと心配するほどだった。もう一回、ラインの立ち会いのもとで、持ち場を離れたり、記録を改ざんしたりするものがまったくいないことを確認して実験した。六回中一回を除き、ピアースは高いスコアを出した。長距離実験をやり終えたとき、遠隔透視した枚数は全部で一八五〇枚におよんだ。一連の実験すべての結果を総合すると、ピアースがこの結果を偶然に出す確率は一〇の二七乗分の一という驚異的な数字だった。ラインはついに学界にお披露目できる被験者を得たのだった。

しかしあまりにも突然に、それは終わってしまった。最後の長距離実験が終了してさほどたたないうちに、ピアースが電話で今日は休むと言ってきた。彼は彼女から別れの手紙を受け取り、どうしても実験などできるような状態ではなくなったのだ。ラインとプラットは彼に同情したが、何をしても気持ちを切り替える助けにはなりそうもなかった。そして今まで以上に、心理状態が透視成功への鍵を握っていることがあらわになった。愛を失ったことで、ピアースの素晴らしい能力は消えてしまい、以前のようなスコアを出すことはできなかった。次の年、ピアースはあっさりと大学を卒業し、故郷のアーカンソーへと戻った。超心理学研究のせいで危うく牧師になり損なったものの、なんとか危機を乗り越えて、手紙を書いてきた。「でもそのせいで、山のなかの小さな田舎町に送られるはめになりました。前任者のせいですっかりさびれてしまった教会です」

さらに数年後、ピアースはルシールというかわいらしい若い女性の写真を送ってきた。「一月一九日以降、私の新しい上司になる若いご婦人のスナップ写真を同封いたしました」と彼は幸せそうに宣言した。彼が人生で一番大切だと思っていたものが戻ってきた。それは愛だ。ピアースはいつもESPで成し遂げた実績を誇りに思っていて、ラインとプラットとの連絡は絶やさなかった。その後一生涯、三人の男はクリスマス・カードをやり取りし、お互いを訪問し、仕事や子どもたちのことを報告しあった。ラインとプラットは、いつの日かピアースの能力が戻ってくるのではないかという希望を捨てなかったし、ピアース本人もそう思っていた。愛を取り戻せるなら、テレパシーの力も取り戻せるのではないか？　男たちは、また数年後に試してみればいいのだと考えていた。

一九三三年、この年ラインはピアースの出した驚くべき成果をひたすら原稿にまとめた。次の年の春に出版されることになっていた初の著作『超感覚的知覚（*Extra-Sensory Perception*）』に加えるためだった。しかし、すでにラインの仕事についての噂は流れていて、デューク大学周辺ではは彼はちょっとした有名人になりつつあった。

アイリーン・ギャレット

一九三四年四月、アイリーン・ギャレットという著名な霊媒が、ダーラムのデューク大学を訪れた。彼女は大学側が望む条件でどんな実験にも応じるといい、研究室のメンバー、なかでもマクドゥーガルは期待で胸をふくらませた。マクドゥーガルは、アプトン・シンクレアの妻がローマン・オストージャとおこなった実験報告を読んで以来、研究室の環境下で霊媒の研究をしてみたかったのだ。ラインはすぐにも彼女のＥＳＰをテストしたがった。彼女が霊媒として培った技能は、ヒューバート・ピアースが今までに見せたものよりさらに驚愕するようなテレパシー能力としてあらわれるかもしれなかった。

アイリーン・ギャレット

ラインはそれまで、ギャレットのような人間に会ったことがなかった。ラインがすべてにおいてきまじめで自制心が強いのに対して、ギャレットは型破りで開放的だった。のちにルイーザ・ラインは、「彼女は私たちが出会ったことのなかった新しいタイプの人間、素晴らしく陽気なアイルランド婦人でした。今では普通のことになっている赤いマニキュアでさえ、当時の田舎くさい小さなグループでは大騒ぎのもとでした」と書いている。しかし、南部の静かな大学でなくても、ギャレットは十分エキゾチックだった。『すばらしい新世界』を書いた作家オルダス・ハクスリーは後年、神秘主義に傾倒していくが、あるときこう彼女にこう言った。「この世にあってはならない生き物が三つある。キリン、カモノハシ、そしてあなただよ、アイリーン・ギャレット」

なかでも特にラインは、ギャレットをどう扱っていいのかわからなかった。彼の周囲の人々とはちがい、ギャレットは人の指示に従うということがなかった。ラインはギャレットに惹かれているのではないかと言うものもいた。確かに彼女は美しく魅力的だった。しかし本当のところは、単にギャレットはラインにとって受け入れがたいほどに「わが道を行く」タイプだったのだろう。ギャレットは三回結婚していたが（ひとり目の夫は第一次世界大戦で戦死し、あとのふたりとは離婚している）、さらにその後のプロポーズを辞退したとき、「私はよい妻にはなれないわ。でも私の好きにやらせてくれればすてきな愛人になれてよ」と言ったとのことだ。

ギャレットの孫娘によれば、彼女は一九五〇年代アメリカの人気作品『メイム叔母さん』〔戯曲、ミュージカル、映画でヒットした〕のモデルのひとりだという。ギャレットはクリエイティブ・エイジ・プレス社という出版社を持っていたが、『メイム叔母さん』の原作者パトリック・デニスはここの広報担当だった。どうやらギャレットもラインも同じような、タフでいつもさらに上を目指すタイプのようだった。心霊研究家のハンス・ホルツァーは、音楽やブロードウェイの仕事をはじめた若いころにギャレットに出会い、「そんなことをしていないで、あなたはすぐに幽霊の調査を仕事にするべきよ」と言われた。そしてホルツァーはその後の生涯、幽霊調査を続けることになる。「アイリーンにノーと言える人間はいないよ」と彼は弁明している。

ギャレットがデューク大学にやってきたのは彼女が四一歳のころである。アイルランド生まれで、生後まもなく両親が心中したあと（ギャレットの母親は宗教的に認められない結婚をしたため村八分にあっていた）、伯父と伯母に育てられた。理解がなく、冷たい伯母だった。他の誰にも見えない友達が遊びに来るなど、幼いころからギャレットの知覚は特別だった。彼女はいい意味でも悪い意味でも、まるでおとぎ話のような幼年時代を送ったのだ。

「幼少期から、私にとって空間とは、空っぽな場所ではなかった」と彼女は言う。たとえば明るい日差しのなかに静かに横たわっているときも、光は気まぐれだった。動き、ねじれ、爆発した。やがて彼女は昇りつめ、空間のすべては光と歌と音で満ちる。まるで「電気を知覚する」ようなイメージだった。アプトン・シンクレアの妻、メアリー・クレイグも、イメージを見るために特別な状態に達する必要があった。しかしメアリー・クレイグの状態が静寂で落ち着いているのに対し、ギャレットのそれはやや野性味をおびていた。

一九二六年、ギャレットははじめてトランス状態を経験した。三三歳のときである。彼女は完全に意識を失い、そのあいだにウヴァニと名乗る人格があらわれ、部屋にいた人々に語りかけた。ウヴァニによると、彼の役目は生者と死者のあいだを取り持つことで、またトランス状態のあいだは傷つきやすくなってしまうギャレットを守ることだった。

それは、最初はひどく恐ろしい体験だった。彼女は自分に何が起こっているのかを知ろうと、哲学や心理学の本を穴があくほど読んだ。他の霊媒や、英国心霊科学校〔比較的短期間で終わった英国の霊媒教育学校〕と関わるようになり、それらを通じて徐々に自らのトランス状態を受け入れ、コントロールできるようになっていった。

一九三〇年、ギャレットのなかに、一二二九年にバグダッドで死んだという別人格があらわれる。その後生涯にわたり、トランスに入ると、このふたつの人格のどちらかがあらわれ続けた。自分のトランス状態について理解しようとするなかで、ギャレットが会った人のほとんどは、このふたつの人格が霊的なものだと考え、そう告げた。しかしギャレットは確信を持てなかった。そしてデューク大学を訪れたころには、自分を研究室で実験してみたらどうなるかという、ラインに劣らない好奇心に駆られていた。

しかしラインとギャレットは、心霊研究をどう進めるかについては、まったくちがう考えかたを持っていた。これはのちに刊行されることになる各々の定期刊行物を見れば一目瞭然だろう。ラインが編集する論文誌『超心理学（*Journal of Parapsychology*）』と、ギャレットの雑誌『トゥモロウ』である。『超心理学』に載っているのは、もっぱらＥＳＰについての冷静で飾り気のない学術論文である。ギャレットの雑誌は文芸と社会問題を扱う雑誌として創刊されたが、その創刊号には「霊媒術」「神秘主義」「あなたのための毎日のＥＳＰ」などの記事が載っていた。

『トゥモロウ』はセンセーショナルで、定期的に死後生存、催眠、火わたり、テーブル・ティッピング（霊がテーブルを鳴らしたり動かしたりして答えるとする心霊術）、若返り、犯罪、幽霊、妖精、魔女、吸血鬼、占星術、心霊主義、悪魔、石の雨、ルルド〔仏南西部の小さな町。聖母マリアの出現と奇蹟の泉で知られる〕、アトランティス〔古代に海に沈んだとされる謎の大陸伝説〕など、『超心理学』が絶対に取り扱わないであろうオカルティックな話題で満載だった。また、ヒーリング関連も『トゥモロウ』はよく取りあげていた。ひょっとしてギャレットが常に健康問題を抱えていたからかもしれないが、今見るとばかばかしいものがある一方、鍼《はり》など現代の代替医療を先取りしているものもある。そして折に触れ、『トゥモロウ』は有名人の心霊体験についての記事も載せていた。アドルフ・ヒトラー、マーク・トウェイン、ヴィクトル・ユゴー、ドワイト・アイゼンハワー、W・B・イェイツ、カール・ユング、トーマス・マン、ジグムント・フロイト、ローマ法王ピウス一二世、エイブラハム・リンカーン、パーシー・ビッシュ・シェリー、オルダス・ハクスリー、アルベルト・シュヴァイツァー、ウィリアム・ブレイクなどである。

そう、『トゥモロウ』の大黒柱はやはり幽霊譚だった。『超心理学』はまれに「幽霊」「霊的人格作用」あるいは「幻覚」と呼ばれたものを取りあげたが、その論文のタイトルは「偶発的サイ経験の主観的形態」（「サイ（psi）」とはすべての超自然現象について総括的に使われていた用語である）というような堅いものだった。それに比べ『トゥモロウ』の記事はこんな感じだ――「アッシュ館の幽霊」「おばあちゃんの不穏な愛」「ローズホールの幽霊女主人」。ときには、けばけばしい超常現象の女性週刊誌かと思われるような題名もあった。「霊媒それとも女殺人犯？」「エクスタシーの探究」「信じられない本当の話」「テーブルは知っていた」「絹を纏《まと》った亡霊」「交霊室の悪党」「霊能者と狂人」といったぐあいである。

ラインとプラットは時折『トゥモロウ』にも寄稿していたが、ギャレットの論説は、彼らの研究に真っ向から挑戦しているのではないかともとれた。彼女は研究室の実験の重要さと、彼らが得つつある統計上の結果を認識したうえで「今やESPカードから離れて進むときだ」とする議論を全面的に展開する記事を自身の雑誌に載せていた。ただライン側も反発を隠さなかったので、感情的にはお互いさまというところだった。「『トゥモロウ』誌に載ってしまったので、たぶん今となってはロックランド郡の幽霊についてのあなたの質問に答えるまでもないと思うのですが、実のところ、私は掲載記事を読んでいません。私は『トゥモロウ』にはがっかりしています。選考基準が自由奔放すぎて、占星術は大歓迎、他のオカルトも無批判で受け入れるので、ざっと目を通すぐらいなのです」と、ラインはアプトン・シンクレアに手紙を書いている。

しかし、一九三四年当時のふたりは、お互いに敬意を払って、ちがいを乗り越えることができたし、ラインは同時代の最高の霊媒を実験室で研究できる機会を逃すつもりはなかった。

ギャレットのラインについての第一印象は、ガードナー・マーフィーと同様に、よい実験結果はラインの熱意というパワーと直接結びついていると言っている。しかし、彼女はESP

カードが好きではなかった。トランス中にあらわれる七〇〇歳の中東の死せる者に比べれば、カードは無機質で退屈だったのだ。

ESPの研究が学問として認知されるために、ラインは科学的手法にこだわる必要があった。「ESPカードは私の知覚を刺激しなかった」ことが問題だと、ギャレットは苦言を呈したが、彼女にとってはトランス状態の感情的側面が成功の鍵だった。しかし、研究室で感情を管理下に置くには問題が多すぎた。そして今のところ、単純で再現性があるESP実験の手法として、ラインたちにはカードしかなかったのである。

七〇年以上経って、ダイソン方程式を考案した宇宙物理学者フリーマン・ダイソンが、このジレンマにさらに深く踏みこむことになる。彼は「ESPは存在する」とためらうことなく認める一方で、感情がESPと不可分であるため、管理下で実施される科学的なESP実験は永遠に実行不可能だと主張している。彼は「実験はESPを可能たらしめている人間の感情を排除しようとする」と言っている。

とはいえ、人間としてのラインは、無感情でも退屈でもなかったし、実験室に入ると完全に冷徹になってしまうというわけでもなかった。ラインはギャレットにうまくやってほしいと心から願い、二日後、彼女のスコアは上昇した。問題は残されるものの、とりあえずひと通りの実験で、ギャレットは確率以上のテレパシースコアを出した。ラインは続いて透視についても実験したが、ギャレットはさほどめざましい結果を出さなかった。テレパシー（ギリシャ語の

「テレ」＝「距離」と、「パシア」＝「感じ」からの造語）は、他人の心から直接情報を受け取るときに起こる。透視、あるいはクレアヴォヤンス（フランス語の「クレア」＝「クリアー」と「ヴォアンセ」＝「見る」から）は、他人とは無関係だ。情報は、たとえば死者の持ち物などを通じてやってくる。ESPカード実験を例に取りながら、超心理学者ナンシー・ジングロンは次のように解説する。「ラインの実験では、テレパシーは誰かが見たカードを他の人があてること、透視はカードがまだ積まれた山のなかにあるうちにあてることになります」

ラインはのちに、初期の実験では透視の可能性が排除されておらず、本当の意味ではテレパシーの実験となっていなかったことを認識する。被験者は情報をカードそのものから得ていて、送信者の心から得ていなかった可能性もある。透視の統制をしていなかった実験では、ラインは結果をテレパシーと区別して、一般ESP（GESP）と呼ぶことにした。とりあえずギャレットは、人々の心を読むときのほうが、カードそのものを読むときよりもよい結果を出すようだった。

ラインはまた、ギャレットのトランス状態に関する実験もおこなった。彼女との交霊会は科学的調査であると同時に、単調なカード実験の合間のワクワクする出来事でもあったため、大学関係者はみんな実験に参加したがった。デューク大学総長夫人、チャーリー・スチュアート、ゲイザー・プラット、ヒューバート・ピアース、ジョン・トーマス、そしてラインの同僚たちもいた。秘書がすべての発言の記録を取った。

ギャレットは背のまっすぐな椅子に座って、膝の上で手を組んだ。一分ほど静かにしていると、彼女の頭部は眠ってしまったように前にがくんと落ちた。息づかいがゆっくりになり、あえいだり、低い声で何かをつぶやいたりした。そして彼女は顔を上げ「私です。ウヴァニです」と言った。声調と語彙が変わり、話しかたに少し東方なまりが入ったが、それほどひどいものではなく、芝居がかってもいなかった。その時点で会席者が入室し、ギャレットの後ろに席をとった。

七〇年前のギャレットの交霊会の記録とウヴァニからのメッセージは、現代の著名な霊能者ジョン・エドワードや、他の死者と話せると主張する人々のものと驚くほど似通っている。まるでエドワードや他の霊能者が、お手本としてギャレットの交霊会の記録を読んだかのようである。「私はふたりの紳士とふたりのご婦人の印象を受け取っています。まず紳士についてお話しさせてください。ウィリアムまたはヘンリーという名前と関連があります。彼は私に鎖を持ちあげてみせているような感じがします。チェーンの先には……ロケットかペンダント」とウヴァニはギャレットを通じて言う。「彼はとても疲れていて腹部の感染症で苦しんでいます」などとも言っていた。交霊会においてギャレットは、偶然とは言えないレベルの事実を言いあてたがやはり、彼女はどこから情報を得ているのかという問題が残った。死者の声か、生者のテレパシーなのか？

一方このあいだにラインの心理学部の同僚たちは、イギリスにいるマクドゥーガルに手紙を送っていた。それは「我々の品位を脅かす可能性のある、ゆゆしき危機が持ちあがっている」ためであり、その〈危機〉とは〈J・B・ライン〉だった。彼の研究が非常に人気を集めてしまったので、同僚たちは自分たちの研究が陰に追いやられてしまうことを恐れたのだ。こうしたやり取りがあったことには触れないまま、マクドゥーガルは、慎重に言葉を選んでラインに手紙を書き、「研究はもっとゆっくり進めること、そして周囲に気を配ること」を強く忠告したのだった。

超心理学研究所

一九三四年五月、ラインの著作『超感覚的知覚』が出版された。内容は九〇〇〇回のESP実験についてである。すでに大学外からいくつもの資金援助の申し出があり、後援者のひとりが四〇〇部を増刷して、ラインが選んだ先に送るよう手配してくれていた。ラインは慎重に検討し、最新の『アメリカ紳士録』から選んだ八五人を送付先に入れた。

書評が集まりはじめ、ラインの名声は高まっていった。好意的どころか色めき立っていた。まもなく国内の有力紙に続いて、海外の新聞にも書評が載りはじめた。ラインはずっと「宣伝屋」と非難されてきたが、実のところ彼はメディアを必要悪と見ていた。彼はまじめなESP研究が大学内で進められているのを、世界中に知らせたかった。同じ分野の研究者を探し求め、連絡をくれた人物から話を聞き、彼らの研究について情報を得るのが目的だった。しかしラインは、自分がどう扱われるかについては用心深く注意を払い、NBC放送がラジオでESPの実演をやらないかと言ってきたときには断った。「きっとまったく問題にならない話だということに賛成していただけると思います」と彼はマクドゥーガルに手紙を書いた。品位の問題だった。

デューク大学の同僚たちがラインの研究を危険視する手紙を書いたことは、まもなくラインの耳にも入った。おかげで、ラインは確信を強めた。自分の研究を脅かしかねない嫉妬から自分たちの仕事を守るためには、狭量な同僚たちとは別行動を取る必要がある。先に大学総長と交わした文書で、彼は独立した超心理学研究所を設立してはどうかと提案していた。あとはおそらく資金だけが問題だった。これを可能にできる人物は、結局アイリーン・ギャレット、ラインが後日「恵み深き奥方様」と呼んだ彼女だけだった。わが道を行く女性でありながら、ギャレットは頼られると断れない性格だった。彼女はラインを自分の支援者である、オハイオ州選出下院議員チェスター・C・ボルトンの妻、フランシス・ボルトンに紹介した。

ボルトン夫人はラインを支援しようとは思ったものの、念を押しておくべきことがあった。彼女の関心はテレパシーではなく、いわゆる死後生存問題、つまり人格は肉体の死後も存在し得るのか否かという問いの解決を望んでいたのだ。

ラインは彼女に、テレパシー研究も人格の不死を解明する道に通じているということを納得させなければならなかった。自分たちが心理学部に属しているかぎり「ポルターガイストや、様々な霊媒術など」を研究することはできないと彼は率直に説明した。もし、単なるESPカードの実験が心理学者たちを動揺させるなら、彼らは幽霊の研究に対してどんな反応をするだろう?「すぐに非難が起こるでしょう。人々は『霊』という言葉を恐れています。ですから、我々には頭を低くしてこそこそしなくてはいけないと思わずに済む、我々だけの静かに研究できる場所が必要なのです」と彼は手紙に書いている。研究基金に応募すると、ESPにもとづいた研究しかできなくなってしまうという問題がある。しかし、誰かが二万五〇〇〇ドル出してくれれば、デューク大学は研究室、事務器具、常勤秘書などを提供してくれる。「もし、あなたがそれを現実にしてくだされば、生涯の一〇年から一五年と、私のすべてのエネルギーをこの研究に注ぎこみます」と、ラインはボルトン夫人を説得したのである。

ボルトン夫人は、まず年に一万ドルを二年間出すことに合意し、もしすべてがうまくいくなら、五年間は同額を出そうと約束した。ラインと出資者のあいだには、常に緊張した関係があった。「出資者たちは、科学の探査とは、単純な要素の探究からはじめて、ゆっくり進む必要があるということをあまり重要視しません」と後日ルイは書いている。しかし、当初ラインとボルトン夫人は同じものを追い求めていた。まず「人間の心は物質的制約を受けない」ことを示すのだ。ボルトン夫人の求めで、彼女の寄付金はウィリアム・マクドゥーガル研究基金と名づけられ、彼女の支援が研究所の初期の運営と研究を支えた。

ラインは四〇歳、准教授で、ことは思うがままに進んでいた。ルイが家で子どもたちと遊びながら単純なカードテストをしたりしている一方で、ラインは外を駆けまわって重要なコネをあちこちに作っていた。『ニューヨークタイムズ』紙の科学記者、ウォルター・ケンプファートもそのひとりだった。他に『サイエンティフィックアメリカン』誌の記者とも知りあいになり、ここでは心霊研究のテーマに関して編集に加わらないかと請われた。ラインはもはや学界のロックスターだった。彼がその年にボルトン夫人や他の支援者から受け取った基金は、デューク大学全体の研究予算の一〇分の一に届く程度になっていた。彼が名声を求めなくとも、名声のほうがやってきた。しかも人々はとてつもない興味を寄せてきたのだ。

しかめっ面の同僚たちはさておき、とうとう最高のタイミングがやってきた。時は一九三五年で、科学の発達は観察不可能な世界の研究に手をつけたところだった。原子より小さいものや、電磁気のような不可視の力に人々は注目しはじめており、世界中で想像力に火が点いた。「見えざるものはもっとあるのだろうか？」

アプトン・シンクレアの本『精神通信』が出版されたのもこの年だった。アルバート・アインシュタインは同著のドイツ語版の序文で「私たちが体験できるもっとも美しいものは謎である。謎は本物の芸術と科学の原点である」と述べた。科学者が超心理学を軽くあしらい続けている一方で、ラインの実験は影響力を持ちはじめ、少なくとも研究する自由だけはあってもいいと容認する科学者があらわれてきた。大衆はまだラジオの発明に興奮していた時代であり、その仕組みがわからないため奇跡のように思っている人々も多くいた。もし大気のなかを目に見えない音が送れるのなら、心が死者の声にダイアルをあわせるということだって考えられそうだった。本当にそれが実現してほしいと切実に願っているときは、なおさらだった。

まもなく、不思議な体験をした世界中の人々が、ラインのもとに手紙を送ってくるようになった。このころラインは、著名なスイス人精神科医カール・グスタフ・ユングと文通するようになっていたのだが、ユングは「魂が持つ時間と空間に関連する奇妙な性質にとても強い興味を持っている」と、そして何よりも「特定の精神活動において時空の概念が消滅すること」に興味があり、心霊研究にも期待していると書いてきた。他の書簡でユングは、数年前の出来事を語っている。彼は、若い霊媒と交霊会をひらくようになった。まもなく、ユング家の食器棚のなかでナイフが爆音とともに四つに切断された。そして数日後、テーブルがまた爆音とともにふたつに割れた。ユングは、これらの出来事は当時知り合った霊媒と何か関係があると信じていた〔『ユング超心理学書簡』（湯浅泰雄訳、白亜書房）には破断したナイフの写真とともに、ユングのラインに宛てた書簡が掲載されている〕。

心理学者が、こんなにも簡単にＥＳＰを肯定してくれたのは初めてだった。しかもユングのような高名な学者である。しかしラインは、ユングに対して「我々は心についての仮説を『今のところ』何も持っていません。それがあれば、これらの事実を考察する際の手掛かりになるのですが」と認めざるを得なかった。ユングは励ますような返事を送ってきた。「これらの出来事は、単に現代の人類の頑固な脳では理解できないだけなのです。正気じゃない、あるいはイカサマだと捉えられる危険があります」

そしてユングは、ラインがボルトン夫人に言い続けた、頭を低くしておく必要性について述べた。「私が見たところ、正常で健康でありながらそのようなものに興味を持つものは少数です。そして、このたぐいの問題について思考をめぐらせられるものはさらに少数です。私は今までの歳月における経験で確信を持つに至りました。難しいのはどのように語るかではないのです。どのように語らないかなのです」

しかしラインは、自分たちの研究について発言を控えることで問題が解決されるとは思わなかった。障害となるものとは決別すべきだ。一九三五年秋、ラインは望んでいたものをほとんどすべて手に入れた。ラインは、新しく命名されたデューク大学超心理学研究所の所長となったのである。すべてが収まるところに収まった。そして未来には限界などないように見えた。何世紀もの夢と、願望と、切望の末に、死が本当は人間の最後の一線ではないことを証明できるのは自分かもしれないとラインが考えたのも無理もないだろう。何よりも彼らは確固たる証明を追い求め、実験をより精密なものにするために働き、世界中の科学者の追試を可能にしたのだ。超心理学は、もはや信じるか信じないか、科学か信仰かという問題ではなくなっていた。彼らは、最低限でも幽霊を科学的事実の領域に連れてくるのだという決意を持っていた。

ラインは研究所の目標を定め、以下、四つの主な研究領域を明らかにした。

テレパシー——他人の心から情報を得る
透視——物体のような心以外のものから情報を得る
予知——未来を見る
PK（**念力**）——心で物体を動かす

人々の興味を集め、研究所に基金を提供してもらえるように、心霊現象などの奇妙な出来事を探究することも明らかにした。ただし「控えめに」である。「私は幽霊屋敷の研究家として有名になるのだけはごめんです」とラインはボルトンへの手紙に書いている。

しかし幽霊やポルターガイスト、悪魔憑きを静かにさせておくことはできなかった。

第3章
名声と苦闘

ある少女霊媒の生涯

研究所には、毎日のように全国から手紙の束が届くようになっていた。『超感覚的知覚』の出版で大規模な宣伝をしたため、J・B・ラインは、超常現象について何でも答えてくれるアメリカで一番の権威だと思われるようになってしまったのだ。そのなかに、不思議な力を持つ一三歳の少女、ルイジアナ州ジョーンズビルのアリス・ベル・カービーについての手紙もあった。ちょっと古風な心霊現象だが、アリスは「空中浮遊」ができるらしく、「まるで風船のように浮きあがるのです」と手紙には書かれていた。またとりわけ「テーブル術」の名人で、加えて自分の祖母のように（そしてアイリーン・ギャレットのように）、トランス霊媒〔トランス状態で死者の霊のメッセージを伝える霊媒。口よせ女〕だった。

アリスの特殊能力として列挙されているものは全部一九世紀の心霊トリックの焼き直しのように思えたが、ラインは最初からインチキと決めつけてしまわないように心掛けた。研究チームは、いつも研究室で実験が可能な本格的心霊現象を探していたが、アリスのひき起こす現象の一部は、真正のPKかもしれないのだ。他の超常現象研究家のほとんどが有名な霊媒を繰り返し訪れて研究するのに対して、ラインは大学の無名の新入生を被験者にして、もっとよい結果を出すことに成功している。理論的に言えばルイジアナ州ジョーンズビルの少女アリスがヒューバート・ピアースや他の被験者と同じような能力をみせてもおかしくはない。「誰か科学的訓練を受けた人にみせたことはありますか？　テーブルは明るい日光のなかで、誰も触らなくても動くのですか？」とラインは返事を書いた。

アリスの家族は、ぜひ自分の目で確かめてほしいとラインを招待したが、彼はまだ懐疑的だった。そこで、ルイジアナ州立大学のハーマン・ウォーカー博士に手紙を書き、まずは初期調査をしてもらえないかと打診した。ハーマン自身は時間が取れなかったので、その妻のベティが友人とふたりで行くことにした。

一一月のある日曜日の午後、ベティ・ウォーカーと友人のキャサリン・ケンドールは、ジョーンズビルまで出かけていった。本当に小さな町だった。同席した学校の先生からは、「普通のよい子です」とアリスを紹介された。アリスはかわいらしい少女で、明るい茶色の髪と灰色がかった青い目をしており、「大人びていて、口数が少なくとても冷静で、悪く言えばませています」とベティは記録している。

彼らは交霊会のために寝室に集まった。ごく普通の部屋で、ベッド、ドレッサー、タンス、そして〈動くテーブル〉と椅子が六脚あった。アリスの家族と、手紙を書いてきたホワイト夫人とその娘、その他の関係者、そして途中からある男が加わったが、彼については結局最後まで紹介されなかった。ベティとキャサリンは、アリスの両側に席をとった。次に、全員が〈動くテーブル〉に両側の人とふれあうようにして手をおいた。灯りが消され、部屋は真っ暗になった。しばらくしてブラインド越しにかすかに月光が差しこんでくると、交霊会はすぐに中断された。窓にキルトがかけられ、部屋は再び真っ暗になった。

ベティらの記録によれば、「〈動くテーブル〉は、お客さんに挨拶をするように言われましたが、拒否しました。灯りが点けられ、〈動くテーブル〉は、その無愛想さの理由を説明しなさいと言われました」と記されている。〈動くテーブル〉は席順が気にくわなかったことが判明し、全員が座り直したとき、ベティとキャサリンは、アリスの隣の席ではなくなっていた。そして交霊会は再開された。

交霊会は明らかな特殊効果の連続だった。会席者は〈動くテーブル〉に質問してみるように言われ、それに対して〈動くテーブル〉は音を立てて答えた。一回なら「はい」、二回なら「いいえ」だった。〈動くテーブル〉は時々傾いて、一五センチほど浮きあがった。また、〈動くテーブル〉と椅子の両方が震えることもあった。キャサリンは「少女の暖かく柔らかな指」

が、自分の手の上をすべって行くのを三回感じ、その少しあと、ふたりはかすかな風も感じた。次に〈動くテーブル〉の上にスツールが乗せられ、アリスが言うには、自分は床からスツールまで浮いていき、それからさらに浮かんで天井近くにいると宣言した。最後に灯りがともり、アリスは会席者全員からの質問を受け、霊が回答していると示すために、目隠しをしたまま答えを紙に書いた。実演は全部で四時間におよんだ。

ベティとキャサリンは、スツールのトリックまで来たころには「私たちは疲れていたし、いいかげん退屈していました」と書いている。会席者の誰でも〈動くテーブル〉を操作することは可能だと思われたし、特に、名前も紹介されなかった男が「アリスのもっとも頼りになる助人」のように思われた。風は、誰かがハンカチを振って作り出せただろう。キャサリンの左側にはホワイト夫人の娘が座っていたので、手に触ったのは彼女かもしれなかった。そして、アリスが「天井まで浮かんでいる」と宣言したとき、ベティとキャサリンはすぐに手を伸ばしてアリスの靴に触れ、それがスツールをしっかり踏みしめているのを確かめたのだった。

ラインは、ベティとキャサリンからの報告を受けてインチキと判断し、そこで調査は終了することにした。それなのにいくつかの新聞は、「J・R・ライアン教授が交霊会に同席して、『アリスは素晴らしい』と述べた」と誤情報を伝えてしまったのである。

この誤った報道でアリスはいきなり有名人になった。何千人もの人々が朝から晩まで、はるかミシシッピ、アーカンソー、テキサス、テネシーなどからもアリスの住む小さな町にやってきた。「ナイトクラブに出ないか」、「舞台に出演しないか」という話ももちかけられた。さらには「競馬や宝くじのあたりを教えてほしい」という人々も押しかけてきた。しかし彼女は、「自分の能力を金儲けには使わない」と拒否していた。ニューヨークの心霊研究世界協議会は、アリスの父親に電報を送り、もしアリスが超自然的能力を持っていると証明できるなら一万ドルを進呈すると言ってきたが、家族は無視することにした。

ベティらの訪問後まもなく、アリスと母親と学校長は、コロンビア放送(CBS)のラジオ番組『我々国民(*We the People*)』に出演するため、ニューヨーク行きの飛行機に乗った。地元の新聞は、アリスは質問に対し「まったく興奮せず冷静に」答えたと、誇らしげに書きたてた。番組中で彼女は司会者に「なぜテーブルを動かすことができるのかはわからない」と答え、「本当はこんなの楽しくありません。家に帰りたい。普通の女の子に戻りたいです」ともつけ加えた。アリスがニューヨークから帰ってきたとき、地元の空港には、見送りに押しかけた町の人々が、凱旋のお出迎えのためにまた押し寄せていた。

アリスのことを最初に手紙で書いてきたシェルビー・ホワイト夫人は、しばらくのあいだラインの興味をひこうとしたが、もはや無駄だった。アリスは結局ミナ・クランドンと同じインチキをやっているだけなのだと、ラインは切り捨てていた。

しかしこの点では、ラインはまちがっていた。ミナ・クランドンとちがい、アリスはその後、心霊能力を売り物にして注目を集めるようなことはせず、むしろ隠しておきたかったのだ。一六歳になったとき、彼女はもうたくさんだと思ったという。「若い娘にとっては落ち着かない日々でしたよ。自分が化け物みたいに感じたのです」とアリス本人が述懐している。アリス・ベルは取材当時、八三歳の未亡人で、二人の息子と五人の孫がいた。あれは本当に霊だったのだと彼女は説明した。彼女の祖父は洗礼派の説教師だったので、まわりの人々は彼女の能力は悪魔の仕業だと考えたのだが、彼女は反対によい性質のものだと信じることに決めた。あのままいけば能力はもっと強くなっていっただろうと、今でも思うという。ただ、能力のなかでトランスの部分はいやだった。恐ろしくて、好きになれなかったのだ。注目を集めるのも、有名になるのも、楽しくなかった。友達がほしかったのに、地元の子どもたちはみんな彼女を怖がった。どこへ行っても人々に指さされ、「あれが魔女だよ」と言われた。彼女は心霊術をすべてやめてしまい、そののち看護婦になるために大学へ行った。すぐに空軍の中尉と出会って結婚し、学校は中退した。霊は、最初は彼女の選択に不満だった。結婚当初カップルが眠りにつこうとすると、いつもベッドを叩いたり揺らしたりした。しかし、しばらくすると霊も諦めて消えていった。アリスはそれで構わなかった。「私はいつも普通になりたい、普通になりたい、と言っていました。結婚してからようやく私は普通になれたのですよ」

現在アリス・ベルは、ミシシッピに暮らし花屋を経営している。電話口での彼女は、かわいらしく活き活きとしてユーモラスだったが、ほんの数分間だけ、夫が亡くなる前の数日間の話をしたときはちがった。死を恐れた夫は、アリスに、昔友達だった霊になんとかしてほしいと話をしてくれと頼んだ。「もし君の霊力が助けてくれるとしたら、今がそのときだよ」と懇願した。しかしアリスは、これは霊がどうにかできることではないと承知していた。自分の力と死後の世界とのつながりはあなたを救う役には立たないと、夫に告げなくてはならなかった。そしてその数時間後に夫は息を引き取った。

彼女の人生における不可思議な出来事の説明がどうであれ、アリス・ベルは本当に誠実に話してくれていると筆者は感じた。嘘など言っていないと、彼女は断言した。故郷の人々は、まだ彼女の驚くべき能力を覚えている。彼女を見ると「あなたがあの人？」と聞き、彼女は「はい」と正直に答える。ベティとキャサリンが訪問した二週間後、『ニューズウィーク』誌は特派員を送ったが、彼は「トリックの証拠が見つけられない」と電報を打ってきた。〈動くテーブル〉が浮きあがって踊ったとき「私は彼女の手をしっかりと握っていました。私は力をこめて押さえつけましたが、テーブルは持ちあがり、私の胸を押してきたのです」と書いている。

批判と支持

ラインが目指していたのは、科学的方法によって超自然現象を研究することであり、その研究結果を学界に認めさせることだった。そのためにはアリスの能力のように疑問の余地があるものに自ら関わるのは避けたかった。さらにラインは、証拠を見出すこととその証拠を専門家に認めさせることは、まったく別の話だということも学びつつあった。一般の人々は実験がきちんとなされているのであれば、ラインの発見を受け入れてもいいと考えていたが、アカデミズムの世界では、彼の『超感覚的知覚』出版直後からはじまった批判がどんどん大きくなっていった。心理学者や他分野の専門家が、問題点と批判の根拠を見つけようと競って追試を実施した。そしてラインは脇が甘く、実験を詳細に説明していなかったのだ。さらに理論の中心的な根拠となるESPカードについても、詳述されていなかった。彼の情熱は学生たちを惹きつけたが、それも大学の同僚たちには不快だった。ラインは、無名の科学者が新しい理論を発表するときに、当然あるべき慎重さや謙虚さをみせていなかったのである。

学界に友人が少なく、その分野でまだ高い評価を得ていない立場ではけっしてしてはならないことを、ラインはことごとくしてしまっていた。さらに悪いことに『超感覚的知覚』は、定評のある学術系出版社からではなく、ボストン心霊研究学会から発行されていたのだ。とどめは、彼の確率の使いかたに議論を呼ぶ点が多すぎて、心理学者、数学者、統計学者に、いわば何十年分もの議論の材料を提供してしまったことだった〔使いかたが誤っていたのではなく、新しい分析法が多くの科学者になじみがなかったということ〕。しかし学界での議論は、逆にラインを勢いづかせただけだった。「彼は正論を貫くタイプでした」と、ルイは夫について書いている。ラインは好戦的な改革活動家だったのだ。

一九三六年の初頭、ラインはアメリカ東部一一都市での連続講演を成功裏に終わらせた。さらにその冬には、恩師であるエドウィン・G・ボーリングが、ハーバード大学で発表をするように招聘してくれた。ハーバード大学での発表と議論は二時間だったが、その後の夕食会でも夜遅くまで議論は尽きなかった。出席者のひとりだったハーバード大学の心理学教授は「大きな波紋を呼んだ発表だったよ」と、ガードナー・マーフィーに話した。もっと詳しく知りたいと思ったマーフィーが「それはどういう意味ですか?」と聞くと、「**大きな波紋**と言っただろう? そういうことだ。みんな素晴らしく感銘を受けた。みんなもっと知りたいと思ったんだよ」と答えたという。

学界のエリートや科学サークルのあいだでラインへの支持が高まるのと呼応して、別グループでは批判も高まった。大学では教授連中がラインに対して不当な罵倒を浴びせていた。たいていは彼の研究をきちんと検討もしていなかったので、学生たちはラインの側に立って擁護の論陣を張った。ラインへの批判は感情的であることが多く、結果として一流の専門家たちをラインの擁護へと立ちあがらせた。ベル電話研究所のソーントン・フライ博士もそのひとりである。また、当時の統計学と確率論の世界的第一人者であったロナルド・アイルマー・フィッシャー卿は、「見るかぎり批判の根拠はみつかりません。あなたの手法には、複合した結果の重要さを強調しすぎるきらいがありますが、それが結論に影響を与えるほどの値になってしまっているとは言えません」と、ラインを認める態度を示す手紙を書いてきた。ラインは、この手紙をその後の『超感覚的知覚』の増刷分に付録として追加している。

また、何かが必要なときには、まるで待っていたかのように救いの手が差しのべられた。たとえば、オハイオの元教師チャールズ・オーザンとの出会いである。ちょうど、退職して人生の目的を見失っていた彼は、亡き母と交信しようと定期的に霊媒のもとを訪れ、ラインと文通をはじめていた。亡き妻との交信を信じていたジョン・トーマスのように、オーザンも彼が受け取っているメッセージは本物だということを、ラインに証明してほしかったのだ。そのため、彼はラインに専門誌を創刊するための基金を寄贈することにした。これで、実験をまとめて研究論文を書いたあと、どこに発表するかという目下の問題も解決する。論文誌『超心理学』の創刊号は一九三七年四月にデューク大学から刊行された。

ブームと論争の日々

同じ年、ラインはもうひとり、生涯にわたる友人を得た。社会的影響力のある実業家で「司令官」とあだ名されたユージーン・F・マクドナルドである。マクドナルドは、ゼニス・ラジオ社を一流企業へと育てた創業社長だった。彼はラジオ放送でESPテストを実施したいと考えていた。ラインは一度、ラジオ放送からの申し出を断っていたが、今回は断るのが難しかった。大柄でがっしりした、ラインと同じく男の友情を大事にするタイプのマクドナルドは本当にラインのことが好きで、そして尊敬していた。一九三七年六月、マクドナルドはライン夫妻をシカゴへ招待し、ミシガン湖に浮かぶ豪華な自家用の船の上でもてなした。ふたりはそこでお互いの手のうちを明らかにする。ラインはラジオ番組をやるならば、できるかぎり科学的に実験したかった。そしてマクドナルドは、「アメリカの大衆を『考えさせつつ楽しませる』という大きな仕事をやるべきだ」と思っており、単なる娯楽の見せ物にしてしまってはいけないという点については同意見だった。番組は本物の実験、初の全国規模のラジオによるテレパシー実験でなくてはならない。結局マクドナルドに口説かれたラインは、相談役として黒子に徹することに合意し、九月には実験がはじまることになる。

マクドナルドがすべての手配をした。彼は自分の弁護士たちを使って、ESPカードのデザインについてラインが著作権といくつかの商標を（ゲーム、おもちゃ、スポーツ用品として）取れるようにしておいて、大規模流通のためにESPカードを製造させる交渉に入った。そして、カードが一組売れるごとにラインがきちんと印税を受け取れるように法的手続きも済ませておいたのだ。

その頃のラインの人生は、まるで最高速に達したジェットコースターのようだった。二冊目の本である『心理学の新世界』（瀬川愛子訳、日本教文社）は老舗学術出版社のファーラー＆ラインハートから出版された。この本は定評あるブック・オブ・ザ・マンス・クラブ（一九二六年に設立された本の会員制通販会社）の「一〇月の一冊」に選ばれ、友人や評論家のもとへと発送され、まもなく書店の店頭に並ぼうとしていた。しかしゼニス・ラジオの第一回放送開始直前に、ラインは、当時もっともやっかいな批判者であったカナダの名門マギル大学のチェスター・E・ケロッグ教授から攻撃を受けることになってしまった。ケロッグは、統計の不備を批判するだけでは飽きたらず、ラインの研究が人々の人生をめちゃくちゃにしていると、名指しで次のように非難したのだ。「大衆はまちがった方向へ導かれている。若い男女のもっとも活力に満ちた日々のエネルギーが、専門的訓練ではなく実りのない問題に向けられている。さらに人類の繁栄にとって、真に重要な問題を研究するべき基金が浪費されているのだ」

ケロッグの記事はあまりにも大げさだったので、またしてもラインには強力な援軍があらわれ、そして同時にほぼ同数の批判派も登場した。その意味では、学界のバランスは保たれていたといえる（そして今でもあまり変わっていない）。研究者たちにとって、ラインが研究対象に向けるあふれんばかりの情熱は好ましく思われなかった。だからといって、痛烈すぎる批判がよしとされていたわけでもなかった。「支持する」という内容の手紙もラインは多く受け取っていた。ハーバード大学の数学教授で、全米数学協会の初代会長だったエドワード・V・ハンティントンは、ケロッグの批判にはどこをとっても賛成できないし、「私はその内容も書きかたも気にくわない」と告げてきた。ハンティントンは、ボストンからダーラムまではるばる車でやってきてラインたちの研究を検証し、数学的にしっかりしていると保証してくれた。また、ラインがケロッグの記事に意気消沈していると、マクドナルドの右腕とも言える男が「注目を集めるにはケンカが一番だ」と書いた励ましの手紙をくれた。そう、何を言われようと、彼らには聴衆がいたのだ。

ラジオ放送の大反響

ゼニス・ラジオ社の最初の放送は一九三七年九月二六日だった。日曜日の夜一〇時、シカゴのスタジオでルーレットからゼナーカードが一枚、また一枚、と選ばれていった。次のカードへと移る前に、一〇人の「発信者」が、それぞれのカードにつき一〇秒間精神集中する。誰もカードに何が描かれているのかを見ていないことをはっきりさせるため、すべてがスクリーンの後ろで実行された。この番組はNBCのニュース・文化番組を扱う、通称「ブルーネット」で放送された(純粋な娯楽番組を放送するのは「レッドネット」だった)。

NBCのESP実験放送は、毎週日曜夜の目新しい番組として好評を博した。正解予想を手紙で送るようにと呼びかけると、一週間後、ゼニスは分析を待つ手紙四万通を受け取った。ESPカードを販売していたウールワース百貨店は、ゼニスの最初の放送後、在庫全部を売り切ってしまい、大急ぎで次の注文を出さなくてはならなくなった。

ただ、ゼニスのESPカードは紙の質が悪かった。一定の角度で明るい光に透かしてみるとシンボルが簡単に見えてしまうのだ。正式な実験では実験者と被験者は別の部屋にいるか、あるいはスクリーンを隔てて対峙していたので、この欠陥問題はラインの研究とは無関係のはずだった。しかし、「スキナーボックス」と呼ばれる装置の考案者で、動物の行動心理に関する実験で著名な心理学者B・F・スキナーは、かねてから鋭くラインを批判しており、すぐさまカードの問題を発見した。スキナーは自分の学生の前で、演出たっぷりに、連続して一〇〇枚のカードを「正しく」あててみせた。彼は気取ってさりげない言いかたで手紙を書いてきた。「貴殿はすでにご承知でしょうが、たいへんおもしろい体験をさせていただきました。このカードを使って、データを取るご予定はありますか？」

ラインは返事を書いた。「カードに欠陥があるのは承知しております。ですから、ESPについて結論を出すための実験では、衝立や開封していないカードデッキを用いたり、被験者間で距離をとったりするなどの管理をしている理由を、ご理解いただけるでしょう。しかしご指摘のとおりカード印刷の欠陥は、私たちを非常に困らせてくれました」。ゼニスは印刷済みの一五万デッキを廃棄処分にするつもりはなかったのだが、ラインは「印刷会社とは交渉中で、欠陥を正すように作業中です。ただ私の推測が正しければ、貴殿はこれをニュースとして意図的に公になさるようなことはないでしょう」とも書き添えた。

スキナーの返信からは、軽いお楽しみだという調子は消え失せていた。「私は、あなたがこの欠陥をご存じで、それを公にしていないということにむしろ驚いています。あなたがおっしゃるように『意図的にニュースにする』つもりはありませんが、先週の学生フォーラムではあなたの研究について話し、二五枚のカードのうち二三枚をどうやるのか説明しながらあててみせることはしました。シカゴのダール・ウルフ（ラインの強力な批判者として知られていた）にも手紙を書きました。あなたの本を批評したとき、印象深かったと言ってくれたからです」。ウルフはもちろんニュースに飛びついた。そしてちょうど、ラインの研究を批判しようと書きかけていた記事にスキナーの発見を書き加えた。

スキナーの手紙の末尾は、もっとも悪意に満ちていた。「これは我々に、あなたの研究がまっとうなものだと信じさせた結果、あなたが負うべきことになった責任のほんの一部にすぎません。すべて、友情から申しあげています」

ラインは返信した。「そもそも私たちの主張の公開に、手を貸してくださいましたか?」

問題の発覚後、ライン側が反論する機会はまったくなかったのだ。さらにこのカードは、科学者が実験に使うためのものではなかった。それでもラインは、カードの欠陥について『超心理学』の次号できちんと説明した。

次の一年間は、ポピュラーな出版物がラインを好意的に取りあげるたびに、編集部へ怒りの手紙が殺到し、専門誌にも批判的論説が載るという繰り返しだった。批判の多くは、研究所の実験結果分析を裏づけている統計処理に焦点をあてていたが、明らかになったのはほとんどの批判者が統計を理解していないということだった。そしてこの誤解は現在まで続いている。

統計がもっとも有効な手段となるのは、探究対象が希少であったり、それが起こる状況が変化しやすいものであったりする場合である。たとえば、野球では統計がすべてである。選手は、いつどの試合でもヒットを打つとはかぎらないが、長期的に見れば、より優秀な選手がより多く打つ。ＥＳＰは要求されたときに起こるわけではない。しかし長期にわたる多数の試みが、その存在を明らかにすると思われた。

一九四〇年までに研究所は一〇〇万回近い試験を実施し（それをテレパシーと呼ぶか否かは別としても）、どう見ても普通ではない結果を出してみせた。実験が適切に設計され、きちんと管理されて実施されたとする。そのうえで彼らの出した結論を否定すれば、同様の統計学的手法、たとえば何百万もの人々が使っている薬の安全性を保証するために製薬会社が用いている手法の結果を否定することにもなる。デューク大学の科学者たちは、実験の管理とデザインに対する批判にすべて対応したうえで、彼らがテレパシーと呼ぶ効果について有効な証拠を収集することに成功したのだ。

この結果を受理できなかった心理学者たちに残された道は「彼らはまちがいを犯したにちがいない」と言い続けることだけだった。こうした批判者たちは統計学を最低限しか理解していなかったので、まず統計を攻撃の的とした。しかし追試の多くが失敗したのは、ラインの実験の一〇〇分の一、一〇〇〇分の一、ときには一万分の一の回数の試行しか実施しなかったからなのだ。そして一九三七年の末には、統計学者たちはもう議論は十分だと考えるようになる。

一九三七年一二月、数理統計研究所の所長バートン・Ｈ・キャンプ博士が、超心理学研究所の研究結果の統計面について声明を発表した。「ライン博士の研究は、ふたつの側面からなっている。実験と統計である。実験面については、数学者は当然ながら何も申しあげることはない。しかし統計面について言えば、近年の数学研究は、実験が適切になされたと仮定した場合、その統計的分析は有効であるとの結論に達している。ライン博士の研究が的確に批判されるとすれば、それは数学的背景に関連しない部分であるべきだ」

この声明にラインは躍りあがった。「この数学界からの援護射撃は、『あれがひとつの転機だった』とのちに言われるようになる出来事だと確信しています」と、ラインはオーザンに書き送った。ソーントン・フライには「問題は終わったと感じています」とも伝えていたが、このラインの観測は楽観的なものだとのちに判明する。

米国心理学会

全国の科学者が追試を続けていた。同様の結果を出した者もいたが、失敗した者はそれを議論に投下する燃料として用いたため、ESPは存在しないという反論は続いた。この状況下で必要だったのは、多数の批判者と一堂に会して対決できるフォーラムだった。

数ヵ月後、ラインは、その秋にオハイオ州コロンバスでひらかれる米国心理学会（APA）のシンポジウムへの参加招聘を受けた。米国心理学会は心理学でもっとも権威のある学会だった。ラインはデューク大学学長に、招聘は「まさしく研究所の認知」であると報告した。アメリカ全土からやってきた心理学者で満員の大会、そしてこれこそが待ち望んでいた、批判者全員に対峙する機会だった。

ところが出発予定の数日前、ラインは追試を成功させた研究者の結果から捏造の証拠がみつかり、大会の場でそれをラインにたたきつける計画を立てている者がいることを耳にした。誰の実験が暴露されたのかはわからなかったが、それなりに予想はついた。しかし出発までに、確認の時間は残されていなかった。ラインの一行は会場に着くやいなや部屋に缶詰めになり、スコア原票のページというページを検討し続け、ついにミズーリ州ターキオ大学の若い学生の実験結果が均一すぎることを発見した。この学生の実験結果は、ラインの発表の中核をなすものだった。これで準備してきたものは全部おじゃんになり、彼が失敗するのを見たがっている聴衆の前で、即興で発表しなければならなくなってしまった。

ESPのシンポジウムは化学研究棟の大講堂で開催された。会場は満員だった。聴衆は五〇〇人くらいいて、通路にまであふれていた。客席のルイは震えあがっていたが、注意深い心理学者に震えを悟られまいと、ただ静かに座っていることに努めた。

ゼニスの番組に出演した心理学者がまず登壇した。そして次がラインの研究所のスタッフ、当時弱冠二八歳のトム・グレヴィルの出番となった。彼はチームの数学責任者になるとき、ラインに今までに書かれた批判の「表も裏も」知り尽くしていると自負しており、ラインの研究所から参加していたメンバー全員が、講演のあとで「彼が一番落ち着き払って、自信を持っていた」と言ったものである。そして批判側が壇上にのぼり、あらためて市販のESPカードの欠陥を指摘した。次がラインだった。とても暑い日で、ラインは厚手のスーツを着ているにもかかわらず、窓は開いていなかった。さらに水差しに水はなく、彼は一杯の水を要求したが、それを取りに走った若い男性が戻ってくるのを待つ余裕もなくはじめなければならなかった。ラインは極度に緊張して動揺しており、そして生涯ではじめてうまく話せなかった。「こんなに緊張する理由がわかりません」と、彼はまず聴衆に語りはじめた。

のちにルイは、ラインの生涯で最悪の講演だったと言っている。講演の最初から「落ち着いていて冷静だ」というふりをすることすら放棄してしまった。ぼろぼろで、しどろもどろだった。しかしながらラインはそこで踏みとどまった。彼の勇敢さと率直さは誰の目にも明らかで、真実を語っていることが見て取れた。ぎくしゃくしていたが、明解に、感情的にならず、飾ることなく、述べるべき点はすべて述べたので、人々は声援を送らざるを得なかった。彼はすべての批判に対して丁寧に応答した。なかでもカードの欠陥については筋が通った説明をして、言いわけに終始することはなかった。

米国心理学会の会員たちは、まだESP実験をどう扱うべきかについては判断しかねていたが、J・B・ラインは嘘つきでもインチキでもないということと、今まで聞かされてきた批判が不公平であることは理解したようだった。そのしどろもどろながらも誠実な発表が終わったとき、ラインは大会のどの発表者よりも多くの喝采を受けた。後年、著名なサイエンスライターで懐疑論者でもあるマーティン・ガードナーが『奇妙な論理』〔市場泰男訳、ハヤカワ文庫〕という本を書くことになるのだが、そこでラインについてこう述べている。

「まずはじめに、ラインがこの本で論じた人々の大部分とは明らかにまったくかけ離れた、ちゃんとした科学者であることを述べておかねばならない。彼はたいへんまじめな人で、その仕事は軽視できないほど注意深くまた巧妙に企画されており、本書のような駆け足の検討ではなくもっとずっと真剣な扱いをうけるだけの値打ちがある」

結局最後まで、捏造データの話を持ち出すものはいなかった。すべての講演が終わり、公開討論がはじまった。もっとも素晴らしい反応は、かつて懐疑的だった心理学者のバーナード・リース教授から返ってきた。ESP実験結果の発表が性急すぎるとの抗議にリースは応えて言った。「私は学生たちに、ESPは存在しないということを示すために実験をしたのです。しかし、存在しないと示すことには成功しませんでした。『データの意味が完全に理解できなければ、よいデータであっても捨ててしまうべきだ』とあなたは信じていらっしゃるかどうかは存じあげませんが、私は報告すべきだと思ったのです」。聴衆は拍手喝采した。

その後ラインは、みんなに成功を告げる手紙を書いた。リースとその他の人々に向けられた喝采についても、何度も説明した。ある男には「批判者たちは、お粗末な事例を挙げてきたものです」と手紙に書き、別の人物には「批判者が足がかりを得たり、得点を稼いだりしたことは、一度たりともありませんでした。すべてはすみやかに、そして的確に反論されました」と書いた。

ラインの実験と考察は揺るぎなく、批判者側も、もはや何も言えなかった。しかしだからといって、彼らが研究所の実験結果を受け入れたわけではない。そしてまた別の問題もあった。ラインは心理学者たちとは多少の折りあいをつけたが、他の学問分野からは実質的に何の実績も認められていなかったのだ。特に物理学者とのあいだで、これは顕著だった。ラインは、ＥＳＰは物質世界の法則とは別の独立した力が働く証拠だと考えており、基本的に物理学者から受け入れられる可能性を切り捨てていた。物理学はその定義により、物質世界を扱うものだからである。

さらに腹立たしいことに、批判者はカードの欠陥のような古い問題を、研究所がすでに回答していることも知らないのか、あいも変わらず取りあげ続けた。おかげで問題はいつまでも収束せず、ラインたちは、同じ論争を何度も繰り返すはめになった。超常現象の真相究明で大きな功績を上げた奇術師のジェイムズ・ランディは、超常現象信奉者〔俗に「ビリーバー」と呼ばれている〕とは説得不可能な「絶対沈まないゴムのアヒルのおもちゃ」みたいなものだと言う。しかしこれは、超心理学の発見を拒絶する人々に関しても、同じように言えるだろう。批判に応えようといくら実験を改善し進歩させたとしても、彼らが受け入れることはないのだ。彼らは超常現象信奉者《ビリーバー》と同じくらい沈まない「ゴムのアヒルのような」懐疑論者なのである。まったく信じようとしない彼らにとって、ラインと彼のＥＳＰ研究は、アリスの〈動くテーブル〉と同様、本気で相手にするものではなかった。ただ一九三八年の時点では、ラインと同僚たちはまだこのことを認識しておらず、オハイオ州コロンバスの米国心理学会の大会後、超心理学革命は間近であると自信を持っていた。

ＥＳＰの証拠の収集は一段落した。次の段階は仮説の構築だった。ＥＳＰのような性質のものを扱うときほど、作業仮説が必要となる。「仮説が存在することで我々は信じがたい事実をより円滑に受けとめることができる」と、マルセロ・トルッツィ〔社会学者であり、超常現象の懐疑論者〕が『傍流科学の受容（*The Reception of Unconventional Science*）』のなかで説明している。研究所のスタッフはＥＳＰについてもっと学ぼうと、実行可能なすべての実験を実施し、結果をグループごとに分析した。グループは、子ども、視覚障害者、ネイティブアメリカン、精神病患者、動物など多岐にわたった。動物は自分で実験結果を捏造できないため、非難されることのない被験者だ。動物実験の結果は様々だったが、ＥＳＰの証拠は見られた。動物実験といえば、Ｊ・Ｂ・ラインを語る際に必ず引きあいに出されるのが、テレパシー馬のレディ・ワンダーである。ラインはこの馬の能力にお墨つきを与えているのだ。のちにレディの飼い主がサインを出していたとの疑惑が持ちあがったのだが、ラインはあらかじめインチキを防ぐために、飼い主がいないときの実験もしていた。つまりレディ・ワンダーの能力はインチキではなかったのである。

暗雲

ラインの超心理学研究所は、捉えどころがなく、物質とは無関係に働くように見える力、ESPを説明できるような仮説を追究し続けた。しかしその一方で、ラインの一番の擁護者、マクドゥーガルの胃は、がんに侵されていたのだ。西海岸にいるアプトン・シンクレアが最新刊をラインとマクドゥーガルに送ってくれたとき、ラインはシンクレアに手紙を書いて知らせた。「おそらくマクドゥーガル博士は、これを読むことはできないと思われます。実は今、モルヒネを四時間ごとに摂取しているような状態で、ご自分の先が長くないことを知っておられます」

一一月の末にはモルヒネも効かなくなってしまった。マクドゥーガルが、死の数日前から昏睡状態になったのは救いだったとラインは書いている。一九三八年一一月二八日、ラインの重要な擁護者であり、友人だった人物がこの世を去った。

この悲しいニュース以外、研究所は概ね順調だったのだが、明るいと思われた未来には影が差しはじめていた。ラインは毎日膨大な量の手紙に目を通していたが、そこから読み取れたのはヨーロッパで異変が起きつつあるということだった。コロンバスの米国心理学会の数週間後、ベルリンのリリ・グッケンハイムという二六歳の心理学者から手紙が届いた。ラインの二

マクドゥーガル（左）とライン

冊目の本『心理学の新世界』を読んで、ロールシャッハテストを用いてテレパシーの優良被験者を見つけ出す方法を思いついたと提案してきた。しかし彼女はユダヤ人であるために、ドイツ国内では科学実験施設から排除されており、自分で試してみることができない。できればデューク大学で試してもらいたくて、「私は結果を知らせていただくのを楽しみにしております」と手紙を結んでいた。そのあと彼女から届いた手紙では、デューク大学に職がないか尋ねてきた。ユダヤ人の彼女は、ドイツを出国しなくてはならなかったのだ。ラインはデューク大学心理学部のドン・アダムス教授に手紙を書いて、何かできることはないかと検討したが、適切なポストを見つけることはできなかった。リリ・グッケンハイムは、一九四二年一一月にベルリンからアウシュヴィッツに移送され、そこで死ぬことになる。

　第二次世界大戦が間近にせまっていた。そして皮肉なことにそれに伴って、一般大衆のあいだに死後生存に対する興味が再びわいてくるのである。

第4章
戦争と死者

戦時下の研究所

〈我々は、本当は自分たちが何者であるかを知らないのだ〉

一九四四年、研究計画書に書かれたこの一行は、研究所のメンバーの士気を鼓舞することが目的だった。しかし当時の状況と超心理学研究所のそれまでの成果とをあわせて考えると、本音がぽろりとこぼれてしまったようにも感じられる。研究所ではサイコロによるＰＫ実験が繰り返し実施され、有望な結果を得ていた〔たとえば九九頁の写真にあるように、回転する柱状の容器内を落下するサイコロに対し、特定の目が出るように念じる実験が行われた〕が、彼らは発表を控えていた。いまだにテレパシーが認められずにいるのに、人間が心の力で物体を動かせるという考えに対し、どんな批判と反応が起こるかわかったものではないと心配したのだ。さらに、アメリカが第二次世界大戦に参戦してから三年経っており、研究所への資金援助は今までで最低レベルとなっていた。今や死後の問題だけではなく、人生のすべてが不透明になりつつあった。このころラインは出資者のひとりに向けて、「研究者や研究にとってはいうまでもなく、文明そのものにとっても暗黒の時代が続いています」と手紙を書いている。あまりにも多数の死者が出たため、一九四三年にはほぼゼロだったウイジャボードの売り上げが、その後、一九四四年六月までの期間に爆発的に増え、たとえばニューヨークのあるデパートだけも五万セットが売れたという。

研究所を取り巻く小さな世界でも、いくつかの死がひっそりと訪れていた。ライン夫妻がデューク大学にやってくるきっかけを作ったジョン・トーマスは数年前に亡くなっていたが、それは死んだ妻エセルから「私は彼に近づいています。私は今までにないほど彼に近づいています」というメッセージが届いたあとのことだった。ラインの最後の庇護者であった、デューク大学学長ウィリアム・プレストン・ヒューもまたその年に亡くなっている。ヒューとマクドゥーガルを失った今、デューク大学における研究所は微妙な位置に置かれていた。新しい学長は超心理学に理解がなく、研究所の閉鎖が決定される可能性もあったのである。

とはいえ、これらの不安要素を除けば、戦争がはじまるまでの一九四〇年代は非常によい時期であった。開設後の五年間で研究所のスタッフ数は三倍になり、一九四〇年には一五人の常勤・非常勤職員を擁していた。そしてその当時は毎週一〇〇人もの ＥＳＰ 実験をおこなっていた。チャールズ・オーザンは研究所に遺産を寄贈するように手配してくれていた。春には『ライフ』誌に研究所の成果について九ページの特集が掲載され、ひき続いてラインの四冊目の本、『超感覚的知覚の六〇年間の研究（*Extra-Sensory Perception After Sixty Years*）』が出版された。これは研究所のスタッフによる科学者向けの論文集だったが、ラインらは最初の本で犯したすべての過ちを正すべく試みてそれをやりとげた。さらにラインのハーバード時代の恩師、エドワード・ボーリングから手紙が届き、この本に収録された論文のうち数編がハーバード大学心理学概論の必読論文になったと知らせてきた。つまり、ハーバード大学で心理学を志す学生は全員、超心理学研究所の研究論文を読むようになったのだ。

しかし一九四一年、日本軍による真珠湾攻撃の三日後、ゲイザー・プラットは「ESP研究より現在の社会の危機にもっと直接関与したい」と切望し、海軍に志願したことを同僚に書き送っている。元海兵隊員のラインも志願しようとしたが、身体的な理由で受理されなかった。チャーリー・スチュアートは自分が軍役に就けないことをわかっていた。彼の心臓の状態で検査に合格するのは絶望的だったのだ。しかしアメリカの参戦により超心理学への資金援助が切り詰められたため、スチュアートはスタンフォード大学の仕事を引き受けることにした。

男たちが去った研究所は、女性で占められるようになった。ルイーザ・ラインは非常勤で、研究所宛てに寄せられる手紙の山を担当し返答を書いていた。ドロシー・ポープは月給九〇ドルの事務職として研究所勤めをはじめたが、やがて『超心理学』の編集者として働くようになった。そして「ふたりのベティ」、ベティ・ハンフリーとベティ・マクマハンがいた。ベティ・ハンフリーはインディアナ出身の哲学専攻、ハンフリーと区別するためにベティマックと呼ばれたベティ・マクマハンは、小さな町の出身で、ノースカロライナ州立アパラチアン教育大学から編入してきた。

研究所に女性が多くなったことで変化が起こった。今までも職員同士の仲はよかったもののおおっぴらに親愛の情を示すことはなかったが、一九四〇年代は研究所の小さなグループが本当に家族的になった年代だった。

ふたりのベティ（右がベティ・ハンフリー）

PK――念力

戦時中、新しい実験をするための十分な資金はなかった。そこでラインは一九三五年から続けてきたPK実験の結果を検証する作業に取りかかった。「もし私の印象通りにPK事例がよい結果を出しているのであれば、ヒトラーのどんな爆弾よりも影響力の強い爆発的なアイデアが手元にあることになります。しかし、すぐにでもヒトラーを止めることができないかぎり、これをもっとも効果的な時と場所で爆発させることなどできないことはよくわかっています」とラインは書いている。戦況は悪くなる一方なのに、彼は自分が二度と前線に立てない悔しさをかみしめていた。

一九四三年、研究所は、ＰＫに関する九年間の研究をまとめた論文八本と論説四本を発表した。ラインはＰＫを「ＥＳＰの双子の妹」と呼んでいた。これは、心が身体とは独立した存在であること、すなわち死後生存を証明するために進むべき次の論理的段階であった。もし脳の死後、心が物質世界に影響をおよぼすことができなかったら死後生存は不可能になる。ラインは以下のように述べる。

「しかし、もし魂が固有の非物質的な法則と特性を持った力であるのなら、少なくとも論理的には、人格の生存問題の解決の可能性が生じるチャンスがあります。もし心が物質的な脳のシステムと異なったものであるなら、心は脳とは異なった運命をたどり、脳が死んでも心は消えないかもしれないのです」

最終的なＰＫ実験は、研究所を訪れた流浪のギャンブラーが「意志の力でサイコロの目を変えられる」と言ったことをヒントに考案された。「旅人であるギャンブラーは去っていきましたが、目が覚めるようなシンプルなアイデアを残していってくれました」とプラットは書いている。完璧なアイデアと言ってよかった。二個のサイコロを投げて、思った通りの目が出るか出ないかを見るだけなので、結果は単純で、曖昧さのかけらもない。

実験は普通の六面のサイコロを使ってはじまった。最初は自分たち、次はデューク大学の学生、そして最後には希望者の誰もが被験者になった。当初被験者は手のひらを碗型にしてサイコロを転がしてもいいことになっていた。次は壁に向かって跳ね返るように投げるようになり、そして斜面を転がす形になった。やがて自動的にサイコロを投げる機械も発明された。J・Bとルイは最初の報告書のなかで「PKの実験で明らかになったのは、まず心には力があること。そしてそれが本当の動力であり、身体を離れて作用する力だということである」と宣言した。

しかし、実験室の外で起こる劇的なPK事例であるポルターガイスト現象が報告されると、ラインはまず懐疑的態度をとった。ポルターガイスト現象を研究のために実験室に持ちこむことはできなかった。ラインは「特定の条件下で、人間の心は物理的境界を越えることができる」と確信していたが、幽霊が出たからといって、その科学的証明にはならないのだ。さらに研究所は学界に真剣に受け入れてもらうために苦闘中であり、サイコロを使った機械的な実験のほうが、ポルターガイストの事例解明より容易に受け入れてもらえそうだということもあった。そしてテレパシーと同じく、今のところ実験で解明されたのはPK作用が存在するという事実だけで、仕組みは不明だった。それはどんな種類の力で、具体的にはどのように作用するのかを探らなくてはならないのである。

さらにカード実験で起こった問題が、まもなくサイコロ実験でも起こるようになった。みんな飽きてしまったのだ。実験をもっと魅力的にしなくてはならないとスタッフは努力した。戦時下で予算がかぎられていたこと、男性が出征して女性と子どもばかりが目立つことから、子どものパーティーにおあつらえ向きのゲームとして実験をデザインしたのだ。これはのちにＰＫパーティーとして知られるようになる。都合よくライン家にはサリー、ベッツィー、ロージーの三姉妹がいて、それぞれたくさんの友達がいたのだ。

ベティマックは、一セント硬貨ぐらいの小さなプラスチック製円盤の一面を赤で、反対側を青で塗り、それをかき混ぜてひとつずつ出す装置を作った。女の子たちは順番に機械のところにいき、どちらかの色に精神を集中して、その色がたくさん出てくるように願う。小さな声で「赤よ。集中して。赤よ」とつぶやいてもよかった。確率以上の結果を出したら、飴菓子やガムなど、ちょっとした賞品がもらえるのだ。これはＥＳＰカードより楽しかったし、実験結果も十分に可能性を感じさせるものだった。

その後数年間は、仕事をゆっくり進めるしかなかった。ラインとスタッフは、激しさを増した世界大戦のために縮小をやむなくされた環境下で、できるかぎりのことをしようと努力した。アルコールとカフェインは、ＥＳＰの場合と同じようにＰＫ能力にも影響を与えることが発見された。ほろ酔い加減だと被験者のスコアは悪くなり、コーヒーを一杯飲むと成績が上がる。実験は、ＰＫは存在するものの、弱い力であることを明らかにした。どうやら、ＰＫ能力を使ってカジノを総なめにできる者はいないようだった。

その後何年も経って、ボーイング研究所にいたドイツ人物理学者ヘルムート・シュミットがラインの超心理学研究所へやってきて、乱数発生器を使ったＰＫ実験装置を開発することになる。放射性物質の崩壊のタイミングによって環状に配置した電球の光が右や左へ移動するもので、被験者はどちらかの特定の方向へ光を移動させるように求められた。結果は目を見張るものがあり、この装置の改良版を用いた実験について引用するとき、科学者で懐疑論者のカール・セーガンはしぶしぶながらも「どうやら人間は思考のみでコンピュータの乱数発生に影響を与えることができるらしい」と結論づけざるを得なかった。ただ彼は「現代的なＰＫ実験は、かつてのテレパシー実験のように弱い力しかみせていない」とわざわざ一行書き加えている〔『カール・セーガン　科学と悪霊を語る』（青木薫訳、新潮社）〕。まるで弱い影響であれば些細なことである、あるいは重要ではないと言いたいかのようである。アスピリンが心臓発作を軽減させる効果は、ＰＫよりさらに小さいかもしれない。しかし救われる命があることは確かなのだ。ＰＫの影響力が小さいという事実は、その重要性をなんら減じるものではない。

終戦

戦争は続いた。そして研究所には、嘆き悲しむ未亡人たちからの手紙が届き続けた。戦死した夫とたとえわずかでも言葉を交わしたいと願い、ラインがウイジャボードよりマシな何かを

超心理学研究所のスタッフ（後列左から４番目がライン。撮影年不明）

教えてくれるのではないかと思いこんで手紙を書いていた。元海兵隊員だったラインは戦争未亡人たちをがっかりさせたくないと思ったにちがいないが、これはかりはやむを得なかった。

また胸を打つような手紙も届いた。たとえば傷痍軍人で半身麻痺の状態で帰国したハロルド・シャーパーである。彼はラインの本を読んで、自分のような障害者は超心理実験のよい被験者になるのではないかと提案してきた。「（ＥＳＰとＰＫは）多くの障害者にとって大きな財産となるでしょう。我々にはたっぷり時間があり、忍耐力が必要とされるならば健常者よりもずっとうまくやれるのです。あなたの研究所の取り組みは、私のような障害を持つ人々を、様々な分野におけるリーダーにする可能性を秘めています」

ラインは死後の世界より人間の心の力を信じており、ハロルドにやさしく返事を書いた。「障害者が発達させることができる心の能力が確かにあります。私たちの研究は、心というものが、自由で創造性に富み、意志によって動かせるシステムだという考えかたを支持しています。この研究はさらに大きな力を求めていこうとする人に、勇気を与えるでしょう。ただ生きているだけの人生ではなく、冒険の楽しみがある人生となるのです」

戦争は長く続き、終わる日が来ることはないように思われていたが、科学と政府が同じ考えのもとで何かを起こそうとすれば、それは起こる。マンハッタン計画は一九四一年に開始された。四年後の一九四五年八月六日、広島に原子爆弾が落とされ、その三日後の九日には長崎が被爆した。それから日をおかず、八月一五日に日本は全面降伏する。

徐々に男たちが戦場から帰ってきて、研究所も復興へと向かった。常勤職員はゲイザー・プラット、チャーリー・スチュアート、そしてふたりのベティで、六人の大学院生が非常勤で働くことになった。研究所が手狭になったと感じていた矢先のこと、ずっと病弱だったスチュアートが病に倒れ、一九四七年についにこの世を去ってしまう。しかしスチュアートの死は研究所員たちをさらに強く親密に結びつけたのだった。

独立と孤立

戦争も終わった一九四〇年代の後半、メディアは再び研究所に注目し、超常現象を取りあげるようになった。『ニューヨークタイムズ』紙は研究所のＰＫ実験を紹介すると同時に、ニューヨークのコロンビア大学で封切られたジャン・カルロ・メノッティの長編オペラ『霊媒（*The Medium*）』についての記事を掲載している。このオペラは聴覚障害者の霊媒の物語で、最初はインチキだったのがやがて本当の能力に目覚め、それによって破滅に向かうというものだった。

一九四六年末、ラインはニューヨークのアメリカ自然史博物館に在籍していたマーガレット・ミード博士に手紙を書いた。ミードが専門とする文化人類学研究の過程で、超心理学的な出来事に遭遇しているか、そしてもし事例があれば『超心理学』誌に寄稿してもらえるものかどうかを知りたかったのだ。ミードは、心霊研究には共感するところが多いが「私のフィールドワークの蓄積から言えば、未開社会でも超感覚的能力が発達した人は、我々の社会におけるのと同様に少数であると感じています」と返答した。しかし彼女は、そうした出来事には注目してきたという。「バリ島では、幽霊があらわれるぞと警告を受けましたが、何も起こりませんでした。ニューギニアのセピック川沿いに住むイアトムル族は、予知夢を見るための奥義があると主張しましたが、予知していたといわれる出来事が起こるまで夢が語られることはないので、これもそれらしい事例とは言えません」

一九四七年、デューク大学の新学長ロバート・フラワーズと経営陣が全員一致で、研究所を心理学部から完全に切り離し「Ｊ・Ｂ・ライン博士を所長とする、分離独立したデューク大学超心理学研究所を設立する」と決定したとき、研究所は様々な活動で活気にあふれていた。それは起こるべくして起こった最良の変化であった。

著名な懐疑論者のマーティン・ガードナーはのちに「大部分のアメリカの心理学者のあいだには、超感覚的な精神力の可能性に対して、不合理で、おそろしく大きな偏見が存在することは明らかである」〔前掲『奇妙な論理』〕と書いている。そうした偏見と遭遇すると目をそらしたくなるし、たびたび起こる論争は研究者の体力を消耗させる。ラインは研究所の分離を大学内での地位向上と見たにちがいない。もう学部内の一学科ではなくなり、独立した研究所となったのだ。彼が夢見たような研究施設ではなかったが、はじまりではあった。しかし研究所は独立の代償も支払うことになった。スタッフ同士の絆は深まったが、デューク大学の他の学術的なグループからはさらに孤立することになったのだ。

再び、世界は可能性に満ちてきた。科学の本流からはずれた研究分野へ、資金が提供される道が開けはじめたのだ。『キンゼイ・レポート』で著名なアルフレッド・キンゼイも「性・ジェンダー・生殖に関するキンゼイ研究所」をインディアナ大学に開設した。ラインはロックフェラー財団でキンゼイへの資金援助を承認したアラン・グレッグ博士と連絡を取りはじめた。しかし一方で、超心理学研究所にずっと資金を援助してきたチャールズ・オーザンは、研究所が、死後生存の問題を解決するような直接的研究をしないことについて不満を募らせていた。確かに実験は好奇心をそそる。しかしオーザンはなんとしてでも、人間の人格は死後も生存するのかという当初の疑問へ研究を引き戻したかったのだ。

ラインはすぐに、オーザンや他の資金提供者を満足させるような発表をした。研究所が「偶発的心霊経験」と呼ぶものの研究を正式に開始するために、まずは研究所のスタッフが、保管されている数千におよぶ超常現象報告の手紙を検討する。「偶発的心霊経験」とは、研究所で「幽霊譚」を指す用語である。ただしラインは、幽霊やポルターガイストを認めたわけではなく、「研究所に連れてこられないものは、存在しないのと同じだ」という姿勢は変わらなかった。ただ、手紙の山のなかに新しい実験への手掛かりがあるかもしれないとは考えていたのだ。またひょっとすると、オーザンや他の出資者が求めてやまない答えへと導く偶発的事例が含まれているかもしれなかったし、個人的な経験を出発点として、研究所のスタッフが心霊現象を科学的に研究する方法を発案できるかもしれなかった。しかし寄せられた膨大な量の手紙を読み返すのは、たいへんな作業になるだろう。毎週月曜日の定期ミーティングで、ラインは手紙読みの志願者を募ったが、手を挙げたものは誰もいなかった。

ラインの妻ルイは戦時中に非常勤職員として研究所に戻ってきていたが、そのとき妹に「一五年も母親業と主婦業をしたあとで、すごく解放された気分です」と書いている。再び科学者として仕事をする気は十分で、実験を再開するつもりでいた。自分の子ども相手にも折をみては実験をしてきており、これを機に研究に戻ることを望んでいた。ラインと同じく彼女は幽霊を信じていなかったし、「偶発的事例」は、ずっと夢見てきた科学の本流の仕事ではないと思っていただろう。しかし、研究所ではこの仕事をする人間が必要だったのだ。そこでルイは夫のために、自分の興味はひとまず脇に置くことにした。超心理学研究所は新しいプロジェクトを公に発表した。ルイーザ・ライン博士をリーダーとした、偶発的事例の調査である。研究所は公式に幽霊譚を研究しはじめたのだ。

第5章 悪魔祓い

エクソシスト

ミネラルウォーターの小さな瓶がテーブルを離れ、宙に浮く。魅了される一瞬。

日常の光景が一転し、ありふれたものが魔法になる。次の動きが起こるまで、思考が停止し、疑問を抱くことすらできないほどのわずかな時間、世界は不思議に満ち、人々は虜《とりこ》になる。ところがその瓶は人の頭に向かって飛んできたではないか。現実が戻ってくる。魔法は魅惑どころか、人に牙をむいたのだ。

「おい、今の見た？　本当か？」

「私、頭がおかしくなった?」

人々は口々に確認しあう。目に見えない力で、本当に物体が飛び交いはじめるようになったとしよう。そうなると、なんらかの可能性を指摘したり、単に説明しようとするだけでは不安は晴れない。

人間には死後の世界があり、見えない存在が我らとともにあるという物語は好まれる。別世界の住人について夢想したり希望を抱いたりし、さらに苦しいときには「それ」に祈ることもある。人々が考える「それ」はけっして自分を欺《あざむ》く悪霊でもないし、自分を地獄に落とす悪魔でもない。しかし自宅や家族の周囲でポルターガイスト現象が起こりはじめたら、誰かの悪戯であってほしいと思う以上のことはできない。なかでも一番起こってほしくない、もっとも恐ろしい出来事は憑依《ひょうい》である。憑依への対抗手段は悪魔祓い(エクソシズム)だが、度を越した悪魔祓いは死につながることもある。

一九八〇年、ある女性が自分の一歳になる赤ん坊に熱湯をかけ、さらに熱したオーブンに入れた。彼女は息子から悪魔を祓おうとしていた。

それより三年前の西ドイツでは、若い女性が半年間におよぶ毎週の悪魔祓いの結果、ようやく憑依が解けたその日に餓死し、ふたりの神父と死んだ女性の両親が過失致死で有罪判決を受けた。

二〇〇三年、ウィスコンシンで八歳の自閉症の少年が窒息死した。信仰療法〔代替医療の一種とされる〕の悪魔祓いが失敗したのだ。これを執りおこなった聖職者は児童虐待で重い有罪判決を受け、上告したが裁判所は一審を支持した。

二〇〇五年には、ルーマニアで修道士ひとりと修道女四人が、ある修道女を磔《はりつけ》にして食事を与えずに殺したとして、違法監禁と殺人の罪に問われている。修道士は反省の様子を見せず「神が奇跡を起こされたのです。イリーナはようやく悪から解放されたのです」と主張して譲らなかった。二年後、五人全員に過失致死罪の判決が下った。修道士は再審を請求したが敗訴、報道によれば修道女たちも上告するだろうという。

メリーランド悪魔憑依事件

ある日ルイはいつものように、研究所宛の手紙を読んでいた。「偶発的事例」を収集しつつ、何か研究の対象となるようなものを探していると、なかに首都ワシントンDCの牧師から送られてきた、ひどく深刻な手紙を見つけた。

ルーサー・シュルツ牧師は、ラインに助けを求める手紙を書いた時点では憑依のことなど考えてもいなかった。教会の信徒で、首都に隣接したメリーランド州に住むある一家の息子、一三歳のローランド（仮名）をめぐって起きている不可解な現象は、ポルターガイストにちがいないと信じていたのだ。超心理学者のあいだでも、ポルターガイストの正体については議論がある。サイコロを動かすよりもずっと強いＰＫだとしても、その持ち主は霊なのか？　それとも人間なのか？　しかしどちらにしろ、ポルターガイストは基本的に無害である。ものは壊すかもしれないが、人に狙いを定めて襲ってくることはない。

　ただし霊による憑依とされる場合は、事情が異なってくる。被害者の身体を乗っ取った悪魔やその手下がすることは、被害者の健康と幸福に対する宣戦布告である。シュルツ牧師がラインに手紙を書いたとき、メリーランドの当事者一家は、問題の原因は単なるポルターガイストではないとして、ローランドを悪魔祓いのためにセントルイスのイエズス会に連れて行っていた〔悪魔祓いをするのはカトリック教会の神父のみ〕。ほとんどのポルターガイスト事例に共通する特徴のひとつは、それが短期間で終わることだ。不可解な現象はたいていものの数ヵ月で消え去り、関係者の見解は、現実派、想像派、悪戯派に分かれるが、現象が再発しないため結論は出ずに終わるのが通例である。もちろんメリーランドの少年の家族は、その現象が短期間で終わるなどとは思わなかった。目の前の出来事は暴力的で恐ろしく、明らかに彼らを傷つけようとしているとしか思えなかった。しばらくして新聞がこの話を記事にし、ウィリアム・ピーター・ブラッティという大学生がそれを読むことになる。ブラッティはその記事から着想を得てベストセラーとなる小説『エクソシスト』を書き、映画化されて全世界で大ヒットした〔一九七三年公開〕。ブラッティは子どもの年齢、性別と他の詳細を変えているのだが、ライン宛に書かれたシュルツ牧師の手紙の内容を見れば、思いあたるところがある人は多いはずだ。

シュルツ牧師からラインに宛てた手紙には、それが「はじまったのは一九四九年の一月一五日でした」とある。続けて牧師は、のちに映画化され、世界中の映画館のスクリーンに映し出された出来事を書きつづっている。がたつくベッド、空中を飛び交う物体、床をすべる重い家具、少年の体にあらわれる文字、どこの国の言葉ともわからない言葉を話し、悪魔の幻視があらわれる。当時一家はミズーリ州の親戚宅に身を寄せており、少年はセントルイスのアレクシアン・ブラザーズ病院〔医療に従事することを信条とする修道会の病院〕の古い精神科病棟で聖職者の世話を受けていた。シュルツ牧師は少年といっしょに自宅に戻り、理解のある医者に診せるようにと一家を説得しようとしており、ラインに手紙を書いたのもそうした力添えを求めてのことだった。「どなたかそちらの研究所のスタッフで、この事例を研究してみたいと興味をお持ちのかたはいらっしゃらないでしょうか?」と、シュルツ牧師はラインの研究所に尋ねている。彼はルター派〔プロテスタント・ルーテル教会〕の牧師だったので、ひょっとするとカトリック教会によるこの問題への対処をあまり信頼していなかったのかもしれない。

ポルターガイストのような現象について、ラインは頑迷《がんめい》な偏見を持って対応するきらいがあった。それはまるで、他の科学者たちがラインとESPに対して取るような侮蔑的な態度だったと言ってもいい。しかしこれは、今まで誰も聞いたことがないような劇的な事例だった。ラインは出張中だったので、ルイがすぐに返事を書いた。「ラインがお話の事例に強い興味を持つことは、まちがいないと思います。彼は可能なかぎり早い時期に対応を考えると、私は確信しております」

数週間後、出張先から戻ってきたラインはルイの返答の通りだと伝える手紙を書いた。頑固なラインをしても興味を惹かれたのだ。おそらくは少年自身が現象を引き起こしているのだろうとラインは考えていた。ただ、彼にとっては劇的なＰＫの実証のほうが、まだ悪魔より都合がよかったのだ。そして手紙の文面からは、ラインが明らかに興奮しているのが読み取れる。もし少年が自宅に戻りまた現象が起こるようだったら、電話代は持つからすぐに電話してくれと彼はシュルツ牧師に頼んでいる。

シュルツ牧師がラインからの返信を受け取ったときには、一家は自宅に戻ってきていた。イエズス会の修道士は、少年に取り憑いた「何か」を祓おうと、数週間にわたり試みてきたが、ことごとく失敗に終わっていたのだ。しかしラインが調査を約束したにも関わらず、シュルツ牧師によれば一家はまだ宗教に頼ろうとしており、大学などという場所からくる人には会うつもりはないという。一家がセントルイスにいたあいだに、ワシントン大学のある職員が「テレビの番組を見るように、いつの日か死者に波長をあわせることができるようになる」と話して聞かせたらしい。これは憑依を疑う家族の不安を煽っただけだった。また、ローランドを診察した精神医学の専門家は「この子は大人になって責任を担うようになるのを拒否していて、子どものままでいたいと願っている」と言ったとのことだが、家族はその説明も気にいらなかった。メリーランドの一家にとっては、科学よりも悪魔のほうが納得できる説明だったのだ。あるいは宗教だけが、救いへの望みを与えてくれたからなのかもしれない。ラインとの面会予定はキャンセルされた。

代わりに家族とローランドは、セントルイスのアレクシアン・ブラザーズ病院の五階に戻ってしまった。悪魔祓いが再開されたが、シュルツ牧師は懐疑的で、「私はこの家族のひとりひとりと家族全体が、医学的治療を受ける必要があるように思うのです。そして私たちには、事態を収拾する役割が期待されているのでしょう」とライン宛の手紙に書いている。

一方ラインは、出来事の原因が意識的なものであるにしろ、無意識であるにしろ、トリックである可能性を危惧していた。そこでシュルツ牧師が実際に目撃したものについて、説明してくれないかと頼んだ。

シュルツ牧師は、ローランドがシュルツの家に泊まりにきた二月一七日の夜の事件について語った。彼とローランドは、同じ部屋のツインベッドで同じ時間に眠りについた。牧師はたとえ何が起ころうとも見届けるつもりだったのだ。真夜中ごろ、ローランドはベッドから椅子に移った。シュルツの家のベッドも、ローランドの家のベッドと同じようにガタガタいいだしたからだ。シュルツも目を覚ました。するとローランドが座った椅子が、壁に向かって後ろ向きに滑り出した。シュルツは少年のところへ急いだ。ローランドは足を持ちあげて椅子の縁に乗せていた。シュルツの目の前で、椅子と少年は壁のところまでずっとすべっていって、夢のなかのような緩慢なスピードで転倒した。ラインはシュルツが少年を助けようとしなかったのかと疑問を抱いたが、シュルツは「本当に倒れてしまうのか、見届けたいと思ったのです」と答えている。彼は、恐怖のあまり立ち尽くしていたわけではなかった。本当のところは好奇心に囚われ、このまま超自然現象が続くのかどうかを自分が見なければならないと考えていたのだった。「重心が低い、大きな重い椅子でした」とシュルツはつけ加えている。自分も座って全身の力をこめて揺すって倒そうとしてみたが、倒すことはできなかったという。部屋中の家具ががたつきだしたので、シュルツは床に毛布を重ねて置いてローランドに寝床を作ってやった。ところがまたもやローランドと毛布の山は床をすべって動き、ベッドの下に入りこんでしまった。しかも二回。「少年の体は硬直していました」と、シュルツはラインに語っている。さらには、少年が自分で何かしら動いていたら、寝具には皺がよっていただろうが、それもなかったので、自作自演だという説明はできそうにもないと言う。通常の精神医学ではものが動く仕組みは説明できない。とはいえ、シュルツは憑依を信じようという方向にも向かわなかったので、残った可能性はポルターガイストだけだった。

シュルツ牧師の手紙は知的で卓越していた。ラインを無理に説得しようという意図はなく、原因についてよくあるような固定概念をあれやこれやと検討しているわけでもない。彼は素直に自分が見たものを、説明できる理由を探求していた。最終的な結論がどうであれ、きちんと解明されれば心から信じるという態度である。

ラインは強力なＰＫ事例の可能性として、当初この件に興味を惹かれていたが、手紙と行動から見るかぎり、徐々に興味は薄れつつあった。ラインはこの事例について、直接的な情報収集をしようとしなかったのだが、好奇心がまったく消えてしまったわけではなく、のちにワシントンＤＣを訪れたときには、シュルツ牧師を訪ねている。しかしもう不可解な現象は終わっていた。『エクソシスト』原作者のブラッティが書き加えたような、ハリウッド的な衝撃の結末はなかったし、誰も死ななかった。ただ主任エクソシストが数ヵ月におよぶ試練によるストレスから、二〇キロ近く体重が減ったと言われているだけである。

性とポルターガイスト

ひょっとするとラインがメリーランドのケースに興味を失っていった理由は、ローランドの話のほとんどがベッドに関連していたという事実によるものかもしれない。ポルターガイスト事例は性的な不安によって起こるという解説をされることも多く、ベッドと寝室はその顕著な象徴として繰り返しあらわれるのだ。

ポルターガイストは思春期前期の子ども、通常は女の子の抑圧された不安と、封じこめられた性衝動が、外向きにあらわれる現象だとも言われている。ポルターガイストは少女がいる家で起こることが多いとされているからだ。しかしデューク大学超心理学研究所の記録にあるポルターガイスト事例では、中心にいる思春期前期の子どものほとんどが少年だ。ローランドの事例でも、彼がベッドに入るとベッドは揺れ出し、ときには床から離れるまでになってしまうこともあったという。そしてこれは、ある別の事例に少しばかり似すぎている。バーサ・サイバートという小さなかわいらしい九歳の女の子についての記録だ。

バーサは、ヴァージニア州のウォーレンズ・クリークという田舎町の古ぼけた小さな家に暮らしていた。一時期毎晩のように大勢の人々がバーサの寝室に押しかけ、子どもがベッドに這いあがり、静かに横たわるのを見物していたことがあった。しばらくするとベッドはひとりでに振動しはじめる。そして木をかじるような音がした。「マットレスに触ると振動を感じることができました」と目撃者のひとり、ラルフ・マイナーは言う。やがてマットレスが上下に動きはじめる。最初はわずかだが、ゆっくりと高く、より高く跳ねて、最後にはベッドの台を離れるまでになり、ヘッドボードは洗濯板を木片で擦るような音を立てた。そのあいだじゅう、バーサは静かに両手を体の横に置いて横たわっていたという。四人の成人男性がベッドの四隅に座ったことがあるが、ベッドが上下するのを止められなかった。ある新聞記事は、バーサのシーツは「見物人が触ろうとするとずるずると後退した」と書いている。しかし、『サイエンス・ニューズレター』誌を発行していた非営利団体サイエンス・サービス（現在の「科学と公共学会」）の委託を受けて調査に来たふたりの心理学者は、これらのあたかも真実であるような話を退け、「演技の単純さには驚かされた」と報告している。さらに見物に押しかけていた近所の人々も疑問を口にしており、冷やかしたり、おもしろがったりしていたと記録されている。

また、バーサの事例は彼女の性的不安が原因だという説明も可能かもしれない。

前出の目撃者ラルフ・マイナーによれば、ある夜、近所の若い男Ａがバーサの寝室にいた。バーサはベッドに寝ており、Ａは窓辺に立っていた。バーサが目を覚まし「誰かが下着を脱がせた」と訴えたので、Ａは振り返って窓から外を見た。明るい月夜で、何か白いものが地面に落ちているのが見えた。それはバーサの下着で、山すその大きな岩と茂みのあいだに落ちていたという。この不可解な話には、そもそもなぜこの若者Ａがバーサの部屋にいたのかについての説明はないし、バーサの下着がどんな経過で茂みにたどり着くことになったのかもまったく不明だ。ポルターガイストか悪戯でなければ、混乱した思春期の女の子の自作自演か、答えはそのあたりだろう。もちろん目撃者ラルフ・マイナーのでっちあげかもしれない。『闇の奥』などを書いた小説家ジョセフ・コンラッドの冷静な言葉も参考になる。「超自然的悪霊を信じる必要などない。すべての邪悪な出来事は人間がやすやすとやってのけることができるものだからである」

憑依にも、ポルターガイストのように性的側面が認められることがある。超心理学者が、ポルターガイスト現象の原因として仮説を立てた「抑圧された不安」、あるいは「性的衝動」に対して、独身の誓いを立てているカトリックの聖職者たちが過剰反応を起こして、少年たちをベッドに縛りつけているのかもしれない。『エリザベス朝の英国における悪魔憑き（*Demon*

Possession in Elizabethan England)』でキャスリーン・R・サンズは、「憑きもの落としと悪魔祓いの物質的・心理的傾向に、しばしば性的な解釈に結びつきやすいものがあることは明らかである」と述べている。彼女はさらに、「張り形を自分で、またお互いに使いあうことは、悪魔憑きの証拠とされていた」という修道女の事例を引く。メリーランド事例のローランドは、何度も何度も卑猥な言葉を使い、性的な動作について口にしたが、そうした話の登場人物には聖職者と修道女に加えて聖母マリアも含まれていた。ローランドは、自分とその部屋にいる聖職者の男性器について叫び、全員の面前でマスターベーションをして、ベッドの上でわけありげに身をよじった。彼の体には様々な言葉に加え、彼の男性器の方向を指す矢印があらわれたという。非難すべきものは悪魔なので、もう何でもありなのだ。善良な人々には耐え難い光景である。

こうした理由から、エクソシストの選択は慎重におこなわれる。罪を犯したことがない、純潔な生活を送っている人間でなくてはならない。メリーランド事例では、説明がつかない現象はたいていローランドが眠っている夜中に起こり、バーサ・サイバートの事例と同様にベッドは揺れたり床から浮いたりした。そのため、悪魔祓いはいつも夜に実行された。これもラインが乗り気にならなかった理由かもしれない。彼は抑圧された性などとは関係ない事例を探していたのだ。「性的な事例はやっかいなことになる可能性があり、大衆や専門家から見た自分のイメージを汚しかねないとラインは考えていました。だから、この手合いにはなるべくなら関わりたくなかったのです」と語るのは、現在のラインセンターを支える心理学者、ジム・カーペンターである。

ラインはメリーランドの事例に長く関わるつもりはなかったが、その後の経過などの情報は気にしていた。一九四九年五月一〇日、ラインは当時の超心理学会代表ディック・ダーネルに宛てて、「ローランド少年のため、もう何も起こらないことを願っています」と手紙を書いている。しかし科学のためには、怪現象が終わってしまう前にこの事例から何か得られるものがあればと願っていたのだが、残念ながら彼がそう書いていた時点で事件は終息していた。悪魔祓いはその一ヵ月前、四月一九日に幕を閉じている。ダーネルによれば、ローランドの母親は神経衰弱の薬を処方され、ローランドは不登校期間分をカバーするため夏期学校に行くよう指示されていた。悪魔祓いの舞台となったアレクシアン・ブラザーズ病院の病室は、以後三〇年ほど封鎖されることになる。

その年は全国のあちこちで、説明のつかない現象が少年たちを襲っていた。この不可解な事象に仮説を立てるべく、ラインは事例に関わった幾人もの聖職者に手紙を書いた。ヴァージニア州ピータースバーグの牧師の家では、真っ昼間に物体の空中浮遊が起こった。ここには一二歳の少年がいた。ローランドの悪魔祓いが終わったちょうど一週間後、そこから六マイル離れた田舎町イリノイ州リバティー・グローブでは、一一歳の男の子のベッドで下から叩く音が聞こえていた。そしてローランドやバーサの場合と同じように、ベッドは震えたり、浮きあがったりするようになった。少年の兄弟や父親が部屋に向かって走り、みんなでベッドの上に飛び乗ったが、浮きあがったベッドを床に下ろすことはできなかった。ただ、ほとんどの聖職者はラインに返事をよこさなかったので、仮説を立てるまでには至らなかった。

ローランドの悪魔祓いが終わって四ヵ月後、ディック・ダーネルは超心理学会の特別研究会をひらいた。マスコミにも公開したため、それ以降「取り憑かれた少年」(ローランドはこう呼ばれた)についての記事が、あちこちに掲載されるようになった。ある日ラインが新聞をひらくと、ダーネルがこの事例について書いており、文中には「ライン博士が、ポルターガイスト研究において彼が耳にしたもっとも印象的なものだと言った」と書かれていた。ラインはすぐさまダーネルに手紙を書いた。自分の名前がこの件に結びつけられるのはむしろ不快であり、「超心理学における我々の研究一般を好ましく思っていない人々は、我々が心霊研究家にすぎず、機会があれば科学者として不適任であると見なそうとしているのです」と書いている。とはいえ、ラインの研究所もまもなくこの件について、短く控えめな記事を発表した。ラインによれば、彼はローランドの事例について、できるだけ早く報告を公にしたいと考えたのだという。そうすれば同様の事例が起こったとき、人々はすぐ彼に連絡してくるだろうし、事象が終わってしまう前に自分の目で見ることができる機会が増えると考えたのだ。

エクソシストの真相

その後何年もかけて、メリーランド事例について詳しい事情が明らかになってきた。どうやら発端はウイジャボードらしい。現在市販されているようなウイジャボードを世に広めたウィリアム・フルド自身も、これが霊的作用で動くとは信じていなかった。フルドは特許申請書に「質問が発せられると、コマが競技者の不随意筋の動きあるいは他の作用の結果により、テーブルの上で動きはじめる」と書いている。ローランドの事例では、人々は「他の作用」が悪魔そのものだったと信じたわけである。超心理学研究所のスタッフは、なるべくウイジャボードを使わないように勧告してきた。ウイジャボードに夢中になっている使用者からの手紙を受け取ったときに、スタッフのひとりは「そういう流行ものから得られる情報は、信ずべきものではありません。ちょうど悪夢と同じように、無意識が生み出しているものなのです。あなた様の健康のためにもウイジャボードを廃棄し、すべて忘れてしまわれることをお勧めします」と返答している。二〇〇一年にウイジャボード使用者調査に回答した人のうち三分の二は、ボードで好ましくない体験をしたと答えている。悪意のある恐ろしいものと遭遇するとも言われているのだ（にも関わらず、これは今でも人気商品である）。

ローランドがウイジャボードで遊びはじめると、ひっかくような音が聞こえはじめ、家族は当初、ネズミかと思ったらしい。カトリック教会は、憑依は内面からの攻撃であると説明しているが、外的な兆し、たとえばものをひっかく音ではじまることもあるという。外面的予兆段階は、悪魔的なものの「侵入」の印であるとされる。場所や家も「侵入」されてしまうのである。

ウイジャボード　©CORBIS／アマナイメージズ

メリーランド事例の場合、現象はあっというまに激化したことがわかっている。悪魔祓いとそれに先立つ説明のつかない出来事に関してひとりの聖職者が日記をつけており、これが一九七八年になってローランドの悪魔祓いの現場だった建物を解体する直前に、事件後三〇年封鎖されていたその部屋で作業員らによって発見されたのだ。以来、その内容は様々な本や記事で引用されている。『エクソシスト』原作者のブラッティは、その日記を読んでいないと言っているが、彼の書いた本と映画には、日記にあるのと同じような出来事の詳細が生々しく描かれている。ブラッティは粉飾しているが、本と映画のなかで起こっていることの多くは事実にもとづいているのだ。有名な嘔吐のシーンも日記に書かれている。悪魔祓いは一ヵ月と少しのあいだ続いたが、出来事のひとつひとつは異様である一方で、全体としてはだんだん単調な繰り返しになってくる。悪魔祓いがおこなわれた場所は何度か変わったが、手順は変わらなかった。夜が訪れると聖職者がローランドを押さえこむ。そして、公式の悪魔祓いの方法を定めたローマ典礼儀式書に記された手順に従って儀式を執りおこなう。聖職者たちがラテン語の祈りを唱えているあいだ、少年はつばを吐いたり、嘔吐したり、失禁したり、「お前たちは今晩死ぬ」と叫んだりした。ローランドの体にひっかき傷があらわれ、それらが「**じごく**」「**しね**」「**うらみ**」というような単語をつづった。一度「ローランドは少しばかり長く不登校になっている」と聖職者に言われたときには、都合よく「**ノースクール**」という単語が浮かびあがった。ローランドは時折わずかなラテン語を話したが、すべて聖職者がそれまでに唱えた文句であった。ただ聖職者のひとりは、ローランドはアラム語〔紀元前一〇～前八世紀ごろに西アジアで広く使われていた言語〕を話したと言っている。部屋の温度が下がり、ものが動き、少年はしばしば暴力的になった。この事件はブラッティと映画監督ウィリアム・フリードキンの手によってホラー映画の名作となったが、実際のほとんどの出来事についてはごく通常の説明が可能である。

作家マーク・オプサスニックはこの話を再調査し、一九九九年に雑誌『ストレンジ』の記事「コテージ・シティの取り憑かれた少年――『エクソシスト』を産んだ実話の事実と真相」で、判明した事実を発表している。ここで浮かびあがってくるのは孤独な少年の姿である。彼の危険行為は一九四九年初頭から噴出しはじめたというが、実のところ長いあいだに培われた行動パターンが、当時一三歳だったローランドが前期思春期に入ることで激しくなったものだと考えられる。オプサスニックは周辺を取材し、「ローランドはいじめっ子であり、友達に対しても動物に対してもサディスティックで、かんしゃく持ちだった」と証言するクラスメートを捜し出した。記事によれば、ローランドの母親は非常に信心深く過保護であり、父親は無責任な人間だったという。以前近所に住んでいた人は、ローランドは「驚くほどの正確さで、三メートル以上離れた場所につばを命中させることができた」と話した。また、当時のベッドはワイヤースプリングで足の先には車輪がついており、ベッドを跳ねさせたり動かしたりするのは難しいことではなかった。ローランドのベッドは、むしろ固定しておくほうが難しいタイプだったとのことである。

一九九九年当時、唯一の生存する目撃者だったウォルター・ハロラン神父は、悪魔祓いの助手になったとき二七歳だった。彼はローランドが憑依されていたかどうか、確信はないと言っている。オプサスニックが神父に、ローランドが英語以外の言葉をしゃべったかどうか聞くと、神父はラテン語と答えたが「私たちの真似をしたのだと思います」と言った。少年の声も、それほど変わってはいなかったと証言している。

ハロラン神父の悪魔祓いにおける役割のひとつは、ローランドが自傷しないようにすることであったが、そのために神父は鼻の骨を折っている。「少年があなたの鼻を殴ったとき、異様な力を見せましたか?」とオプサスニックが質問すると、「ローランドはマイク・タイソン

〔ヘビー級チャンピオンのボクサー〕じゃないよ」と神父は冗談を返したとのことだ。

さらにオプサスニックは、何らかの超自然的現象の証拠はなかったかと、ハロラン神父を問い詰めると、彼はドレッサーの上の瓶が誰も近くにいないのにすべって動き、ベッドが動くのも見たと答えたが、このベッドも車輪がついたものだったことを認めた。彼は少年の体に印があるのも見たと言ったが、それが単語になっていたかと問われると「それは本当のところ、そうだとは言いがたい」と答えている。その印も血がしたたっているというよりは、どちらかというと口紅のようだったと証言した。

さらに後年、作家のトロイ・テイラーは『セントルイスにきた悪魔（*The Devil Came to St. Louis*）』という本を書く。この本は悪魔祓いという行為自体に注目し、毎晩ローランドが排出する様々な液体の始末が仕事だった看護師や、悲鳴を覚えている人々の証言も書き加えている。テイラーもまた、二〇〇五年一月にハロラン神父に取材している。ハロランは「私はあれが本当の憑依の条件を、ぴたりと満たしていると確信したことは一度もありませんが、私が説明できないことが起こっていたことは確かです。なので、この件については判断を控えているのです」と言った。さらにイカサマだとは思っていないとも言い、精神病だったかもしれないが「あれが全部精神病で説明できるかどうかは、わかりません」と答えた。ハロラン神父はその後まもなく、二〇〇五年三月一日に八三歳で死去する。

マーク・オプサスニックは、「少年が当時、家庭問題から来る深刻な情緒障害を抱えていたことを示す証拠は、もう十分すぎるほどある。悪魔憑きだという考えを支持する証拠は、ひとかけらもない。心因性の病気が原因であるということを徹底的に調査せずとも、ロブ・ドウ（オプサスニックはローランドにこの仮名を使っていた）が一九四九年一月以前に、現代の精神医学ならはっきりと病名をつけられたであろう状態に陥っていたことはまちがいない」と断言している。

ヘンリー・アンスガード・ケリー博士は『悪魔、悪魔学、魔術（*The Devil, Demonology and Witchcraft*）』で、この事例の不可思議な出来事であるローランドの体にあらわれた言葉について興味深い示唆をしている。ケリー博士によれば、皮膚にあらわれた言葉はヒステリーの症状であり、熱いものに触ったと暗示するだけで催眠術師が被験者の皮膚に浮き出させることができるみみず腫れと類似しているという。ゲイザー・プラットは後日、以下のように疑問を呈している。「憑依の結果だと言われるこうした行動が、悪霊が彼の体のなかでうごめいているという（聖職者と家族からの）強力な暗示に対する少年自身の無意識の反応であった可能性は否定できないのではないか?」

それに対しケリー博士は、悪魔祓いが機能するのは「暗示によってもたらされたものは、暗示で治癒するからである」と述べている。

トロイ・テイラーは、「何がどのように起こったのかは、もはや知るすべはない」と言う。全体として見れば、オプサスニックの説得力のある検証に比べ、テイラーの批判には詰めが甘いところがある。しかしテイラーによる「通常の自然の属性の範囲内で十分に説明できないことはほとんどない」という指摘は正しい。

一九八八年、ハロラン神父は『ワシントンポスト』紙に対して、映画『エクソシスト』は「公正な作品だが、若干装飾過剰かもしれない」と語っている。問題はこの話に関わった人々が、全員同じ轍を踏んでいるということである。「もう少し大げさに語りたい」という誘惑に負けてしまうのだ。ハロラン神父は出来事が悪魔のせいだと信じたことはなかったが、誰も触れないものが動いたのを確かに見ている。オプサスニックが自分の記事でやってみせたように、扇情的な要素を取り去り、ハロラン神父とシュルツ牧師がどうしても説明できないと言ったことだけを取りあげると、残るのは問題を抱えた子どもと、一般的でおそらくは純粋なポルターガイスト事例、もしくは「劇的なＰＫ」の実例である。

現在、ローランドは一九四九年の出来事について、思い出せないからという理由で話すことを拒んでいる。オプサスニックが電話したときは無愛想で寡黙だったが、テイラーと話したときには、結婚して子どもが三人いて、今は首都ワシントンＤＣで静かな宗教的生活を送っていると語ったという。超常的な現象は、あれ以来、彼には二度と起こっていない。

ラインとシュルツ牧師はその後しばらく連絡を取り続けた。シュルツ牧師は次の夏にローランドを見かけたところ、背丈が伸び、声変わりしていたと手紙を書いてきた。「医学的検査を受ければ、彼がこの体験を経て後期思春期に達していたことがわかると思います」。ラインも賛成し、「思春期仮説は、こうした事例で注目すべきもののひとつでしょう」と返事を書いた。

一九九九年、バチカンは、新しく九〇ページにおよぶ悪魔祓いのためのマニュアルを発行した。『全種類の悪魔祓い手引き書（*De Exorcism et Supplicationibus Quibustam*）』というものである。今までのマニュアルからは様々な変更があるが、メディアへの露出を一切禁止し、一般医学・精神医学的原因の可能性がある現象を排除することを強調している。

二〇〇五年にはローマのレジナ・アポストロラム（使徒の女王）神学校に悪魔祓いの課程が設置されたが、そこでは、本当に憑依されているのか、心理学的問題で苦しんでいるのかを見極める方法も教えられている。

憑依と脳科学

最近の神経科学分野で、憑依に関する興味深い研究がある。ペンシルベニア大学医学部の研究者が二〇〇六年に出版した、「異言《いげん》」〔学んだことのない外国語もしくは意味不明の複雑な言語を操る超自然的な現象〕と呼ばれる宗教的な経験を体験した人々の試験調査結果である。もともとは、これは憑依状態を医学的に解明するのを目的とした研究だった。しかし研究者はすぐに、ある期間内に十分な数の憑依者を探し出し、研究室に連れて来るよう説得するのは不可能だということに気がついた。ゲイザー・プラットがかつて指摘したように、憑依されている人々は恐慌状態にあって、「治癒は望むが、研究は望んでいない」のである。

ペンシルベニア大学の研究者たちは、代わりにいくらか類似した経験である異言を研究することにした。SPECT（単光子放出コンピュータ断層撮影）画像を使用し、異言を話しているときと賛美歌を歌っているときに撮影された脳の画像を比較した。すると異言を話しているときには、人は憑依されているときのように、自分自身を統制、支配できていると感じていないのがわかった。今回の研究の主任研究員で、ペンシルベニア大学の放射線科と精神科の教授であり、宗教学の教授でもあるアンドリュー・ニューバーグ博士は「前頭葉は、我々が自分を統制していると感じる働きの手助けをしている脳の一部ですが、異言を話しているときは前頭葉に血液の流れが少なく、活動が不活性化していることがわかりました」と言う。被験者が賛美歌を歌っているときには、画像に変化は認められなかった。ここに見られる脳の活動のちがいは、異言を話す人々の訴えを裏づけているようである。「〈自分が乗っ取られている〉という感覚を起こしているのは、神か悪魔か、それとも脳の他の部分かはわかりません」とニューバーグ博士は述べている。

安定と停滞

一九四九年の末、ラインはマサチューセッツ工科大学の講堂で、すし詰めのエンジニアたちを前に講演した。夕方五時半から七時半まで、駆けつけた聴衆は講演に釘づけだった。いまだラインの人気は衰えていなかったのだ。そしてこの頃にも、自分が経験したばかりの体験を語るために、真夜中にラインの自宅を訪ねてくる人々さえいた。

「あれは幽霊だったのでしょうか?」

「悪魔だったのでしょうか?」

ラインの息子ロブは、訪問者が話しているあいだ、静かに耳を傾けている父の姿を覚えている。そしてラインは、辛抱強く優しい口調で「いいえ……」と答えはじめるのだった。次の年、L・ロン・ハバードとダイアネティックス（現在のサイエントロジー）についての手紙が来たとき、ラインの返答はこうだった。「ダイアネティックスは、私が知るかぎり、どのような確立された科学研究にも基づいていていません。言ってしまえば、宗教的要素がないクリスチャン・サイエンス〔一八七九年に創設されたキリスト教系の新宗教〕のような、新手のカルトであり、主張であるように思えます。しかし、多くの人がこうしたものを必要としており、もし私が独裁者であるとしても彼らを排斥しようとは思わないでしょう。むしろ科学者が、彼らよりも人々の役に立つ成果を提供できるように、科学研究の手助けをしようと試みるはずです」

その翌年の春、ロックフェラー財団の常務会は投票を実施し、J・B・ライン率いる超心理学研究に対し三万ドルを提供すると決定した。一九四六年にアルフレッド・キンゼイの性研究に一二万ドル提供した財団である。ラインは一九五〇年までデューク大学の心理学部で教鞭をとっていたが、この年ですべての講義活動から引退した。ここから先は、超心理学研究と研究所の運営に自らを捧げるつもりだった。

その数年前、彼はこう書いた。

「我々は自分が本当は何者であるかを知らないのだ」

今や彼は確信を持ってこう宣言した。

「〈説明できないもの〉の前にひざまずく代わりに、実験をはじめよう」

それ以降ラインたちは、〈説明できないもの〉の探索のために、時折研究所を出るようになった。

ゲイザー・プラットはある晴れた夜、黄昏から数時間のあいだ、ある天水桶《てんすいおけ》〔雨水を貯めるための容器〕から三〇メートルほど離れて座っていた。桶にひとりでに水が貯まるのを待っていたのだ。新聞はこの不思議な天水桶の話で持ちきりだったので、プラットが調査のためにミズーリ州へ派遣されたのである。暗闇のなかにひとり座り、小さな水面が上昇するのを待っていたプラットは「こいつが本当に〈不思議な天水桶〉なのか?」と思ったにちがいない。これから宇宙の不可思議を見せようとするものが、この木片が集まってできた単なる桶なのか? プラットは普段あまりフィールドに出なかったが、この現場付近に住んでいる友人が事前に見にきており、水面の上昇を確認したのだ。説明不能の小さな奇跡だった。この報告を受けてミズーリ州へ向かったプラットだったが、彼が到着する一週間前に桶は活動をやめてしまっていた。

しかしプラットは、それほどがっかりしなかったにちがいない。何はともあれ、フィールドワークは時として単調になるESP研究作業からの一時の解放であり、おそらく彼は目新しい展開を楽しんだことだろう。

時は一九五〇年、説明できない奇妙な出来事の報道が増えていた。超常現象ブームがおこり、全国で「超心理学者」と自称する人々がペンとノートを持ってフィールドを駆けまわって調査を進めていた。彼らは調査報告を書いては研究所に送ってきたが、五五歳で、今や誰もが超心理学の父と認める謹厳なJ・B・ライン博士には、人々の熱狂に冷や水を浴びせるような面があった。ラインは天水桶や生まれ変わり、UFOやその他、当時世間の人々の空想力を夢中にさせている奇妙な出来事には心を動かされなかった。それらはほとんど、でっちあげ事例、幻覚、希望的観測と断じられるのだ。ライン自身は、心霊研究を曖昧な世界から実験室に持ちこむことに生涯を費やした。しかし、若手の科学者たちは引っかかりを感じはじめていた。彼らはESPとPKの証拠を発見した。もし実験室内でそれが存在するなら、外の世界でも発見できることにならないだろうか？　彼らは外に出て自分の目で確かめたいと考えていた。

ESPプロジェクトをやめないというラインの決意は、研究者たちを事実上の停滞状態に追いこんでいた。証拠を見つけたとはいえ、まだESPについての仮説も立てられていなかったし、なにしろ一九五〇年の時点で、一九三八年の実験データにもとづいた論稿を書いていたのだ。一九三八年、研究所はオハイオ州立病院の精神病患者五〇人のＥＳＰテストを実施しており、患者の診断名は妄想型早発性認知症から躁うつ病、神経衰弱症まで様々だったが、診断と能力のあいだに相関は見出せず、それどころか被験者でめざましい成果を上げたものもいなかった。ポルターガイストのような刺激的な研究対象があるときに、若手の研究者のうち何人が、一二年前のＥＳＰテストの結果を再検証したいなどと思っただろうか？

第6章 声なき声

新たな展開を求めて

新しい実験が必要だった。ルイはそれを見つけるべく、手紙の山と格闘し続けていたが、今まで寄せられた手紙だけでもすでに莫大な量で、さらに研究所についての記事が新聞や雑誌に掲載されるたびに、新しい手紙が大量に送られて来た。ときには返信できる量を超えてしまうこともあった。『ライフ』誌にオルダス・ハクスリーの書いた記事が掲載されてから丸一年以上経った一九五五年になっても、研究所には毎日一〇〇通から三〇〇通の手紙が届いていた。ラインらは、「手紙に関わる調査は実験研究の補助的作業である」と早々に位置づけていたのだが、ルイがいまだにこの分析を続けているということは、すなわち研究に進展が見られず、研究所が立ち往生しているという証拠であった。

研究所はＥＳＰとＰＫの存在を幾度も実証していたが、その証拠も、人々の見せる能力も、数値にすればごく小さい〔何百回も実験をくり返すと統計的に明らかに有意な結果が得られるが、一回あたりの効果は非常に小さいということ〕。つまり若手の科学者たちが抱いた疑問は、当を得ていたことになる。ＥＳＰを科学的に実証するためには実験室での検証が必要だったが、本来のＥＳＰは外の世界で起こっているのではないのか？

「たぶん、天文学や地質学のようなものだったのかもしれません。基本的なデータは自然のなかにある状態で研究するべきもので、実験室では再現できないのです」と、ルイは後年述べている。「実験室で苦労して捕えた現象」とルイが書いた存在が、実験室外で自在に活動していないものだろうか。そうした疑問に新しい展望を与えてくれるものが、手紙の束のなかにあるかもしれないのだ。

しかし、手紙を書いてくる人々にとって、自分たちの体験はただの「科学的に興味深い問題」ではない。彼らは回答を求めていたのである。彼らは様々な意味でおびえており、自分を守ろうと身構えたり、ひどく恐縮していたりするのであった。「狂っていると思われるかもしれませんが」というような書き出しも、まるで「私は正常です。おかしくありません」と主張するかのように、写真が同封されていることもよくあることだった。

人々が求めているのは裏づけであり、説明だったのである。

「自分に何が起こっているのか？」

「自分だけなのか?」

さらに気の毒な理由で手紙を書いてきた人々もいた。精神病患者は自分に起こっていることが、超常現象ならいいのにと考えるのだ。憑依や、コミュニケーションを試みる死者の声は、いつか終わる。しかし統合失調症の予後には、まだ希望がない時代だった。また、愛する死者が手を差し伸べてきたとき、かつてジョン・トーマスやチャールズ・オーザンがそうであったように、人々は学問を究めた冷静なデューク大学の科学者たちに、それはまちがいなく現実のことなのだと言ってほしくて、切実な思いをこめて手紙を書いてきたのである。ルイにも人々に何が起こっているのかは説明できなかっただろうし、またまやかしではないとも言えなかっただろう。しかし、今や三万通以上となった手紙にもとづき、彼女は誠実に威厳を持って語りかけることはできた。

「あなただけではありません」

幻覚仮説

研究の手はじめとして、ルイは一六〇〇通の手紙を選び出した。最初から狙いがあったわけではない。まず全体を見わたし、見極め、研究すべきことが存在するかどうかを探ろうとしていたのである。手紙の選択基準は主に「誠実で、明らかに正常であるように思われる人が書いたもの」であることとした。そんなおおざっぱな分けかたでは批判されるかもしれないが、当面の目的は科学的証明ではないので、まずはこれでよしとした。探していたのは実験のヒントなのだから、実験段階に達すれば当然のことながら捏造や過ちは排除されることになる。

ルイはいくつかの項目ごとに手紙を分類整理した。最終的には分類項目は三つになった。「直感」、「夢」、「幻覚」である。世界中の超心理学者と在野の研究者が興味を持っている分野は、最後の項目である。他の人々が幽霊、ポルターガイストと呼ぶものを、ルイは「幻覚」としたため、項目名だけでも議論が起こってしまった。彼女は見えるものも、聞こえるものも、五感に訴える以外のものも、外的存在ではないものも、すべて含めるためにこう命名したのだが、「幻覚」という用語は、すべては幻で何も実在しないというように聞こえると抗議されたのだった。しかしルイは、幽霊をESP（超感覚的知覚）の延長として捉え、「何かが見える」のは精神的な作用か、疑似感覚の結果だと考えることにしたのである。ESPは世界についての情報にアクセスする、今までとは別の手段だった。

ルイによれば、一般にESPは送り手と受け手というふたりの人間のあいだで起こり、しかも主導権を取るのは送り手側であると考えられがちだという。しかしルイは次第に、ESPとは「送心よりも読心」だと捉えるようになってきていた。積極的な送り手がいなくても、たとえば千里眼のような、通常の感覚器によらない情報を積極的に受ける人間がいればいい。この考えかたは当時すでに新しいものではなかったが、広く受け入れられるに至っていなかった。現在のＥＳＰについての考えかたの主流はこちらであり、リモートビューイング（遠隔視）と呼ばれるものに発展している。積極的な送り手は必要なくなり、人はまだ十分に解明されていない方法で情報を集めるとされている（そしておそらく死者の関与はない）。

ルイが手紙の山から抽出した重大な事実は、積極的な送り手が関与していようがいまいが、人々はテレパシー経験をしているという事実だった。彼女はこの特質を明記した最初の研究者のひとりである。

人々がルイの仮説に疑問を呈したのは、幽霊があらわれるということは、死んだ人間が死後の存在を伝えようとしていることだという考えが多数派だったからだ。幽霊は見られるためにあらわれる。死者と生者の協力による結果だと考えるものもいた。しかしルイの考えでは、幽霊とは、見える人間が見るものとしていた。ゆえに彼女は、人間が幽霊を見るときは、幻覚を起こしているのだと捉えていたのだ。

ＥＳＰは無意識の作用であり「『発信源Ｘからのテレパシーメッセージを、今、受け取っているのがわかります』と言った人は、今まで誰もいません」とルイは説明している。つまり、もし危険だという情報がテレパシーによって届くとしても、それが届くのは意識のレベルではないのだ。幽霊を見ている人は、ＥＳＰによって無意識レベルで情報を取得し、さらに目に見えるドラマを作り出すことによって、情報を無意識の領域から意識の領域へ運びあげているのである。たとえばある女性は「ある夜、すでに亡くなっている祖母が呼ぶ声を聞いた」

と手紙に書いている。そのおかげで赤ん坊の様子を見に行かなくてはと思い、行ってみると子どもはベッドから落ちて衣服の山の下に埋もれていた。もし祖母の声で目が覚めていなかったら、子どもは窒息死していたかもしれないという。ルイは、このケースでの祖母の声は、情報を認識可能な形にするための手段にすぎなかったと考えるのだ。自分に危険を告げてくれる幽霊をイメージしてみよう。ごく自然に、見守ってくれているはずの人の姿があらわれるのではないだろうか？

ライン夫妻は幽霊を完全に否定していたわけではないが、どちらかといえば、常識では考えられないような心の力を信じていたのだ。テレパシーやPKのほうが、幽霊よりもっともらしい説明だと考えていたのである。しかし結果的にライン夫妻は、そう信じることで追い詰められることになる。テレパシーとPKの可能性があるかぎり、死後生存の証明は曖昧になり、ラインの支援者や他の超心理学者たちとの確執を生み続けることになったからだ。

そしてライン夫妻に賛同しなかった人々は痛いところを衝いていた。ルイの仮説にうまくあてはまらない事例も、また多かったのだ。転落の危機から救われた幼い少女についての手紙もその一例だ。その少女は建物の屋根から屋根に跳び移ろうとしていた。建物のあいだには敷地境の壁があり、足を取られれば五階下の地面に転落してしまったはずである。ところが少女が跳び出す前に、青い制服を着た男性があらわれて少女を制止したというのだ。その男はビル・ジョンソンと名を告げたという。その少女は知らされていなかったが、彼女は養女であり、実父の名前はビル・ジョンソンであった。ビル・ジョンソンは鉄道員だったので、制服を着ていたのも納得できる。ラインは譲歩し、「おそらくこの子が様々な情報を（ESPによって）手に入れてビル・ジョンソンのような存在を作り出し、幻影として自分の前に投影したのだろう」と述べた。また別の事例では、幼い少年が、亡くなった人からのメッセージを、古い速記法を使ってそっくりそのまま書き記していた。当然のことながら、生まれる前に使われていた文字を幻覚によって使用するのは不可能である。

さらには、複数の人間が同じ幽霊の姿や声を見聞きすることもある。ある女性は、火の玉が息子に向かって飛んでくるのを幻視した。息子は出征中で、そのときは朝鮮半島の戦場にいたのだが、彼女は思わず「伏せて！」と叫んだ。やがて復員した息子は「母さん、母さんが『伏せて』と叫ぶ声を聞いたんだ。それで僕も戦友も、本当に母さんの叫び声に感謝している。あの砲弾は、ぼくらが立っていた場所で爆発したんだよ」と語ったそうだ。デューク大学の社会学者ホーネル・ハートは、ルイが抽出した例のひとつで、六人が同じ幽霊を見ていて、しかも犬までが「起きあがり、毛を逆立ててうなった」例を指摘している。ルイは幽霊を主観的なものと定義していたが、彼は「主観的な幻覚はどうしたら客観的なものになるのか？」と疑問を呈した。

ルイの幻覚論に対する疑問のうちでもっとも多いのは、彼女の仮説が現実に機能するためには、当事者が「超ＥＳＰ」と呼ばれるとてつもない能力を持っている必要があるという指摘である。「超ＥＳＰ」とは、「今まで心霊能力を見せたこともない人々が突然ＥＳＰ能力を持つようになり、しかもそれは、今までに実験で検出された能力以上にすぐれたものである」と、超心理学者アラン・ゴールドは書いている。

もしふたりの人間が同じ幽霊を見たとすると、ルイの仮説では「ふたりの人間が、まったくそのようなことをしていると意識しないまま」に「無意識レベルのテレパシーでお互いにつながって、幻覚的な像の細部に至るまで作り出し、そしてふたりでそれを見ることになる」と彼は指摘している。同じ場所にあらわれ続ける幽霊を説明するには、「その場にいない人物がずっと未練を残したまま、そこで起こった出来事を繰り返し考え続けていると仮定しなくてはならず、そして、たまたまそこを通りかかったり住むようになったりした人間とこの人物がどういうわけかテレパシーでつながり、情報を具体化した結果、幻覚像があらわれるわけである」

実験で実証できたことのわずかさと、ＥＳＰという現象の主張に関してライン夫妻がどんなに慎重に対応してきたかを考えると、確かにルイの仮説は少しばかり強引過ぎると言える。

しかしルイは、死後生存について教条主義的〔状況を勘案せず、特定の原理原則に固執する態度〕な立場をとっていない。また彼女の仮説はざっとした見聞にもとづいているわけではなく、何年にもわたって数千通もの手紙を注意深く読んだ結果立てられたものだった。ルイの娘、サリー〔現ラインセンター所長〕はこう言っている。「母は、自分が非常に実験結果を大事にする人間だと考えていました。手紙の精査は死後生存があればいいという思いではじめたのですが、読み進むうちに考えが変わったのです。生きている人間のうち、誰が一番ＥＳＰメッセージを受け取りたいという動機があるのかという視点から整理をしてみたら、主に受け手だったのです」

ルイも、最終的にはすべての事例を説明できないことは知っており、死後生存問題については答えを保留するという態度をとっていた。彼女の結論によれば、寄せられた手紙の約三パーセントに霊的人格作用、つまり幽霊の可能性があったという。

聴こえる幽霊

一九六五年までにルイは正直でまともだと感じた八〇〇〇通の手紙を集積した。その結果もっとも興味深い点は、人は幽霊を見るより聴くことが多いという、ごく単純な事実が浮かびあがってきたことである。

〈足音〉、〈死んだ母が呼ぶ声〉、〈戸が開き閉まる音〉、〈トントンというノック音やラップ音〉。もし幽霊が幻覚であるなら、見えるよりも聴こえることが多く、この点に関してもルイは手紙を送ってくる人々に「あなただけではありませんから」と確信を持って答えることができた。

ある女性は、「うわぁーたすけてぇー。おかあさーん」という息子の苦痛の叫びを聴いた。二日後、彼女は叫び声を耳にしたその日に、息子が亡くなっていたことを知る。また、誰かの最期の瞬間に、鈴や鐘などの音が響いて死を告げたと書かれた手紙も数知れずあった。

ルイによれば、遠く離れた戦場から呼びかける息子の声や、ノック音やラップ音、そしてこの話のようなものは、すべて幻聴の例であるという。これらは無意識にＥＳＰで入手した情報を具体化するために、聴き手が召還した音なのだ。これは幽霊とＥＳＰの関係を拡大した満足のいく説であり、ラインも彼女の結論に賛成した。彼らがＥＳＰについて理解するようになった事柄と一致し、それまで説明され得なかった事象を組みこんでいくことで、わずかながら理解が進むように思えたのだ。

声を聴く人々

幻聴のほうが幻覚よりずっと一般的であるというルイの観察結果自体は引用されることはなかったものの、その後何年にもわたって様々な研究で、次から次へと繰り返し確認されることになる。ダイアン・アッカーマンも『「感覚」の博物誌』〔岩崎徹訳、河出書房新社〕で「幻聴のほうが幻覚よりずっと多い」と書いており、四〇年前にルイが指摘したことを裏づけている。

「統合失調症患者に気楽に聞いて回れば『ああ、そうだ。ずっと声が聴こえているよ。とても助かっている。邪魔なんかじゃないね』という多くの人々にでくわすことだろう」というのは、最近幻聴についての『詩神、狂人、予言者（*Muses, Madmen, and Prophets*）』という本を書いたダニエル・スミスである。研究によって確認されているのは、幻聴は特定の精神疾患に固有のものではなく、正常な人々にも聴こえるものだということである。一九八四年の大学生を対象にした研究で明らかになったのは、「結局、七一パーセントの被験者が、目を覚ましているときになんらかの短い〈声タイプ〉の幻聴を経験していた」ということである。

カリフォルニア大学による二〇〇四年の「声を聴く——解明と暗示」という報告では、「確かに統合失調症の患者の多くは〈声〉を聴くことがあるものの、〈声〉を聴いた人の大多数が統合失調症というわけではない」ことが特筆されている。フロイトはある雑誌に「見知らぬ都市にひとり暮らしていたところ（私はまだ若僧だった）突然、まちがいようもない愛しい声で自分の名前が呼ばれるのをたびたび耳にした」と書いている。ラインの友人であるカール・ユングは、集合的無意識を通じて祖先が呼びかけるのを聴くのだと考えていた。

聴こえる声が死者のものであることに焦点をあてた研究もある。二〇〇四年の報告である「臨死体験後の幻聴」によれば「臨死体験をしたと申告した人のうち、八〇パーセントはそれに続き幻聴を体験している」という。これらの人々の幻聴に対する態度は「圧倒的に肯定的で、統合失調症の患者が自分たちの幻聴に圧倒的に否定的なのと対照的である」のだ。

「亡くなった配偶者と話した、声を聴いた、見た（幻覚）と表明する者はむしろ多数であった」と書いたのは、一九九八年、スウェーデンで「配偶者死亡後の幻覚——高齢者における一般的正常事象」という報告を発表した研究者たちである。

幻聴のみを取りあげているのではないが、未亡人集団の四七パーセントが亡くなった配偶者となんらかの接触をしたと言っているというのは一九七一年のイギリスの研究だ。これらの発見は一九八五年の「未亡人の幻覚」という報告でも裏づけられている。この研究では、六一パーセントの未亡人が、亡くなった配偶者の幻覚を経験したと告げているという。

ルイは死後生存を信じる人ほど、霊を見やすいという。しかし統合失調症ではないのに声が聴こえるとしたら、死者だと思うのが普通ではないだろうか？　ダニエル・スミスの答えはこうだ。「私が話を聞いたなかで、声が聴こえても心霊的に苦しんでいるわけではない人々の多くは、声の原因は幽霊だと考えるに至っています。声が具体的で個人的な『メッセージ』を伝えてくるように思われるのもよくあることです。そうした体験をすれば、当然のことながら次はメッセージの謎を解読しようと考えます。誰が送ってきている？　どうして私の秘密を知っている？　こんなふうに話しかけようとするのは誰？　それとも人ではない何か？　宗教的な存在である天使、神、悪魔もひとつの説明になります。もうひとつは死者であり、普通は亡くなった身近な存在を考えます。最近は天使だという人も多いです。しかし、どんな文化においても、超常的なものへの信仰を消し去ることはできそうもないので、こうした明白な力を持った体験を理解しようとしたときには、幽霊はこれからも好まれる選択肢だと思います」

退行催眠と生まれ変わり——ブライディ・マーフィー事例

ラインは新しい実験のヒントを求め、次々と送られてくる手紙に目を配り続けていた。将来性がなさそうなものはどんどんふるい落とすのだが、彼が追跡しないと決めたもののひとつに、催眠があった。

ラインは、モーリー・バーンスタインという名の三三歳の実業家と文通していた。バーンスタインはペンシルベニア大学ビジネススクールの卒業生で、一九五二年に研究所を訪れていた。彼はすっかりバーンスタインに惚れこんでおり、研究所で働いてほしいと誘ったのだが断られていた。バーンスタインが研究したかったのは催眠であり、ラインが超心理学研究の手段として催眠を諦めたことを知っていたからである。「あなたが超心理学研究所から離れられないのと同じように、私は催眠研究から離れられません」と、のちにラインに手紙を送っている。

バーンスタインは最初に研究所を訪れてから数ヵ月後、二七歳のコロラドの主婦、ヴァージニア・タイの退行催眠をはじめた。ヴァージニアはその後「ブライディ・マーフィー」として一躍有名になる。バーンスタインは催眠を用いて、ヴァージニアを前世まで退行させ、続く三セッションで、彼女は「ブライディ・マーフィー」として生きた一九世紀アイルランドでの暮らしの詳細と、ヴァージニアとして生まれ変わる前にいた霊の世界について、アイルランドなまりで語った。それは人々が想像するような心地よいあの世ではない。感覚も痛みもなく、生者にコンタクトをとるすべはなく、死者同士も遠く隔てられている、おぼろな冷たい黄泉の世界だった。

「(死んだ) お母さんといっしょになったことはありません。(死んだ) お父さんはお母さんを見たと言いましたが、でも私は見なかった」

そして、孤独に待ち続ける場所のようである。

「誰かと長く話すこともできません……みんな行ってしまう」

バーンスタインの友人が、なぜこの結果をラインと共同で研究しないのかと尋ねたとき、彼は「ラインは感銘を受けないでしょう。これは彼の個人的な構想にうまくあてはまるような事例ではないようです」と返答している。そしてバーンスタインは正しかった。ラインの友人が、バーンスタインの実験に多少なりとも参加すべきではないかと示唆したとき、ラインの返答はこうだった。「私たちはバーンスタインが好きです。しかしこれほど漠然として見える現象を取りあげるつもりはありません——彼は私たちの証明の基準がどんなものか知っていますし、彼がよい結果を出したなら、それを排除するつもりもありません」

肯定かつ否定。もし、バーンスタインがもっと説得力のある証拠を提示できたら、ラインがこの調査に興味を持った可能性はある。しかしバーンスタインがラインを訪問したのは実験開始前であったし、「ラインを説得するための実験」をする気があったともいい難い。

バーンスタインの実験は一年後に終了した。ヴァージニアが三人目の子どもを妊娠したからである。彼の本『第二の記憶』は一九五六年に発行され、二七週連続でベストセラーリストに載った。そしてこの本は三〇カ国語で翻訳され〔日本では万沢遼訳、光文社〕、世界的なブライディ・マーフィー・ブームが起こった。〈前世仮装パーティー〉をひらいた人々さえいた。「私の事務所は退行催眠を受けたいという人たちでごった返しています」と当時アイリーン・ギャレットはラインに手紙を書いている。ギャレットは『トゥモロウ』誌のほとんどを、この現象の特集にあてようとするほどだった。とある空軍の技術者がバーンスタインの本を読み「あなたが被験者〈ブライディ〉を死の扉から連れ出してからは、そのまま先へ行くのは少し危ないのではないかと思います。もし私だったら、そこでやめていたでしょう。被験者にどんな身体的影響が出るかわからないからです」と手紙を書いてきている。

このブームに対しては、様々なキリスト教系団体から激しい反発の声が上がった。キリスト教の概念には、輪廻転生が入りこむ余地がないからである。人々が死後生存についての答えを求めてそれぞれの教会へ行くとすると、教会が用意している答えは天国か地獄かであり、生まれ変わりではないのだ。

当然のことながら、学界もモーリー・バーンスタインの実験を受け入れなかった。英国の人類学者アシュレイ・モンタギューは『タイム』誌に辛辣な論説を書いている。「ほとんどの人は死ねば消えて無価値になり、忘れ去られた無形の残骸となるという考えに直面することを望んでいない。雨の日の午後、自分が何をしたらいいのかわからないようでは、永遠の生など望まないほうがよいだろう。（この本は）科学的方法の法則のすべてを実質的に無視し、催眠の機能と目的を誤って判断し、誤って実践し、誤って理解し、さらにすべての真摯な心理学徒に一世紀以上にわたって知られてきた事実を曲解し、（一方で）過去五〇年における催眠についての科学的研究のほとんどに目をつぶっている」

ラインはモーリーを友人と考えており、公的なコメントはもっと思慮深いものだった。「バーンスタイン氏は有能で印象のよい善意ある若者であり、たったいま冒険に挑んでいるところである。彼は科学者を気取っているわけではなく、この本は娯楽的分野に分類されるべきものであろう。私が知っているかぎり生まれ変わりの証拠はない。この本のもっともよいところは、人々を探索へと誘い、人間性の真剣な研究へと導いていくそのやりかただろう」

一九五八年に米国医師会が催眠研究を正統な科学分野と認めると決定したのは、ラインの癇《かん》に触る出来事だったはずである。彼の惜しまぬ努力が公的には無視されている一方で、生まれ変わりにつながるようなものが、専門家の認めるところになりつつあったのである。バーンスタインは結論から言えばラインに賛同していた。彼は「私はブライディ・マーフィー事例だけで生まれ変わりが証明されるとは考えていません。ひとつの事例だけでは十分ではない。事実を言えば弱いのです。十分裏づけもできていませんから。それでもブライディ・マーフィー現象は、生まれ変わりでしか説明できないと考えています」とある記者に語っている。

ヴァージニア・タイは熱狂的な宗教信者たちから脅しを受け続けた。「もし何が起こるか知っていたら、私は絶対に催眠のための寝椅子に横たわらなかったでしょう」と後日語っている。彼女は、自分をめぐって起こった出来事については偏見を持たずに受けとめていた。そして年を取るにつれ、ブライディ・マーフィー事例が事実だということについて、さらに柔軟に考えるようになった。ヴァージニアの養女は、彼女が「歳を取るにつれて、決めつけは消えていくものよ」とつぶやいたのを覚えている。

おそらく生まれ変わりについてもっとも確証のある研究は、当時ヴァージニア医科大学精神学部長のイアン・スティーヴンソン教授〔邦訳『前世を記憶する子どもたち』（笠原敏雄訳、日本教文社）など多数〕によるものだろう。研究は一九六〇年代にはじまり、スティーヴンソンはその後の研究人生を通じて偶発的事例の集積を続け、そのあいだ、生まれ変わりを示唆するような事例に特に注意を向けていた。ルイは彼に、これらの事例は追跡調査に値しないと説得しようとしたが、スティーヴンソンは「（やめるには）警告は遅すぎましたね」と言い、生まれ変わりは生存問題を証明する最良のチャンスだと感じていた。「霊媒を通じたコミュニケーションでは、明らかに死んでしまった人間が、死後も生きているのかどうかを証明する点で問題が生じる。しかし生まれ変わりにおいて『明らかに生きている人間がかつて死んでいたか』を証明するのはずっと易しい」とスティーヴンソンは書いている。スティーヴンソンの生まれ変わりに関するもっとも興味深い研究は、子どもに関わるものである。カール・セーガンはのちに「幼い子どもたちはときに前世について詳細な話をすることがあり、検証するとそれが事実であり正確であること、彼らが生まれ変わり以外では知り得なかったことであるが判明する」と書くことになる〔前掲『カール・セーガン 科学と悪霊を語る』〕。さらに「まじめな研究分野として尊重されるべきもの」であるとつけ加えている。

UFO

あいかわらず謹厳実直な研究所まで届いたもうひとつの熱狂的大流行はUFOだった。現代的な空飛ぶ円盤の目撃談は一九四七年にはじまる。そして円盤についての手紙は、一九五〇年代初頭から研究所に届きはじめる。しかしこれもまた、ラインが追跡しないと決めた分野のひとつだった。

ラインはオルダス・ハクスリーを通じて、イギリス人の歴史学者であり哲学者のジェラルド・ハードと知りあっていた。一九五一年、ハードはシビリアン・ソーサー・インベスティゲーションという円盤調査グループをロサンゼルスで立ちあげていた。彼はラインに手紙を送り、グループのメンバーは「この分野でも超感覚の要素があると感じています」と、唯一ラインの興味をひきそうなことを書いている。ハードは、「このグループは陸軍が新しく円盤調査のために設置した組織と、友好的かつ緻密な協力関係のもとに活動しています。もし、彼らが今、口をそろえて『確信している』と言う通りなら、我々は少なくとも自分たちより高い知性と直接接触していることになり、その知性は超能力に関しても我々よりもずっと進んでいる可能性があります」とまで書いてきたのだが、ラインは興味を持たなかった。

一九五七年、ラインの研究所にミシシッピ州立大学の社会学者がUFO目撃談を寄せてきた。そして彼もESPとの関連について知りたがっていた。研究所の反応は礼儀正しかったが、以後の調査を奨励するものではなかった。研究所のスタッフたちの古い友人で、作家、霊能者、アマチュアESP研究家のハロルド・シャーマンが研究所を訪れ、円盤から落ちてきたと称する、石のような破片を見せたこともあった。「その物体の化学分析は不可能だったんだ」と彼は話した。ラインは親身に耳を傾けたものの、その石の破片をさらに研究することには興味を示さなかった。

著名な訪問者たち

一九五〇年代を通じて、ラインの研究所は魅力的なサロンであり続けた。最終的には受け入れられないとしても、様々なアイデアが検討され、万華鏡のように様々の著名な訪問者たちが出入りしていた。ラインが警告していたにも関わらず、そしてスタッフも残念に思っていただろうが、超心理学研究所は静かにわが道を行く場所ではなくなり、カール・ユングから、

CBSで心霊現象の番組をやりたいとやってきた有名タレントのジャッキー・グリーソンまで、この時代でもっとも注目すべき人々に出会える特別な場所になってしまっていた。グリーソンは当時三七歳で、ちょうど一年前に『ジャッキー・グリーソン・ショー』をはじめたばかりだったが、彼は超常現象について独学で真剣に研究しており、心霊現象についての蔵書は、亡くなったときには一七〇〇冊に達していた。グリーソンは研究所に手紙を書いてきたとき、相手が誰かを十分に知っていたようだ。「私たちは見せ物の怪談ショーをするつもりはありません。世のなかでよく目撃され、そしてぼんやりとしかわかっていない不可思議な力について事実分析をしたいのです」

またグリーソンは、つねにアイリーン・ギャレットを追いかけては交霊会をしてほしいと頼んでおり、彼女がとうとう承諾した理由は、彼が足を折ったあとにまで電話してきたからだった。しかし、交霊会はうまくいかなかった。グリーソンとギャレットにのりうつったウヴァニは明らかに話があわず、グリーソンは二度と声をかけてこなかった。ラインへの連絡も途絶えた。ラインは友達に「ジャッキー・グリーソンについて最後に聞いたのは、彼が法王に会うためにローマに向かったということです。彼の番組企画についてはもう長いこと何も聞いていません。たぶん、心霊現象にはかなり複雑な問題があると理解したのでしょう」と手紙を書いている。グリーソンはついに心霊現象についてのテレビ番組は作らなかったが、代わりにコメディ番組の草分けとなる『ハネムーナーズ』をスタートさせた。

五〇年代、ノーベル賞とピューリッツァー賞を受賞している作家パール・バックがラインの最新の本を読み、「私は超感覚的知覚の考えかたについて、非常になじみがあります。私がアジアで過ごした日々、そこの人々はそれを当然のことと受け取っていたからです」と手紙を書いてきた。

デューク大学の卒業生（法学部、一九三七年）で、その後、副大統領になったリチャード・ニクソンは、短いあいだだが政治的反逆、公民権、人間の精神についてラインと手紙をやり取りしていた。

ラインをして「とてもやさしく、完璧に魅惑的、そして素晴らしい友人になれる人」と言わしめたオルダス・ハクスリーは、一九五四年に研究所を訪ねてきた。奇妙なことに、ラインではなく、研究所の新人で二三歳のリア・ホワイトが彼を昼食に連れて行くことになったのだが、彼女は明らかにうろたえていた。「会う前に彼の本は全部読みましたが、何を言ったらいいのかひとつも考えつきませんでした」とホワイトは回想する。しかし、彼女はなんとか取り繕い昼食を楽しんだとのことだ。

超心理学協会

一九五四年、ラインの研究所はロックフェラー財団からの助成金を失った（キンゼイの助成金もこの年が最後だった）。アイリーン・ギャレットとフランシス・ボルトンがふたたび研究所とラインを救ってくれるかと思われたが、こちらもうまくいかなかった。ボルトンは三万ドルの小切手を送ってきて、ラインが死後生存問題に取り組めば同額をさらに一〇年間寄付してもよいと言ってきた。だがギャレットは、ラインは絶対彼女が満足いくような形では死後生存問題に取り組まないことがわかっていたので、寄付の継続を認めなかった。残りの資金は代わりに、ギャレットがボルトンとともに創立したばかりの超心理学財団に注ぎこまれた。

しかし研究所は同じ時期に、新しい支援者であるアルフレッド・P・スローンから最初の小切手を受け取った。スローンはGMの元社長・理事長で、慈善団体アルフレッド・P・スローン財団を立ちあげ、また友人であるチャールズ・ケッタリング博士とともにスローン＝ケッタリング癌研究所も設立していた。ここは現在も米国一の癌治療研究施設として知られている。スローンは「超感覚的知覚という用語を広い意味で捉えることのほうが、ある意味、これが死後生存問題に与える影響を検討するよりもずっと重要であると考えています」と書いてきた。

ラインはずっと設立したいと考えてきた専門的な組織について、感触を探りはじめた。超心理学協会を発足しようと目論んでいたのだ。最終的なゴールは、権威ある米国科学振興協会（AAAS）への加入と、専門家による認知であると考え、協会設立をその重大な一歩と見ていた。ラインは五〇年代初頭に自分たちの研究について米国科学振興協会でプレゼンテーションをしたが、このときハーバードの数学者とのあいだで、例によって統計をめぐって激しい議論が起こった。数学者は「ここには解明と啓蒙が必要なものがある」と譲歩する一方で、人々がESPを持っているかどうかを決めるのは統計ではないと論じた。ラインは、国際的な超心理学者のグループがあれば、そのメンバーが証明の手助けをしてくれるはずだと将来像を描いていた。

一九五七年夏、超心理学協会は公式の組織になり、ラインはすべての面で再びやる気を取り戻した。加えて、ウィリアム・ロールが超心理学研究所のスタッフになるためにオックスフォードを発ちダーラムに向かっていた。ロールは多くの人々が、そしてラインと研究所も興味を持ちつつあったものを研究対象としたいと考えていた。ポルターガイストである。

「死後生存問題と霊媒は忘れよう。霊媒は学界が必要とするような証拠にはなり得ない」とラインは言った。これに対してポルターガイストは未開の分野だった。研究で何かもっと有用なものがあらわれるかもしれない。その夏は四件のポルターガイスト事例が報告された。ラインは支援者であるウィリアム・ペリー・ベントレーに「これは新記録です」と書いている。そして、現象が終わってしまう前にそこへ行けるかどうかが問題だった。ベントレーは「捕えどころがないポルターガイストを成功裏に捕まえられることを祈っています」と返信してきたが、その数ヵ月後、彼らはそれを捕まえることになる。

第7章 ポルターガイスト

騒がしい霊

一九五八年二月三日、寒い月曜日の午後のこと。ニューヨーク郊外、ロングアイランドのシーフォードに住むハーマン家でその異様な出来事は起こった。

突然シャンパンを抜くような大きなはじける音がしたとき、ルシール・ハーマン夫人は、一三歳の娘ルシールと一二歳の息子ジミーとともに三人で自宅にいた。家のなかを見てまわるとおかしなことだらけだった。寝室の聖水の瓶が倒れてこぼれ、壁にかけてあった十字架が床に落ちている。その隣のジミーの寝室では、人形と船のプラモデルと天使の像が床に投げ出されれ壊れており、浴室では瓶が二本、蓋がねじ開けられて中身が空になっていた。台所では糊の瓶、地下室では漂白剤の瓶が、同じ状態になっているのが見つかった。

一家の主人であるハーマン氏は四三歳、第二次世界大戦をガダルカナルで戦った歴戦の元海兵隊員であり、このおかしな出来事を「超自然現象だ」などと考える人間ではなかった。最初はなんらかの振動が原因ではないかと考え、近所で掘削工事をしていないかと見てまわった。さらに地元の空軍基地、ミッチェル飛行場（住宅過密地にあり、航空機事故が多発したため一九六一年に閉鎖）にも行ってみたが、自宅での現象と関係ありそうなことは何も見つからなかった。解明不能な現象として、家族はとりあえず忘れることに努めた。

しかし、二月六日と七日の二日間、子どもたちだけが留守番していたときにまた瓶の栓が抜け、中身がこぼれるという現象が起こった。地下室で漂白剤の瓶が六本入りの箱から一本だけ飛び出し、床に落ちて割れたのだ。さらに二月九日の日曜日の朝、家族が食堂に集まっていたときに、また瓶の栓が抜け中身がこぼれる音が聞こえた。聖水がもう一本、浴室では香水とシャンプーと止瀉剤《ししゃざい》、地下室ではシンナー、そして台所ではまた糊の瓶が被害にあっており、ハーマン一家はようやく警察へ連絡することにした。

ハーマン夫人の電話を受けた内勤巡査や、捜査を命じられた巡査がどんな表情を浮かべたか想像に難くない。定時巡回中だったジェイムズ・ヒューズ巡査は、レッドウッド通り一六四八番地に向かうようにと連絡を受けた。とりあえず居間で家族から事情を聞いている最中に、浴室で何か音がした。ヒューズが浴室に行ってみると、瓶が横倒しになり蓋がはずれ、中身が床にこぼれていたので、彼は瓶を集めて浴槽のなかに置き、署の内勤巡査に電話をかけた。その後署に戻り、報告書を書いていたヒューズは、事件にどんな名称をつけるか少し迷うことになる。結局彼は「瓶破損事件」と記し、警察は事件として捜査を開始することにした。何であれ、管轄内の一家がひどい嫌がらせを受けているのだ。二月一一日火曜日、三二歳のジョー・トッツィ刑事が事件を担当することになった。

噂は千里を走る。警察が動いたときには、もう『ニューヨークワールドテレグラム』紙の記者が取材に来たあとで、すでに瓶を全部持っていってしまったのだ。トッツィは記者を追いかけて、かろうじて証拠といえるそれらを取り返し、警察の科学捜査室に送った。もちろん幽霊の指紋を検出しようとしていたわけではなく、通常の調査解明手順を踏んだだけである。ちょうど好奇心盛んなお年ごろのジミーは、年齢相応に化学に興味を持っており、まずは彼に疑いが向けられたのだ。たとえば少年が何かを瓶に入れて、その結果蓋が吹き飛んだだけかもしれない。しかし瓶のなかからは本来の内容物以外、余計なものは何ひとつ検出されずに終わったのである。

トッツィの捜査は定石どおりだった。家族全員とひとりずつ面接し、徹底的な尋問をし、ハーマン家の牧場風平屋建ての家屋の平面図を作り、事件が起こった場所を記入した。図面にはそれぞれの騒動が起こった場所、動いたもの、そのあいだに家族の誰がどこにいたかが記されていた。トッツィは元海軍兵で、警察での勤務も一〇年近い。この事件の最初の印象は、正直なところ「しょうもないでっちあげだ。子どもの仕業だろ?」だった。しかしある日、ハーマン家でジミーと会っているときに、青銅製の馬の像が飛んできて、トッツィの足にぶつかって床に落ちたのだ。彼はその後一生涯、これをどう説明していいのかわからないままであった。

トッツィはポルターガイストや幽霊は信じていない。しかし像を投げつけることができるような人間が、そこにいなかったのは否定できない事実だった。

偶発的超常事例

この事件が起こるころまでに、ラインの超心理学研究所は、彼らが「偶発的超常事例」と呼んでいた事例を相当数集めていた。

〈誰かが亡くなった瞬間に時計が止まり、絵が壁から落ちる〉
〈勝手に開いたり閉まったりするドア〉
〈棚から飛び出して砕けたり爆発したりする物体〉
〈震え、ときには床から浮きあがるベッドや椅子〉

偶発的超常事例という呼び名は、ポルターガイストが〈騒がしい霊〉（poltergeist はドイツ語で「騒がしい霊」という意味である）の仕業ではなく、事例が起こっている場所で表出したＰＫではないかと考えたラインたちが使うようになった言葉である。

事例調査における問題は、例によって、それが終わってしまわないうちに騒動の現場にたどり着けるかどうかだった。ある場所に幽霊が出るという事例なら現象は何年も続くが、ポルターガイスト事例は、ほとんどの場合数ヵ月しか続かない。しかもめったに起こらないのだ。何年にもわたって集積した結果を見れば、次々と不思議な事件が起こっているような印象を受けるが、ある一定期間にかぎれば、アメリカ国内でポルターガイストなり、幽霊や幽霊屋敷などが見つかることはむしろまれである。当然のことながら、この時点に至るまでに研究所が実際に調査できた件数はわずかであり、しかも簡単に原因が判明してしまうものがほとんどだった。

たとえばラインのもとに「ある町の家に泊まると奇妙な音がする」という報告が入ったのでプラットが調査に赴きその家に泊まりこむことになったが、音のもとをたどっていくと単に嵐で濡れた網戸が乾いていく音にすぎなかったというような単純な思い込みである。ラインは出資者であるボルトン夫人に、本当の幽霊屋敷が見つかるかもしれないと調査前に手紙を書いていたが、彼女を落胆させるような報告をしなくてはならなくなってしまった。「プラット博士が何枚かの網戸を暖炉の前に置いてみたところ、すぐに同じような音を奏でた」からである。

一九五六年、当時絶大な人気を誇った映画監督アルフレッド・ヒッチコックが、本物の幽霊屋敷でパーティーをひらこうと思いつき、広告代理店ヤング・アンド・ルビカム社に依頼してニューヨークで物件を探させたことがある。しかし幽霊が出そうな古いアパートが何千何百とある大都市だというのに、広告代理店の情報網を持ってしても、使えそうな手掛かりひとつ見つけることができなかった。アメリカ心霊調査協会に問いあわせても、もう何年も幽霊の調査をしてほしいという依頼は来ていないという。ヤング・アンド・ルビカム社には何百件もの電話がかかって来たが、ほとんどが不動産屋からの売りこみで、幽霊の話はひとつもなかった。ヒッチコックはようやく、東八〇丁目七番地の「蜘蛛の巣だらけの古い素敵な屋敷」で手を打つことにした。「陰うつな廃屋」ではあったが、幽霊はいなかった。

四つのポルターガイスト事例

ところがその一年後、超心理学研究所は三ヵ月のあいだに四件の偶発的事例を調査することになる。共通していたのは音と、宙を飛ぶ物体と、思春期前期の子どもの存在である。やがてこの種類の事例はＲＳＰＫ（再起性偶発的ＰＫ現象）と呼ばれるようになった。ＰＫを原因とし、同じ場所でしばらく続く現象であることから命名された。

事例❶

最初の事例は一九五七年六月、ミズーリ州ハートビル近郊で起こった。クリントン・ワード一家が住む家の内外で、家具が床から浮きあがり、クルミ、瓶、鍋、水が入ったバケツが飛び回ったのだ。しかもこの不可思議な乱気流は彼らの家だけに留まっていなかった。一度など、家族が買い物をしているときにその店の棚から品物が飛び出したという。

ラインは研究所の代表として、近くに住む研究員のビル・コックスを送りこむことにした。研究所側はすでに、不思議な出来事が起こるときには、ワード家の九歳の娘ベティがいつも必ずその現場にいたことを把握していたが、それもそのはず、コックスは、ベティが自分でものを投げている現場を何度も目撃することになった。しかし困ったことに、コックスは、それを動かせる場所にいたのが自分だけだったというときにも、近くの物体が動くのを目撃しているのである。

結局、研究所は「科学的派遣調査の結果、一見ありそうもないことだが、悪戯と超常的な力の両方が同一の事例に関わっている可能性がある」とあいまいな報告を書くことになる。

事例❷

ミズーリでベティが事態を複雑にしていたのと同じころ、オクラホマのベリーヒルという小さな町でも事件が起こっていた。クリアリー・ウィルキンソン夫妻と一二歳になる養女シャーリーの住む家で、コンセントが抜け、電気オルガンが壊れ、家のなかを掃除機が勝手に動き回り、湯の入った鍋がコンロから飛び跳ねて落ちるという騒動があったのだ。

シーフォードのハーマン氏と同じように、ウィルキンソン氏は思いつくかぎりの原因を探ろうと試みた。家のまわりの上下水管を掘ったり、建てたばかりの新しいフェンスを取り除いたりしたのだが、彼はそれらがいっしょになって「電磁場」を作り出しているのにちがいないと考えたのである。地元の電力会社は三回も電線をチェックに来たが、欠陥はどこにもなく、しかし一家の問題は続いた。同じ置き時計が六回も棚から落ちるし、冷蔵庫のモーターは二回も壊れてしまった。二回目には一家は修理を諦めて、大昔の氷冷蔵庫を出してきて使うことにした。ウィルキンソン氏は「頭がおかしくなりそうだ」と記者に語っている。

しかし、『タルサ・トリビューン』紙によれば、宙を飛んだ物体のいくつかは透明な粉にまみれていて、それはシャーリーの手からも見つかったという。シャーリーは全部死んだ祖父のせいだと言っていたが、それで説明がつくはずもなかった。このベリーヒルに調査に行ったのは、このあとまもなく超心理学研究所員になった心理学者、ジョン・フリーマンである。彼によれば、動いたという物体は全部シャーリーの手の届くところにあったものだというのだ。さらに悪いことに、フリーマンの見るところ、シャーリーは「祖父に関しては好きなように幻覚を見ることができる」らしかった。

事例❸

その月三つ目の事例はカリフォルニア州のディアブロ山近くにある町、クレイトンのトニー・ゴメスという男性の家で起こったものである。ゴメスは石油精製会社に勤めていたが、退職して子どもや孫たちと暮らしていた。他の事例と同様、ちょうど年ごろの、一二歳のトムと一〇歳のボブもいっしょだ。しかし突然、ほぼ二週間にわたり、岩と砂利がこの家と隣の家に降り注ぎ、ついにゴメス家の窓はふたつを残して全部割れてしまった。家のなかでは、ペン、水差し、塩入れ、灰皿が飛び回り、テーブルが倒れ、タマネギ一個、ジャガイモ一個、約五〇〇グラム入りの塩一箱が、少年たちの祖母めがけて飛んできたので、家族は警察に電話をかけた。

ヴィク・チャップマン分署長は「私は二週間、昼夜を問わずこの事件にかかり切りです。部下に一五倍と一〇倍の双眼鏡を持たせて、ずっと屋根から見張らせていました」と語っている。誰かが石を投げている現場を捕まえようと考えていたのだ。ふたりの少年ももちろん疑われたが、彼らが何もしていないと確認されていたときにも石は降った。郡保安官事務所も別に捜査をしていて、こちらではいまだに少年たちが何か関係していたのではないかと疑われている。だが分署長は「あんなに大きな岩は、小さな子どもには投げられない」と否定的である。

西海岸では、この事件は大きな関心を集め、そして最終的にはカリフォルニア心霊調査協会が法人として組織されることになる。協会は調査の結果、「これはまちがいなく超常現象である」と宣言した。ラインも調査員を送ったが、現場に着いたときには現象は終わっていた。

事例❹

この夏に研究所が調査した最後の事例は、イリノイ州レストヘイブンのジェイムズ・ミクレッキー夫妻宅で起こった。一四歳の孫娘、スーザンの滞在中に奇妙な音が家中から聞こえ、ベッドが震え、ものがあちこちで床に落ちたのだ。気味の悪い出来事は、家族がパティオに移り、三人でひとつのベッドに身を寄せあって眠るようにしてからも続いた。道を隔てた親戚の家に避難しても騒ぎがあとをついてきたとき、一家は保安官に電話し、保安官は自分の娘婿に見に行かせることにした。

いつものように噂はあっというまに広がり、記者がやってきた。浴室で棚から髭そり用ブラシと石けん皿が落ち、居間で額が壁から落ちたときにはある女性記者が訪問中だったが、彼女のハンドバッグのなかに入っていたはずの薬も消え、そしてなぜか居間の椅子の上にあらわれたという。この記者はまた別の日にやってきたのだが、足下の床がずっと低いラップ音を立て続けたと書いている。

ところが、スーザンの両親が迎えに来て彼女が家に帰ったとたん、すべてが正常に戻ったのだ。研究所にこのニュースが届いたときにはもう騒動は終わっていたので、スタッフの派遣は見あわせられることになった。

四件のうち三件では現象が起こっているあいだに調査に行くことができず、残りの一件も悪戯を伴うものだったため、ラインとスタッフは口惜しい思いをしていた。結局、一九五七年一一月の『超心理学紀要（*Parapsychology Bulletin*）』に四件の事例の簡単な調査結果が載ったが、それは次のような言葉で締めくくられることになる。「この不可解な、世間が言うところのポルターガイスト効果を伴った事例に関して、一例でも適切で曖昧さのないものを観察し直接証拠を入手することができたならば、事例の全体像についてさらに本格的な研究を実施することが可能であると考える」

シーフォード・ポルターガイスト事例

ラインたちは長く待つ必要はなかった。数ヵ月後、ハーマン一家を襲ったロングアイランド・シーフォード事例が新聞各紙に掲載されたのである。研究所にも最初の切り抜きが送られてきて以降、ほとんど毎日のように、ハーマン一家の近況を伝える記事が送られてくるようになった。そしてまだ怪現象は続いていた。

プラットは最初に『ニューズデイ』紙記者のデイヴィッド・カーンと連絡を取ることにした。彼の知性的な報告には、研究所のスタッフたちがよい印象を受けており、客観的な内部情報の提供者としてもっともふさわしい人物だという点で意見が一致したのである。

一九五八年二月二五日、プラットはハーマン家に直接電話をかけて調査を打診したところ、ハーマン氏からは大歓迎だという反応が返ってきた。ハーマン家の事態はもはや手がつけられない状態で、トッツィ刑事は二四時間体制で事件にあたっているという。ある夜、トッツィ刑事が家に着くとヒステリー状態のハーマン夫人が廊下で子どもたちと身を寄せあっていたこともあった。ハーマン氏は研究所の助けを切望していたのだ。

数時間後、プラットはニューヨークのラ・ガーディア空港でカーン記者と握手をしていた。プラットは幽霊研究家だとみなされるのを常に警戒しており、すでに衆目を集めていたこの事例に関与することが公になるのを避けたかった。そこでまずカーンには、プラットが現地にいることを黙っていてほしいと頼み、その返礼としてプラットの調査に関する情報は、カーンと『ニューズデイ』紙に独占提供することにした。しかし編集部はこの取引を受け入れず、次の日の紙面にはプラットの到着を告げる記事が掲載されている。カーンの記憶によれば、プラット博士はちょっと不機嫌だったという。

玄関で出迎えてくれたのはハーマン夫人だった。彼女はすぐにプラットとカーンを、ちょうど騒動が起こったばかりの地下室に案内した。階段を降りると、警官が壊れたレコードプレイヤーを見下ろしていた（トッツィ刑事は来られず、代わりにマコーネル巡査部長が来ていた）。レコードプレイヤーが乗ったテーブルもひっくり返り、床にはレコードが散らばっていた。数分も経たずに、エールフランスの渉外担当だったハーマン氏がニューヨーク市内の事務所から帰ってきた。彼は不安そうな家族を地下室から連れ出したが、プラットとカーンとマコーネルは地下室に残って話をした。

マコーネルによれば、何かが起こったらすぐにトッツィに電話するという方法ではうまくいってないという。トッツィが到着するころにはもう騒動は終わってしまっており、終わったあとで来ても、壊れた像や倒れて中身がこぼれた瓶があるだけで、何もわからないままだった。巡査部長は二四時間体制で見張りたいと考えているらしい。そのとき頭上で走る音が聞こえ、三人の男たちは地下室から一階へと階段をのぼった。寝室で電気スタンドが倒れていた。ハーマン夫人はちょうど部屋を出たところで、スタンドが倒れたとき寝室には誰もいなかったと言った。次の瞬間、パン皿とパンが見えない手で投げ出され居間の床に落ちた。

プラットはめまいがした。今度はまにあったのだ。彼とカーンはみんなが寝室に引きあげる時間になるまで話し続けた。プラットはまだ本当に確信を抱いていたわけではなかった。何かが起こったとき、ジミーが近くにいなかったことが絶対確実だというわけではないのだ。実際問題として子どもたちが学校に行っているあいだは、ものが飛んだり、蓋がはじけ飛んだり、瓶の中身がこぼれたりしたことはなかった。しかし本物の超常現象だという可能性もゼロではなかったのである。

次の朝プラットが電話すると、ハーマン夫人は家中が記者であふれかえっていると言う。彼が来たことがもう知れわたってしまっているのであれば、記者たちがそれぞれの取材で勝手に記事を書くに任せるより、会って話をしたほうがよいだろうとプラットは判断し、ハーマン家へ赴いた。しかし、記者たちはまだ調査もはじまっていないのに、何を見つけたのかと口々に聞くばかりである。「科学的な視点からも問題だったのは、家のなかにそれだけのよそ者がいることで、心理的な雰囲気がまったく変わってしまったことだった。思った通り、ポルターガイスト活動は静まってしまった」とのちにプラットは書いている。

記者会見を終えたプラットは、ハーマン家を出て警察署に向かった。ここでジョー・トッツィ刑事による詳細できわめて冷静な事件ファイルを見ることになる。トッツィはハーマン家で起こったすべてのことについて、細部まで記録していた。床に落ちた像全部に、蓋が吹き飛んで中身がこぼれたすべての製品名まで、さらに連絡を取ったすべての専門家のリストと、彼らの発言、取られた措置とその結果も記録してあった。二週間ばかりのことだというのに、トッツィがみっしりとタイプした報告は束になっている。記録は何の断定をも含まず、きまじめでユーモアのかけらもない書きかただった。「シャンプーの瓶が、耐熱樹脂の天板の上を西側に向かって動き床に落ちた。食堂のテーブルの中央に置かれた重いガラス製の水盤が、テーブルを離れて北東側に向かって移動し、一メートル半ほど飛んで隅棚の下の段に着地した」

トッツィは彼が相談した相手全員について、これ以上ないほど完璧に記録していた。一度でも電話した／手紙を送った／訪問した先などがすべて列記されていた。

メディアから圧倒的な注目を受けたため、ハーマン一家は一日中ひっきりなしにやってくる訪問者、多いときには一日七五回の電話、何十通もの手紙に対処しなくてはならなくなってしまった。手紙はトッツィが担当することになった。
そして報告書のなかに手紙の送り手たちが、騒動の原因についての仮説をどう書いているかを、例によって細かく列挙している。

空飛ぶ円盤／家のなかに生じた真空／放射線と太陽黒点／静電気／小人／ブルックヘイブン研究所から飛んで来る中性子／家族のなかの誰かが発電している／脳波／空気と熱の圧力／原子的な振動／超音波／高周波跳躍波／高周波振動／熱振動／家の下に死体がある／摩擦と重力／重力加速度／反磁性活動／人体磁石／何かを企んでいる魔女／家の下にウラン鉱脈がある／雪嵐で屋根瓦が落下している／悪魔

とりあえずの問題対策として何をしたらいいかについては――

聖職者を呼ぶ／ユダヤ教のラビを呼ぶ／犬を飼う／ジミーをたっぷり鞭で打つ／幽霊を追い出すために硫黄燻蒸《いおうくんじょう》する／すべてのドアの上に蹄鉄をかける／すべての窓を三時間開けておく／飛行機関係の仕事をやめる／家の四隅の土台の下にお金を置く／詩篇第二三篇を読みすべての靴をひっくり返して置く／ウイスキーを入れた小さなコップを各部屋に置

く／床に砂をまく／家を祝福してもらう／家の出入り口すべてに十字架を下げる／聖水を試してみる／悪魔祓い／J・B・ラインに連絡を取る（この最後の手紙はゲイザー・プラットがやってくる四日前に届いた）

送られてくるすべての手紙が好意的なものとはかぎらず、ある人物は、トッツィは警察の恥、事件はでっちあげで、宣伝のためにやっていると書いてきた。別の人物はトッツィを〈悪質な反ユダヤ主義イタ公〉と呼ぶような手紙を送ってきている。

心霊研究家のハンス・ホルツァーもある日、手伝えることはないかと電話をしてきたのだが、研究所の人々は、ホルツァーについてはずっと複雑な気持ちを抱いていた。ホルツァーはアイリーン・ギャレットのアドバイスで幽霊探査の仕事につき、トランス霊媒であるエセル・ジョンソン・メイヤーズ夫人と全米を巡り歩き、研究所が調査をとりやめたあやしげな事例を調べることもままあった。ラインに、自分が手がけているテレビ番組に協力を要請する手紙を書いてきたこともある。この番組はしっかりと管理されており、創作や粉飾は何もしないとラインに約束したうえで、「デューク大学の超心理学研究所長として、この番組に共感を覚えると短い手紙を書いていただきたいのです。これは切実なお願いですので、どうかよろしくお願いします」と書いてきた。ラインはできるだけ親切な言い回しになるように言葉を選びながら、自分が見ていない番組については、どんな内容でも無責任におおざっぱなことは言えないと断り、さらにホルツァーを疑っているわけではなく成功を祈っているとつけ足した。ギャレットもラインに、友人としてホルツァーを助けてほしいと手紙を書いてきたが、それが着いたのはラインがホルツァーに断りの返答を書いた後だった。やむを得ずラインはギャレットに「あなたが保証してくれるのなら、もっと柔軟に考えいっしょにやっていくこともできるでしょうと彼に伝えてください」と返信している。

結局ホルツァーは、頼んでもいないのにジョンソン・メイヤーズ夫人とシーフォードにやってきて、「騒動の原因は家がインディアンの墓地の上に建てられているからだ」と言った。これはホルツァーと相棒の霊媒の常套句である。あるラジオの幽霊探査の番組では、ゲストのひとりが、ホルツァーが「復讐心に燃えたインディアンだという説」を主張するのをやめないかぎり降番すると言ったこともあったくらいだ。『悪魔の棲む家』として映画化され〔日本公開一九八〇年〕有名になったアミティビル事例〔一九七四年にロングアイランドで起こった一家惨殺事件〕でも、現場を訪れたホルツァーとジョンソン・メイヤーズ夫人はインディアンの怒りが原因だと述べている。

ハーマン家ではつかのまの平和な時を迎えていた。現状ではプラットがこれ以上できそうなことはなかった。そこで彼は三月一日にシーフォードを離れ、犬の事例について調べるためにロードアイランド州での現地調査へと向かうことにした。研究所は動物の超心理能力調査に興味を持っており、「アニマル・サイ（animal-psi）」を略して「アンサイ（anpsi）」と呼んでいた。

しかし数日後、ハーマン家で新しい動きがあったことを新聞が報道した。プラットが出発した日の午後五時少し前、食堂のテーブルの中央にあった水盤が床に落ちて粉々になったのだ。その一〇分後、寝室で電気スタンドが落ち、数時間後、ジミーの部屋の本棚の上にあったはずの地球儀がベッドの真ん中にあるのが見つかった。ジミーがようやく眠ったとき、彼の部屋では大騒動がはじまった。壁から絵が落ち、ベッド脇の小机から青銅製の電気スタンドが床に落ち、その小机もひっくり返った。父親が駆けつけたとき、少年は布団をかぶっておびえており、トッツィが到着したときにはさらに大混乱となっていた。夜中なのに家族全員が起きていて、向かいの家のヴィンス・リグオーリも様子を見にきていた。ジミーは食堂のテーブルで、ルシールは台所で泣いており、ハーマン夫人はヒステリー寸前だった。トッツィは事態を収拾するためにできるだけのことをして、それから夫人と子どもたちに向かいのリグオーリ家で一夜を過ごすようにと言って送り出した。

ジミーの部屋の地球儀は、騒動が起きたときに今まで何度も目撃されていた。一度は『ニューズデイ』紙の記者カーンも目撃した。カーンは何度か、絵が落ちたり、スタンドや重い家具が倒れたり、小さな像が飛んだり、粉々に砕けたりしたときにそこに居あわせている。勝手に移動して見せるだけでは不十分だろうと言わんばかりに、それらすべてに轟《とどろ》くような音が伴っていて、ひどく不気味だったのを覚えており、「コップが落ちたり、タンスに向かって投げ出されたりしたとき、爆発音がしました。単に食器棚にコップがぶつかったという音より、ずっと大きい音でした」と述べている。

とはいえ、カーンはものが砕けた直後を見ただけで、飛んでいるのを目撃したことはなかった。ところが二月二四日の夜、彼がひとりで安楽椅子に座っていると、ジミーの部屋のプラスチック製地球儀が静かにトントントンと音を立てながらはずんで居間に入ってきたのである。カーンは走ってまっすぐにジミーの部屋に行ったが、少年はベッドのなかにいた。地球儀を拾いあげたハーマン夫人はそれが暖かいのを確認している。あとでカーンはトッツィにこう語っている。「ジミーが地球儀を投げたとしても、私が彼の部屋に走って行くまでのあいだに、ベッドにもぐりこむことは不可能だった。これは嘘偽りのない話だ」

一九五八年三月四日、報じられたところによれば、ロンドンの『イブニングニューズ』紙の記者ジョン・ゴールドが、ハーマン家のソファ脇の小机に置いた電球が静かにゆっくり居間を横切って飛ぶのを見た。そのときジミーは地下室にいたが、そこは電球が落ちた場所の真下だった。電球の短い不思議な空中散歩は、しかしその晩の特に活発な活動の幕開けにすぎなかった。それから少し経ってから大きな爆発音が聞こえたが、この時点では何も移動していない。しかしこのあとその場に居あわせた全員が、音やものに振り回されて家中を駆けまわることになる。まずは食堂の鉢が落ちているのが発見されたあと、ジミーは地下室のラジオを切りに行った。ラジオのスイッチが切れたのが聞こえた次の瞬間、地下室のもう一方の端にある重い本棚が倒れる音が聞こえた。全員が耳にしていたが、このタイミングでジミーがひとりで両方をやってのけるのは明らかにに不可能だった。

三月六日には事態はさらに悪化していた。限界を感じたトッツィは、聖ウィリアム教会の大修道院長ウィリアム・マクレオド神父に電話をかけた。悪魔は人間だけではなく、場所に憑くこともできる。トッツィとマクレオド神父は、一度は悪魔祓いについても検討していたのだが、本気で悪魔を信じてはいないトッツィが、悪魔祓いは見あわせると決めていた。トッツィが電話したときマクレオドは外出中だったが、ダン神父がウォルター・ケレンバーグ主教に連絡を取り、正式に悪魔祓いの許可を申請すると答えた。

プラットがシーフォードに戻ってきたのは次の日だった。今回、彼は研究所の新しい超心理学者ビル・ロールを伴っていた〔ロールの著作『恐怖のポルターガイスト』(坂斉新治訳、角川春樹事務所)に本件の報告が収録されている〕。今度はカーンには来訪を告げず、代わりにトッツィに連絡した。トッツィは彼らがいることを秘密にしておくと約束してくれたので、数日間、彼らは邪魔されずにハーマン家の調査を実施することができた。いつでも記者が来ると、プラットとロールは、地下室に隠れて記者が帰るのを待った。家ではあまり大きな騒動は持ちあがっておらず、発生場所不明の「連続した大きな爆発音」が起こっているだけだった。

三月一〇日、プラット、ロール、ハーマン一家は足下で低い轟音がするのを聞いた。それがハーマンの家での説明のつかない出来事の最後となる。ちょうど夜八時すぎだった。こもった爆発音がしたとき、ジミーは浴室に、ルシールは自分の部屋に、ハーマン夫人は寝室にいた(ハーマン氏はその晩は外出していた)。トッツィに電話をかけ、ロールが二階、プラットが地下室の調査を開始した。すぐにプラットがロールを呼んだ。地下室では蓋がはずれた漂白剤の瓶が横倒しになっていた。トッツィが到着し、プラットは爆発音を聞いたとき誰も地下室にいなかったと保証した。降りていったのは彼が最初だった。トッツィはさらに何かが起こらないかと、夜の一一時一五分まで家にいたのだが、ハーマン家ではそれ以降、異様なことは何も起こらなかった。

ロングアイランド電気会社は、その後も毎日オシログラフを確認しに来たが、テープには何も異常は記録されていなかった。そしてトッツィは様々な人に相談し、家族宛の手紙もチェックし続けた。

三月一三日、プラットはデューク大学に戻った。

三月二五日、トッツィはハーマン夫人に家族宛の手紙を読む役を譲り、しっかりしたアドバイスを含んだものだけを回してもらうように頼んだ。

彼はもう諦めていた。手掛かりはなく、助けてもらえそうなところには全部電話をしていたし、できることはもはや何もない。主教は悪魔祓いの許可を出さなかったし、どちらにしろ、もう必要はなかった。騒動は終わりだった。

五〇年後の今日も事件は未解決のままである。ニューヨーク州ナッソー郡警察署は、義務により古いトッツィ刑事の事件ファイルを保管しているが、形式上は瓶と安物の小さな像が壊れただけの事件という扱いで終わってしまったのだろう。

シーフォード事例調査研究報告

この事例についての報告を最初に出版したのは、アイリーン・ギャレットとボルトン夫人の超心理学財団だった。実際には、彼らは事件が起こっているあいだに調査をしたわけではなく、報告は新聞報道と事件後に実施された聴き取り調査にもとづいていた。一九五八年三・四月号の超心理学財団会報は以下のような結論を述べている。「我々は、普通の物理法則に従って少年が騒動を起こせたことを裏づける十分な証拠を入手した。それが超常現象的説明は必要ないと考える根拠である」

この結論に達した理由は複数挙げられている。騒動が起こったときにジミーが家にいなかったのは一度だけで、家に帰ってきたら地球儀がベッドの上にあったときだけだった。これも家を出る前に、そこに置いておくことが可能であろう。ハーマン夫人も必ず在宅していたが彼女に疑いはかけられず、そのかわりジミーの化学への興味が指摘され、ドライアイスを使えば警察監察が検出できるような痕跡を残さずに瓶の蓋を弾けさせることができると言ったうえで、どのみち警察の「化学物質分析はすべての可能性を検討して」いなかったと結論づけている。さらに警察は指紋を検出できるように、瓶を無色の塗料で塗ったが、処理済みの瓶には何も起こらなかった（瓶からの指紋検出には蛍光性の粉が使われた）とも述べた。財団の報告書は、ハーマン氏が子どもたちを海兵隊流に扱っていたことにも触れている。「私の訪問中、彼はふたりの子どもたちにきわめてぞんざいに命令口調で話していた。（……）子どもたちは、行け、来い、話してよし、黙っていろと指示されていたのである」

「ジミーにとってこの状況は息が詰まるような感じで、『父親を困らせる』ことで『ガス抜き』をしていた可能性も十分あり得ることだろう」

一九五八年六月、今度はプラットが四五ページの報告を出版した。最終的に二月三日から三月一〇日までにハーマン家では六七件の騒動が起こった。その多くは通常の物理法則で説明できることだと、プラットも認めている。しかし逆にでっちあげだとはっきり裏づけられる証拠はひとつもない。トッツィはジミー少年を「長時間締めあげた」ため、子どもは泣いてしまった。しかしジミーは、自分は何もやってないと言い続けた。ドライアイスを使って瓶の蓋を飛ばす再現実験もしてみたが、隙間が開いて液漏れさせるのがやっとだった。

次にプラットは、通常の物理法則では実現しがたい出来事を列挙している。主に、物体が人の手によらず動くのを、人々が実際に見た場合である。あるときはハーマン氏が、洗濯糊の瓶が浴室の天板上をすべっていくのを見た。このときは同時にシャンプーの瓶が反対方向へすべっていったという。ジミーがいっしょにいたが、ジミーは洗面台のところでこわばって動けないでいた。またある夜、いとこのマリー・マーサが子どもたちとテレビを見ていたところ、ソファ脇の小机に置いてあった小さな像が飛びあがった。ジミーはそのとき机から一・五メートルほど離れたソファに座っていた。マリーはまず小さな像が「切り刻まれたミミズみたいにくねくね動き」出して、そして机から離れるのを見たと語った。しかしスピードがあまりにもはやく、空中でもとても早く動いたため、実際はぶれて見えただけだった。彼女はあとで、白い筋か小さな白い羽のように見えたと表現している。小さな像は空中で方向を変えたように見え、実際机へと戻って来つつあった。ところが信じられないほど大きな音が聞こえて像は床に落ちた。何かにぶつかったのかどうかはわからなかったが、壊れてはいなかったという。トッツィ、プラット、ロールの三人とも、マーサがしっかりした目撃証人であることを認めている。ハーマン氏は、ジミーの部屋の小机が九〇度回転してから倒れるのを見たこともあった。このときジミーは静かにベッドで横になっていたのだ。

プラットは、警察が一家全員を一部屋に集めているあいだに、瓶の蓋がはずれ、他の無人の部屋でものが動いた事例もここに入れている。プラット自身、最後に瓶の蓋が飛んだとき地下室に行ったのは、自分が最初だと確認している。

プラットの最終報告は精緻だったが、彼自身は完璧ではないとしていた。ニューヨーク大学精神衛生研究センターの研究員が子どもたちへ心理テストを実施したが、さらに嘘発見器テストも受けることになっていた。これに対して、ハーマン氏は家族の病気や学校を理由に予約をキャンセルし続け、最後には嘘発見器テスト自体を拒否した。

ハーマン氏はプラットがこの件を報告に入れていたことが気に入らず、記者の取材に応じて意見を述べた。ハーマン氏によれば、プラットとロールは「追い詰められて逃げ道を探しているのです。こうした科学者と呼ばれる連中は、赤ん坊の集団みたいなものです。彼らは自分のやりかたにこだわったおはじき遊びをしたがり、それにつきあってやらないとおはじきを集めて家に帰ってしまう」のだと記事にある。ハーマン氏は、嘘発見器テストは犯罪者が受けるものので、自分の息子は罪を犯したわけではないとも述べている。ロールはハーマン家の決断は理解できるという意見だった。ハーマン家の人々は、ロールたちが頼んだことはすべてしてくれたし、子どもたちは心理テストを受けている。「もう十分ではないか」ということで、ロールはこの件を終わりにするべきだとした。

プラットは全六七事例のうち、一七件が悪戯では説明できないと考え、そのため「警察、記者、他の観察者によって収集された証拠にもとづけば、でっちあげ説を支持することはできない」と書いている。音については集団幻覚で説明がつくかもしれないが、物体の移動は説明がつかない。プラットの結論は、集められた事実を根拠とするかぎり結論に達することはできないということだった。彼にとってもこの事件は未解決となったのだ。

いつもならこうした話を信じる立場を取るギャレットが、全部でっちあげだとする報告を発表し、一方、理性的な科学者であるプラットが本物のポルターガイストであった可能性を残した態度を取っているのも興味深い。ロールは、ギャレットが本来自分たちの得意とするタイプのこの驚くべき事例において、ラインの研究所が早くから現場に駆けつけ直接関与したことがその結論に影響しているかもしれないと考えている。ハーマン氏は、ギャレットの超心理学財団会報の報告にも傷つき、怒りを覚えていた。

とはいえ「ジミーがインドの行者のように一生かけて精神力を鍛えたとしても、せいぜいタバコの箱を数インチ動かせる程度だろう」というハーマン氏の主張は正しい。これは超ＥＳＰをめぐる議論だった。

プラットはこれをポルターガイストだと言えなかった。そう言ったところで、何にもならなかったからである。研究所はすでにポルターガイストは「ＰＫの表出である」という仮説に傾いていた。

霊がものを動かしていたのかもしれない。

しかし、ジミーがＰＫで動かしていた可能性も捨てきれない。

プラットが言えたのは「これはインチキではない」ということだけだったが、それはそれで大きな意味を持っていた。彼は世界に向かって、この出来事は現状の物理法則では説明がつかないと主張していたのだ。

テレビ出演と新たな手紙

騒動が収まってからも、シーフォード事例は注目を集め続けた。誰もがこんないいネタを放っておくはずもなく、『ライフ』誌も記事を載せた。

一九五八年四月一一日、ハーマン氏は、エドワード・R・マロウが司会する番組『人間同士（Person to Person）』に出演した（そしてマロウは彼らの家の原因不明の騒動でレコードプレイヤーが壊れてしまったと知り、子どもたちに新しいレコードプレイヤーをプレゼントした）。番組でハーマン氏はマロウに、連邦通信委員会とミッチェル飛行場の係員たちの応対が不満であると述べた。彼らは非常に丁寧に応対しながらも、関わりあいを避けたからである。彼はまた、騒動で壊れたものに宗教的な道具が含まれていたことから、彼の家族はやれるはずがないと言う。ハーマン一家は敬虔なクリスチャンだったのだ。

シーフォード事例があまりにも長いあいだ世間の注目を集めていたため、ラインは不安を覚えた。娘のサリーに宛てた手紙で「プラットの見解が他の研究発表とうまく合致していないので、彼の発表は少しばかり慎重さを欠いていたかもしれないと考えている。あっというまに注目の的になってしまったことで、いつもなら彼が最終的な結論を出すときに見せる判断力が、かなり揺らいでしまっている」と心配している。とはいえ「もし、プラットが再起性偶発的PK現象の本当の専門家になれれば、現在のマイナス評価をぬぐい去ることができるだろう」ともつけ加えている。

メディアの注目は続いた。一九五八年一〇月のはじめ、ハーマン家の長男、ジミーはテレビクイズ番組『本物は誰だ（To Tell the Truth）』に出演した。司会のキティ・カーライルが、自分がジミー・ハーマンだという出演者のひとりに「デューク大学から来た人の名前は何でしたか?」と聞くと、彼は「プラット博士」と正しく答えた。二週間後、今度は実録ドラマで人気の『アームストロング・サークル劇場』が、ハーマン家での出来事をもとに「ものが飛び交う家」を放映した。ゲイザー・プラットは、ハーマンの家族、ジェイムズ・ヒューズ巡査、ジョー・トッツィ刑事、ダウジングのロバート・ザイダーとともにドラマの登場人物として画面に登場したのである。研究所の面々はこのドラマをたいへん気に入ったが、登場人物にダウジングのザイダーが入っていたのだけはいただけなかった。ダウジングは、研究所ではウイジャボードの同類としてインチキ扱いされていたのだ。

そしてこのドラマが放映されてから、研究所に新しい手紙の洪水がなだれこんできた。自分なりの説やアドバイスがある人々が、今度はプラット宛に手紙を送ってくるようになったのだ。プラットはそれを全部読み、何通かを「頭がおかしい、意味をなさない手紙」と記した箱に入れた。手紙の内容はそれまでに来たものとよく似ていた。

「私は悪魔の気まぐれだと思います」

「電気的な振動が家族のあいだに、磁力を生じさせたのかもしれません。あるいは宇宙人が〈霊界〉を証明しようとしているのでしょう」

「死人が家の下に埋まっているのでしょう。この人物が墓地で安らかな眠りにつくまではこうしたことが起こり続けるでしょう」

「もう誰かお金を探したのでしょうか？　古い家なら壁のなかに、お金が埋まっていることがあります」

問題解決のためのアドバイスもまた同じようなものだった。全部の部屋を硫黄燻蒸しろと書いてきた手紙の主は「幽霊は硫黄が嫌いなのです」と言っている。ある子どもは「わたしがおもうのは、おばけにプレゼントをあげて、これはあなたにです、わたしたちはともだちだということです。やってみたら、うまくいくかもしれません」という手紙を送ってきた。スパイスをたっぷり入れたケーキを作ることを勧めてきたのはひとりならず、霊というものは「若い娘がスパイスケーキを焼いて裏階段に置くまで諦めない」のだそうだ。なかには「家を壊してしまえ」と書いてある手紙もあった。

ポルターガイスト後日譚

デイヴィッド・カーン記者は現在、暗号学、軍事、政府情報局などについての記事を書いており、高い評価を受ける保守派のジャーナリストである。シーフォード事例を振り返ってどう思うかを聞かせてほしいと頼むと、およそ想像もつかない答えが返ってきた。

「あそこで起こったことはポルターガイストのせいだというのが私の見解です。ポルターガイストの仕組みは説明できません。しかし、同じようなことは世界中で、何世紀ものあいだ起こっているのです。それはただの誤解や人為的インチキではありません。別の言いかたをすれば、ポルターガイストは現実にしっかり存在する現象で、我々が十分な説明を持つに至っていないだけなのです。私がシーフォードで観察した事例では、地球儀を投げたり、コップを投げつけて壊したり、ものをなぎ倒したりすること自体は、全部少年が普通にできることばかりでした。しかし、あのようにやってのけるためには、彼は超高速で動けなくてはならなかった。私は彼がやったとは思っていません。ジョー・トッツィもそう思っているでしょう。肝心なのは、ポルターガイストの原因は、まだわからないままだということなのです」

ジミーことジェイムズ・ハーマン・ジュニアは、工学で学位を取り、現在は結婚して家族を持っている。彼は一九五八年の出来事については話したがらなかった。しかし彼の姉で、今は教師の仕事を退職したルシールは話したがっていた。彼女は超自然現象を信じず、あのころ家で起こっていたことには、現実的な理由があるはずだと考えてきた。しかし、騒動が起こったということ、そして彼女や弟の仕業ではないということについては頑として譲らない。また残っている記録に興味深い事実をつけ加え、まちがいを訂正してくれた。様々な瓶の中身は、ただこぼれただけではない。瓶の中身が消えてしまって、空になっていることもよくあった。残された瓶は触ると熱かったという。またものが壊れたときには驚くような大きな音がしたと証言してくれた。一度は小さな像が爆発して、それがあまりに強い力だったので、粉々になって飛び散った破片が、硬いマホガニーの机に散弾銃のような穴をあけた。別のときは、インク瓶が食堂から飛んできて、角を回って玄関に行き、また角を回って居間に行った。角を曲がるときに傾いたので、壁紙に青いインクの細長い飛沫が残ったという。

ルシールと弟ジミーはトッツィ刑事をよく覚えていて、大好きだったという。「彼は私たちを守ってくれました」。家中が上を下への大騒動になったとき、トッツィはいつでも素早くやって来て、子どもたちを落ち着かせてくれた。時には真夜中でも、すぐに駆けつけてくれた。「私たちをとても心配してくれていました。日中もちょくちょく顔を出しては、母とコーヒーを飲みながら、家族の様子を見ていてくれました。とても親切な人でした」

一方、ゲイザー・プラットとビル・ロールは、子どもたちとESPカードテストをしただけだった。今になってみると、冗談のように無神経に見える。しかし、それが彼らにとって、騒動を起こす能力を子どもが持っているか否かを確認できる唯一の方法だったのだ。プラットとロールは、彼らが知っている唯一の手段で家族を助けようとしていた。しかし、ルシールと弟が親切で頼りになるトッツィについてはとても好ましい記憶を持っており、デューク大学の科学者たちについてほとんど覚えていないのも当然だろう。

実録ドラマが放映される少し前、ラインはプラットに、シーフォード事例を離れて次へ進むように勧めた。しかし研究所の全員が、ラインの決断を好ましく思わなかった。ルイは娘のサリーに「今日の研究所のコーヒータイムは、思いもかけない花火の爆発が起こったようでした。お父さんがシーフォード事例をおしまいにしようとしたからです」と手紙を書いている。

「この事例がこれだけ世間の注目を集め、もうじきテレビドラマの放映も計画されているというのに、それなのにお父さんは、もう研究所から十分すぎる時間とエネルギーがこの事例に費やされたというのです。結局、実験できるようなものではなかったからかもしれません。お父さんはなぜそう決めたのかという理由を、十分説明したと私は思います。でもひとりの研究員が怒りを爆発させ、他のみんなも彼女に賛成していると感じました」

ラインからもサリーにこの件で説明の手紙を書いている。「科学的な興味の対象であるとはっきり言えないような事例に研究所が関わりすぎている光景は、私たちが推奨し拡大させたいものではないのだ」

ラインは、超心理学を科学として学界に受け入れさせるための戦いを続けており、彼はそのために自分が正しいと思う道を選択しているのだが、それは時としてまわりのものをつぶしてしまうことがあった。研究所の全員がシーフォードでの出来事に興奮しており、調査を続けたいと思っていた。しかし「寛容で協力的なことと、打たれても負けずに回復することは両立しにくい」と元同僚のスタンリー・クリップナーが指摘するように、そして結局ラインの心配どおり、この件は研究所の強い態度を崩すことになってしまった。マーティン・ガードナーがヒューバート・ピアースに手紙を書き、全部白状して、ずっとインチキをしていたことを認めるつもりはないかと尋ねてきた。二〇年ものあいだインチキではないと主張し続けても十分ではなく、ピアースの実績はまだ認められていない。

シーフォード事例は結局、過去の実験や研究に連なるような業績にはならなかった。残念ながらラインの頑固なまでの熱心さは彼の批判者を満足させず、彼自身のスタッフをいらつかせただけでなく、研究に出資してくれた人々をも遠ざけることになってしまった。次の年チャールズ・オーザンは、デューク大学から彼の資金を全部引き揚げ、死後生存研究プロジェクトと名づけた研究に注ぎこんだ。もうＥＳＰカードは十分で、彼は死後生存の問題に直接つながる研究をしてほしかったのだ。その後まもなくラインは、アルフレッド・Ｐ・スローンの資金までも失うことになる。

第8章 特異能力者

消えた少年

一九六〇年七月一三日を最後に、六歳のブルース・クレメンは消息を絶った。その年ロサンゼルス近郊のエンゼルス国立森林公園で行方不明になった子どもは、これで四人となった。ブルース少年は八〇人の子どもたちとグループでキャンプに来ていて、深い森のなかに消えてしまったのだ。最後に目撃されたときには「YMCA　サマーファンクラブ」と書かれた白いTシャツを着て、「おうちにかえりたい」と言っていたとのことである。

数百人規模の捜索隊が組織され、二週間にわたって付近を徹底的に捜した。ヘリコプターも出動し、登山家や野外活動家のグループも応援に駆けつけた。支援グループのボランティアをしていた女性は、毎日一五〇人分の食事を提供したと語っている。

しかし五日経ってもブルースは見つからなかった。捜索六日目となり、経験豊富な森林レンジャーが、ブルースが生きて発見される可能性はほとんどないだろうと、事実上の敗北宣言をした。その三日後がブルースの誕生日で、もし生きていれば七歳になるところだった。両親はテレビに出演して協力を訴え、全国の新聞が事件について報道したが、手掛かりは見つからないまま、ただ時がすぎていった。

ラインのもとにブルースの父親から手紙が届いたときには、失踪後四ヵ月が経過していた。「どうかお願いいたします。もし研究所のどなたかがＥＳＰを使って助けてくださるなら、あるいはうちの子を捜せるかたに連絡を取ってくださることが可能なら、私どもにお返事くださ い」

自身よき父であったラインは、どう返答すべきか困惑の極みに達した。「言葉にできないほどの窮状にあるあなたと奥様の助けになるためなら、私はできる限りのことをしたいと考えているとご承知おきください」とラインは手紙を書きはじめたものの、無駄な希望を抱かせるようなことは避けたいと考え、苦心して「私たちも自分たちが研究しているものについて、わからないことが多すぎるのが現状です。とても実用に供せる段階ではないのです。ＥＳＰが使えると公言する人々については、そもそも十分な証拠があるのかどうかさえも疑わしい（……）最大の問題は、彼らの心に浮かぶことがよしんば本当であっても、それがＥＳＰによるものなのか、そして信頼できるものなのかを確かめるすべがないということです」と書いた。

しかし家族が息子を探し出す最後の手段だと信じているものを、切って捨ててしまうのには抵抗を感じ、三人の霊能者の名を挙げた。ラインの古い友人でもあるカリフォルニアに住むハロルド・シャーマン、ダラス在住の某霊能者、そしてオランダの元ペンキ職人で、現在はマイアミに住む高名な霊能者、ピーター・フルコスである。フルコスは、ハシゴから落ちて以来、特異な能力を得たという。

ラインはクレメン氏に「支払えないような高額な料金を要求されないように、くれぐれも気をつけてください」と注意している。霊能者の情報が役に立つかについては悲観的で、せめて家族がこれ以上の被害を受けないようにしておきたかったのである。

ハロルド・シャーマンの透視

一九六〇年一一月二二日、ブルースの両親はハロルド・シャーマンに会うために、ハリウッドへ向かった。ふたりがあまりに切羽詰まり悲嘆にくれているので、彼らの同席のもとで能力を使おうとするのはハロルドにとって難しい仕事だった。「母親は息子が生きて帰ってくると、私に告げてほしかったようです」とハロルドはラインに報告の手紙を書いている。

その日シャーマンが得ることができたイメージは、残念ながら駐車場とブルースが歩いていた小道に並行して走っている街道の様子だけだった。シャーマンはクレメン夫妻に、少年がキャンプに行ったときに身につけていたものが必要だと言ったが、当然無理な注文である。彼らはブルースの一番お気に入りの帽子を持ってくることにした。

ハロルドが次にラインに手紙を書いてきたのは一二月だった。少年の行方はまだわからず、クレメン夫人は神経衰弱ギリギリの状態だったという。両親が持ってきた帽子をしっかりと手に持ったハロルドは、最悪のものを、つまり少年が死ぬところを見てしまった。赤いチェックのシャツとカーキ色のズボンをはいた男が、車に乗るようにブルースに話しかけている。男は二キロ半ほど車を走らせてから街道を離れ、ふたつの丘のあいだの狭い谷に乗り入れた。「その次に私が見たことは、とても書けません」

シャーマンの手紙はその後の出来事へと飛んでいる。男が運転するステーションワゴンに転がるビール缶が見え、また、深い茂みに隠された窪地にブルースの死体と衣服が見えた。シャーマンによると、ブルースを殺した男はメキシコ系のようで浅黒く、三八歳か四〇歳ぐらい。既婚者で娘が二、三人いるが、少年への性犯罪の前科がありそうだという。「私はこの男の、少年への性衝動を何度も感じ取りました。今、男はふさぎこんでいますが、現場を再訪してもう一度あの感覚を味わいたいという強い誘惑にかられています。（あの国立森林公園は）男が獲物を漁るお気に入りの場所なのです」

ラインと同じように、シャーマンもひどく難しい状況に追いこまれた。クレメン家の人々に、息子さんは死にましたとは伝えたくはない。「そんな報告をするのは、言いようがないほど胸が痛み傷つくことです」と彼はラインへの手紙に書いている。

しかし、これが大まちがいだという可能性もあるからと念を押しつつ、シャーマンはクレメン夫妻に自分が見たことを告げたのである。

霊能者ピーター・フルコス

一九六一年一月、クレメン氏は少し落ち着いたらしく、ラインに六枚におよぶ手紙を書いてきた。この時点で息子が消息を絶ってからもう六ヵ月が経過している。クレメン氏は、シャーマンとダラスの霊能者は漠然とした結果しか出してくれなかったので、考慮に入れないことにしたと報告している。そのかわりラインが挙げた最後の霊能者、ピーター・フルコスに最後の望みを託しているという。実はクレメン氏は最初にラインに手紙を書く二ヵ月前、九月の時点ですでにフルコスに電話を入れていた。しかし当時フルコスは多忙だった。テレビ番組『世にも不思議な物語（*One Step Beyond*）』で、この年前半の彼の活動が二回にわたって紹介されることになっており、さらに『シカゴトリビューン』紙の記者、ノーマ・リー・ブラウニングが九月に記事にする予定で、フルコスの特集の取材を進めていた。ようやくフルコス側からクレメン氏に連絡が入ったのは一一月も末になってからで、彼の弁護士が「送金してくれれば彼は行く」という電話をかけてきたのだ。クレメンは送金し、事情を説明する手紙も送った。

一九六〇年一二月五日、月曜日の夕方、フルコスはカリフォルニアにやってきた。次の日、クレメンはフルコスを車に乗せキャンプ場へと急いだという。ある場所までくると、フルコスは、男と女がブルースを車に乗せるのが見えたと言った。クレメンは「このとき、彼が冷汗をかいているのがわかりました。フルコスは自分の弁護士のほうをむいて『私がこんなふうに汗をかいているときに、まちがったことがあるかい？』と言っており、実際、彼は体中汗まみれでした」と望みを託すように手紙に書いている。

ピーター・フルコス　©CORBIS／アマナイメージズ

翌日、フルコスとクレメンは海岸沿いに北へと車を走らせた。さらにその翌日、フルコスは地図を調べるのに一日を費やした。そして木曜日の夜、ブルースは、オレゴンの小さな町の農場に暮らす、子どものいない四〇代の夫婦に拾われたと結論を述べた。フルコスは、自分が関われるのはここまでで、あとはクレメンには料金分の情報を提供したので、あとは警察の仕事であり、翌日には次に入っている予約の場所へと出発するという。

クレメン一家はヒステリーを起こしそうになっ

た。この情報ではあまりにも漠然としている。

「オレゴンの小さな町？」

「名前も顔もわからない四〇代の夫婦？」

警察はどこから着手すればいいのだ。翌朝、一家はフルコスのホテルの部屋を訪ね、行かないでくれと懇願すると、フルコスはしぶしぶ自分がオレゴンに行ってブルースを探してくるからと約束したのである。

四日後、フルコスから電話がかかってきた。オレゴンにいて、これから探索をはじめるが「ロイ」か「ロッシ」という名前が浮かんだという。一家は次の連絡を待ったが、それっきりだった。とうとう待ちかねてマイアミのフルコスの自宅に電話すると、なんとフルコスはオレゴンではなく、自宅にいたのである。フルコスの妻が、彼は具合が悪くなり、帰ってこなくてはならなかったのだと弁明した。ただ、一月半ばにフルコスはまたロサンゼルスに行くので、そうしたらクレメン一家に連絡するということになった。一家は待つ以外どうしようもなくなってしまった。クリスマスまであと一週間。ブルースが行方不明になって五ヵ月以上が経っていた。

クリスマスシーズンがすぎ一月中旬になっても、ひと言の連絡もないままだった。クレメン氏はもう一度、フルコスの自宅に電話をかけた。電話に出たフルコス夫人は、彼は二週間の予定でロサンゼルスに出かけているといい、きっと電話しますよという。しかし結局、電話は来なかった。以上がクレメン氏のラインへの手紙に書かれていた顚末である。最後にクレメンは、「妻は、彼が得た〈オレゴンの小さな町で生きている〉という印象にしがみついたままですし、私もそれが真実であればと信じたい気持ちでいっぱいです。しかしこうしたいきさつをお聞きになってどう思われるか、お答えをいただけるとたいへんありがたく存じます」と手紙を結んでいる。

ラインはカーボン紙を用意してタイプライターの前に座った。クレメン氏への返信と同じものをフルコスにも送るためだ。手紙の宛名はクレメン氏だったが、本当の目的はフルコスへのメッセージであったと思われる。ラインは如才なく、フルコスをあからさまに糾弾するようなことはしていないが、〈君はこの一家を苦しめている。やめたまえ〉と読み取れる手紙である。「自分が助けるというようなことを言いながら、みなさんを不安のなかに放置したままにするなど、誰であれまともな人間がかくも残酷なことをするとは、私には想像することさえできません」と、ラインは書いた。もちろん、これがまさにフルコスがやっていることであり、ラインはフルコスに向かって呼びかけているのだ。

ラインはさらに、これは正確には科学的とは言えないと説明し、この能力を持っている人間は誰も（そもそも本当に持っているかどうかが問題だが）それを自由自在に繰ることはできないので、辛抱してほしいと書いている。

そして手紙はフルコスへの最終警告のような文章で締めくくられている。「彼があなたの事件を放置してしまうなど、信じられないことです。もし本当に無能でないかぎり、そして金銭にこだわっていないかぎり……経費と常識的な時給は必要でしょうが、彼はこの事件のために働きたいと思うはずなのです。彼が自分で信じているように才能を授けられたのなら、その使い道として、この深い苦しみのなかにあるみなさんを助ける以上に素晴らしいことなど考えつかないはずです。そう思わないのであれば、私は彼を恥知らずと呼ばざるを得ない。もちろん世間の誰もがそう思うはずです」

この後フルコスとクレメン一家が、連絡を取ったかどうかは記録にない。フルコスの未亡人(クレメン事件当時の夫人ではなく、再婚相手だが)に取材したところ、「そんなことをするのは絶対にフルコス自身ではない。偽物の仕業にちがいない」と筆者に回答した。しかし、フルコスの連絡先を教えたのはラインなので、それはあり得ないと考えてよい。

六〇年後――続く捜査

ブルース・クレメンは今も行方不明のままだ。クレメン夫人は現在八五歳の未亡人だが、ピーター・フルコスの名が出るたびに激怒した。怒りに震えるあまり、気持ちを落ち着かせることも、その話をすることさえできないほどだった。

代わりにブルースの話をしてくれた。死んでいるのはわかっているという。五〇年以上も自分を責め続けてきたのだ。まるで昨日のことのように話してくれるその声には、触れれば傷がひらき、血が噴き出すような苦痛が潜んでいた。「もしニューヨークからカリフォルニアに引っ越すことに反対していたら、ブルースはまだ生きていたかもしれないのです。あのあとの私はずっと生ける屍でした」と彼女は言う。殺人者は不幸な幼い少年を家に帰れなくしてしまっただけでない。少年が心から帰りたがっていた家庭も同時に破壊してしまった。そしてピーター・フルコスのまぬけな鈍感さが、ひどい状況をさらに悪化させたのである。

あまりに古い事件なので期待はしていなかったが、警察の失踪人捜査班に電話をかけてみることにした。ブルースの事件がどうなっているか尋ねると、事件簿を探してくれて、なんと「未解決事件捜査班が担当しています」と教えてくれた。どの大都市でも未解決殺人事件は何千とある。未解決事件捜査班の刑事は、再捜査する事件を手あたり次第に選んでいるわけではない。特に失踪人事件は、非常に解決が難しいことで知られている。もし五〇年ほど前の事件に刑事が手をつけ、再捜査しているのだとすれば、理由はひとつしかない。はっきりした手掛かりがあるのである。

新しい手掛かりは、ブルースの事件の三年前に同じ地域で行方不明になったトミー・ボーマン事件を検証していた作家ウェストン・デウォルトが発見した。マック・レイ・エドワーズという男の名が浮かんだのである。

エドワーズは一九七〇年に八歳のステラ・ダーリーン・ノーランなど六人の子どもを性的虐

待後に殺したと自白した男である。取り調べ担当者にステラを強姦して首を絞めた顛末を述べ、その後ブルースが行方不明になったのと同じ森にある橋の上から、彼女を投げ捨てたと答えている。しかも見に行ってみたところ少女はまだ息をしていたので、刺し殺してサンタ・アナ街道沿いに埋めたというのだ。

ステラの骨はその場所から一七年ぶりに掘り出された。エドワーズは最終的には三人の子どもを殺した罪で告訴され、その後収監中にさらにもう一八人殺したと話していたのだが、一九七一年、再尋問がはじまる前に、テレビのコードで首を吊って自殺してしまった。ほとんどの殺人犯は自責の念をみせることなく、のうのうと生きているものだが、エドワーズは死刑にしてほしいと志願し、死刑が遅すぎると言って自殺した。結局、最後まで自己中心的な男だった。他の犠牲者の遺族に対して真相を話す前に、勝手にあの世へ逝ってしまったのだ。

ウェストン・デウォルトは、まだ精力的にエドワーズの事件を追い続けている。彼によれば、複数のカリフォルニアの警察関係者が、一九五〇年代から一九六〇年代に起きた児童失踪事件と殺人事件はエドワーズの仕業かもしれないと考えているという。少なくとも六件で、新しい証拠が確認され再検討されつつある。「ブルースも犠牲者のひとりであり、エドワーズが当時働いていた道路工事現場付近に少年の遺体が埋められている可能性は高い」とデウォルトは報告している。

霊能探偵フルコスの事件簿

数々の失態にもかかわらず、フルコスは高名な霊能者で信奉者も多い（スティーヴン・キングのドラマ化された小説『デッド・ゾーン』のモデルであり、彼が本当に「天賦の才」を持っていたと信じる人もいるだろう）。しかしフルコスには、実績を大げさに言ってまわる悪癖がある。たとえばスコットランド・ヤード〔ロンドン警視庁〕の複数の殺人事件解決に助力したと言っていたが、一九六一年にある調査者がスコットランド・ヤードに連絡を取ったとき、フルコスのことを覚えている人間はいなかった。

そしてフルコスの地元マイアミ警察は、ずっと彼の関与を断ってきているという。一九五四年のジュディス・アン・ロバーツ（当時六歳）の誘拐殺害事件を担当していたアービング・ホイットマンは現在八六歳になるが、一九五七年に協力を申し出たフルコスと当時話をしたという。記憶では非常に感じのいい男だったが、ホイットマンは特にフルコスを頼ることはなかったし、またこの事件に有用な洞察は何も得られなかった。フルコスはジュディスの事件を二週間以内に解決してみせると言ったが、五〇年後の今も事件は未解決である。

ブルース・クレメンが行方不明になる一ヵ月前のこと、フルコスはジャクソン家殺人事件で、ヴァージニア警察に誤認逮捕をさせている。地元の精神科医に雇われたフルコスは記者に向かって「私は非常に敏感で、ラジオのように信号を拾いあげます。私が拾いあげるのは潜在意識です」と語り、事件を解決すると宣言した。遺体埋葬現場を訪れたあと、六月八日、フルコスは犯人がわかったと宣言した。彼の語る犯人像はジョン・A・ターモンという人物と合致していた。ターモンはゴミ収集人で、警察がすでに一ヵ月前に尋問をして容疑者から外していた人物である。再度の捜査でも逮捕状が出せるまでの証拠は見つからなかったが、フルコスを雇った精神科医は警察を動かし、ターモンを無理やり精神病院に収監させてしまった。フルコスはターモンがすぐに自白するだろうと保証したのち、ヴァージニアを去った。しかし三日後、地元のテレビとラジオでは、「ピーター・フルコスがかすかな古い〈脳波〉を捕獲するという見世物は、たとえフルコスの言動を〈超自然的能力〉だと信じる者たちが、個人の基本的人権を脅かし、踏みにじろうとする過程がなかったとしても、あまりおもしろいとは言えない代物である」と報道された。ラインが地元局の記者に、フルコスが主張するような「遠隔からせまる」能力を持った人物の存在を確認したことはないと語ったのだ。報道後、米国自由人権協会がすぐに介入し、ターモンは自由の身となる。六月二五日、FBIが真犯人を逮捕した。

数年後、フルコスはボストン絞殺魔事件〔一九六二～六四年にボストンで起こった一三件（諸説あり）の絞殺事件〕の解決の手助けを要請され、ボストンへ行き、霊能力により犯人を誤って断定するという、同じようなへまをまたやらかす。これは映画化もされた有名な事件である〔邦題『絞殺魔』、日本公開一九六八年〕。最終的に犯人だとされたアルバート・デサルヴォが、この事件の真犯人なのかどうかにはまだ疑問が残っており、真相は謎のままだ。しかしフルコスが犯人だと断定したダニエル・モランが、殺人に関与したという証拠は皆無である。ただそれでもフルコスの公式ウェブページには、ボストン絞殺魔事件は「彼のもっとも輝かしい事件」であるとして掲載が続いている。

このように、フルコスは有名な事件に口出しして、解決の助けにならなくても、自分が関わっていたことにしてしまうのだ。ニューヨーク州知事だったネルソン・ロックフェラーの末っ子、マイケル・ロックフェラーが、一九六一年にニューギニアでの文化人類学調査中に消息を絶ったとき、マイケルの兄スティーヴンはフルコスに会うためにウィスコンシンまで飛行機でやってきた。その当時巷で有力だった説は、マイケルは溺れたか、ワニやサメに殺されたか、人食い人種に喰われたというものだったが、フルコスはまたしてもマイケルは死んでいないと宣言した。「彼は洞穴のような住居で、先住民と暮らしています。彼が気を失っているあいだに先住民が助けあげ、彼らの土の家に運んだ可能性もあります。マイケルは文明社会に戻るのを拒否しているのです」とフルコスは言ったが、結局マイケル・ロックフェラーは見つかっていない。

一九六九年、フルコスはジェイ・セブリングの友人たちに雇われている。セブリングは、悪名高いマンソン・ファミリー虐殺事件〔チャールズ・マンソン率いるカルト集団「ファミリー」による五人の無差別殺人〕の犠牲者のひとりである。女優の妻シャロン・テートを殺された、映画監督のロマン・ポランスキーは、この霊能探偵を信用していなかったのだが、フルコスに犯行現場を訪れる許可を与えた。フルコスは記者団に「殺人者は三人の男とひとりの女で、彼らはシャロン・テートの友人ですが、ＬＳＤによって『逆上した殺人狂』になってしまったのです。残忍な殺人法は『グーナ・グーナ』と呼ばれる黒魔術の儀式の一部だからです」と語った。

しかし実際の殺人者は女性三人に男性ひとりであり、テートとは面識もなかった。

フルコスの虚像と実像

ジョージ・ワシントン大学の法科学教授ウォルター・ロウは、フルコスの手法は「常識とステレオタイプと大衆的な神話からなる寄せ集め」で、「下手な鉄砲も数打ちゃあたる」のたぐいだと言う。

また、ホワイトハウス特別科学研究員で現ラインセンター理事のアーラン・アンドリューズは、大衆受けする霊能者は「せいぜいのところ霊能芸人で、科学的探究者ではない」と語っている。

もちろんフルコスも超常的な能力を持っていた可能性はある。しかし、ごくおおざっぱな感想を述べれば、ピーターは警察の捜査に大きな貢献をしたことはないと言っていい。貢献どころか、彼は二週間で事件を解決してみせると言いながら（いつも二週間だった）、全国あちこちをほっつき歩き、被害者や遺族を、彼があらわれる前よりもっと悲惨で力尽きた状態にしては去って行ったのである。ラインは「そのような〈霊能探偵〉に使い道があるとしたら、それは溺れる者がつかむ藁のようなもの。彼が見つけたと称するものは、非常に注意深く取り扱われなくてはなりません。当然のことながら、フルコスのような人間の言葉によって逮捕されたり、疑われたりするようなことがあってはならないのです」とまとめている。

フルコスが実験のためにデューク大学へやってくることは最後までなかった。フルコス支持者である『シカゴトリビューン』紙のノーマ・リー・ブラウニング記者は、「ラインが受け入れを拒否したのだ」と書いているが、前出のロウ教授は、ブラウニング記者はフルコスの言うことを、裏もとらずに信じているだけだと言う。

しかしフルコスは、アンドリヤ・プハリッチ博士という人物による実験だけは承諾した。プハリッチは医学博士かつ心霊研究家で、一九五六年、彼の財団の招聘によりフルコスはオランダからアメリカへやってくることになったのだ。

ラインはかねがねアンドリヤ・プハリッチについては深い疑念を抱いていた。ラインはピーター・フルコスも含めて、超心理学の分野で活動する他の人々について偏見を持たないように努めてきたが、プハリッチに対しては、常に公然と敵対する立場を取っていた。ただ、プハリッチの初期の業績は十分評価されうるものだ。スローン－ケッタリング癌研究所の創設者チャールズ・ケッタリングから「神経的現象」についての研究計画提出の要請を受けていたり、五〇年代にはファラデーケージにアイリーン・ギャレットを入れた実験で興味深い結果を得たりしている（ファラデーケージは外部の静電気と電磁放射を遮断する。たとえばその内部でラジオは鳴らない）。

しかしある時点で「彼はまともな研究の道からはずれてしまったのです」と言うのは、アイリーン・ギャレットの娘のアイリーンと、孫娘リゼットである。一九七七年にアメリカ陸軍の遠隔透視計画であるスターゲイト計画（詳細は後述二四六頁参照）の要員に選ばれたジョセフ・W・マクモニーグル（マスコミにも多く取りあげられ、日本でも多数のテレビ番組に出演）は「プハリッチは多数の悪い評判がある霊能者、いや『自称霊能者』と個人的につきあうようになったのです」と述べている。プハリッチは霊能者以外にも、問題のある活動家と親密になったり、かばったりもしている。しかしそれも彼が科学者として失格かもしれないということとは無関係だ。ラインはただ、同じ分野の研究者であるプハリッチが、フルコスのような人々を信じて支持しまうことに、公の場で疑問を投げかけたかったのだろう（しかしプハリッチはこのあと、ユリ・ゲラーを超有名人にするのにも一役買うことになるのである）。

ピーター・フルコスは次第に支持者の信頼を失っていったが、多くの人々はまだ彼の能力を信じており、批判者に対しては怒りより哀れみを感じていた。ラインもフルコスを検証する記事を書く気持ちはあるかと尋ねられたが、彼はトリック暴きをするつもりはなかった。「こうした人々の（所行を）暴いても、彼らを廃業に追いやることはできないということがわかったのです」と述べている。

ピーター・フルコスは、自分は一九六一年に死ぬと予知していたが、実際は一九八八年に七七歳で死去した。

ラインと霊能者

ラインは霊媒や霊能者について複雑な感情を抱き続けていた。彼らが自分で言うような能力を持っている可能性は否定できないと信じていたが、現実社会の霊媒たちは問題の種だった。アルコール依存者が多く、性的にも乱れがちで、男性であれば同性愛者であることも多かった。ラインはゲイに対して友好的だったが、ちょっとついていけないと感じる世代に属していたのだ。ラインはアプトン・シンクレアへの手紙で、あまり霊媒を持ちあげないようにと助言したことがある。アプトンの妻メアリー・クレイグはこれに強く抗議した。「私たちにとってはマイナスであっても、支払う価値があるコストなのです。名声とは知識を広めるために使うものです」

ラインは応戦して「どんな知識を広めているのです?」と書き送った。霊能者については、しっかりした情報がほとんどない状態だった。なぜなら、ほとんどの霊能者が研究室で検証されることを拒んでいたからである。

ラインがピーター・フルコスのような霊能者と距離を置こうとしているにもかかわらず、人々はブルース・クレメンの父親と同じように「博士のスタッフにはフルコスのようなしっかりとした霊能者がいて、私たちを助けてくれるのでしょうか？」と尋ねる手紙を送ってきた。

一九六一年、ロングアイランドでジェット機が墜落して六人が死亡したとき、アメリカン航空の安全部副部長補佐は「ＥＳＰはこの事件や未解決の航空機事故を解決する、何らかの役に立つのでしょうか？」と、言葉を選んだ、遠慮がちな手紙を書き送ってきている。会社は海岸に打ちあげられた乗組員の所持品と、遺体、コックピットの一部、そして飛行機の一パーセントにあたる部分を回収しているという。「しっかりと機密を守ったうえで、一九六一年一月二六日に我々のボーイング七〇七がロングアイランドのアマガンセット海岸で事故を起こす直前に、コックピットで何が起こったのかをともに調査していただきたいのです」。しかしそれに対しラインは、「超心理学研究が達しているのは、もう少しで完成する橋というレベルです」と返答した。

それでも、助けを求める手紙は毎日のように届いた。カリフォルニアの女性は、家出した一三歳の娘について電報を送ってきた。ウェストヴァージニア州ウィーリングの若い女性は、仕事に出かける途中で行方を絶った友達を見つける手助けをしてほしいと頼んできている。

ラインは根気よく、もはや決まり文句になってしまった返信を書き続けた。

「もし人がこの特異な能力を持っていたとしても、それを自由自在に使いこなせるという証拠はないため、研究所は霊能者の名前を知らせていないのです」

第9章 サイケデリックと冷戦

臨死体験

時はすでに一九六〇年代だというのに、超心理学研究所はあいかわらずESPカードを使っていた。一方、他の超心理学者たちはもっと新しい、魅惑的な分野へと進出していった。たとえばカーリス・オシスはラインの研究所を辞めて、アイリーン・ギャレットのもとで働くことにした（ギャレットはよく、研究所で行き場がなくなっている人材に手を差し伸べていた）。その後オシスは一九六一年、「医師と看護師による臨終観察結果」と題した報告を提出している。オシスは当時二年間にわたってこうした事例を収集しており、のちにこれは臨死体験として大きな研究分野となっていくのである。

オシスは一九二四年に出版された『臨終の光景（*Deathbed Visions*）』という本のなかの次のようなエピソードから着想を得ていた。

ある女性が死の床に就いていた。闘病のさなかだったので、彼女は妹のヴィダが一ヵ月前に死んだことを知らされていなかった。臨終が近づき、女性は母親に父の姿を見たと語った。父親はすでに亡くなっている。続けて彼女は混乱した表情で「そしてお父さんはヴィダといっしょだったの」と不思議そうに言った。彼女が知っているかぎりではヴィダは生きているのだから、これは理屈にあわない。母親に向かってもう一度「ヴィダもいっしょにいたのよ！」と彼女は言い、まもなく息をひきとった。

この話をしたのが病院の外科医であったことが、何よりも信頼性を高めているとオシスは判断した。医療関係者は一般人より客観的な報告をするはずだと考え、オシスは臨死体験についての質問票を一万通、医療関係者に送ったのである。そのうち返ってきたのは六四〇通だった。

報告では、ほぼ四〇パーセントが「患者は何かを見た」と回答している。しかし私たちがよく聞かされているような、魅惑的なイメージばかりというわけではない。ある報告では「患者は恐ろしい経験をしたらしい。顔をあちこちに向けて『地獄、地獄、見えるのは地獄だけ』と言った」とある。しかしもちろん素晴らしい光景が見えることもあり、そのようなとき、患者は早く死にたいと望んだという。

ラインはカーリス・オシスの報告を読んだが、超心理学研究所としては臨死体験研究には関わらないことを決め、ＥＳＰ研究に集中していくことにした。臨死体験報告は非常に興味深いものだったが、その研究は死後生存問題への回帰であり、ラインは自分たちの分野を科学として受け入れてもらうさまたげになると考えていたのである。逆に言えば、研究所の実験結果の背後にある謎へと続く頑丈な扉をあけることができれば、また、テレパシーとＰＫをわずかでもコントロールし、強める方法を見つけられれば、科学は未知の現象に注意を向け、死後生存問題にまつわる事態はもっとよくなってくると信じていたのだ。

ティモシー・リアリーとの出会い

ちょうどそのころ、ラインは「ＥＳＰ」と題したハーバード・ロースクールの公開討論会に招待されていた。ハーバード大学の心理学者も招待されたが、最初に打診されていた三人は参加を拒否していた。ところがひとりの若手研究者がこの機会に飛びついてきた。のちにサイケデリック革命の父となる、ティモシー・リアリーである。

当時リアリーは、ハーバード大学教授リチャード・アルパート〔のちにラム・ダスの名で発表した『ビー・ヒア・ナウ』が若者のバイブルとなる〕と同じ部屋を使っていた。ふたりの男はまもなく幻覚剤シロシビンを使った実験で有名になるのだが、その前から界隈では様々な噂が絶えず、注目されていた。ハーバード大学の元学生は、こう思い出を語る。「幻覚キノコを使いはじめる前から、彼らを中心として信奉者が集まっていました」

ハーバード大学のラインの友人は、リアリーを「辛辣でユーモラス」と形容し、ラインに討論会のパネリストになるよう勧めた。開催予定は一九六一年四月一四日、ラインは招聘に応じた。

このサイケな時代に突入する以前から、ラインのところには「ドラッグを使ってみないか?」と様々な人物が勧めてきていた。

最初のひとりは一九三六年にアメリカ原住民が使う幻覚サボテン、ペヨーテを送ってきた、インディアン事務局長官ジョン・コリアーである。ラインとスタッフはESPに対する様々な促進剤と抑制剤の効果についても調べていたが、ドラッグを使った実験全般については特に用心深く行動していた。しかし状況が許しさえすれば、彼はもっと積極的に取り組んだとも思われる。

一九五四年、オルダス・ハクスリーが自らのメスカリン体験をつづった『知覚の扉』を出版したあと、ラインは彼に「ひょっとすると我々もあなたのあとを追ってこのメスカリンの扉をとおり、サイの実験をするかもしれません」と手紙を書いている。そしてその数年後、ライン

オルダス・ハクスリー

ティモシー・リアリー

どちらも ©CORBIS／アマナイメージズ

はハクスリーに、ＬＳＤを使って「被験者のサイ能力の限界を破ることができる」という話を聞いたことがあるかと尋ねている（「ある」という回答を得ている）。ハクスリーの初期実験のためにメスカリンを手配していたハンフリー・オズモンドは「この薬が効いている人同士は、お互いテレパシーのような、友愛的一体感（ラポール）があるように感じることを発見した」と述べているが、実際にはＬＳＤを摂取した被験者を対象にした実験をデザインするのは、非常に難しいことが判明した。「たとえて言うなら、被験者がバッハのプレリュードとフーガに心奪われて聴きいっているときや、あるいは愛の営みの最中に、質問票に答えを記入してくださいと頼むようなものなのです」

　一九六一年の初頭、ハクスリーがＭＩＴに客員教授として訪れていることを知ったリアリーは彼に会いに行った。このときハクスリーは、リアリーにJ・B・ラインという男について話している。また、ハクスリーとリアリーの共通の友人であった作家アーサー・ケストラーがラインの超心理学研究所を訪ねたときには、ケストラーはラインに、リアリーという人物のことを紹介している。

一九六一年二月、ラインはハーバード大学での公開討論会が終わったらリアリーを研究所に呼んで、そのときにシロシビンの錠剤を持ってきてもらうよう手配した。酒さえ飲まなかったラインが幻覚剤を試そうとしているのだ。当時の彼はそれほど、ESPの背後に潜む謎への扉を開ける鍵を求めていた。

ハーバード大学のESPフォーラムでのリアリーは、上機嫌で恐れ知らずだった。自分の同僚と学生を含む全出席者の前で、超心理学研究所とその研究成果について自分は肯定的だとはっきり宣言した。ラインにとって何より重要だったのは、ハーバード大学でESPに興味を持つ仲間を得たことである。ラインは、リアリーが超心理学研究の前進を手助けしてくれる適任者だと思った。また、リアリーも同じように興奮していた。リアリーはケストラーに「ラインと大きな仕事をしたよ。聴衆はあふれんばかりだった。興奮が渦巻いていて、反応は好意的だった」と書き送っている。

しかし当人たちは、お互いの研究のアプローチに大きなちがいがあることには最初から気がついていた。リアリーは続けて書いている。「彼と一日いっしょに過ごして、実験室での古めかしい、お決まりの手順から抜け出させるように頑張ったんだが、うまくいかなかった」

それもそのはず、ふたりとも、相手を自分のやりかたに引きこめると信じていたのだ。リアリーは「来月デュークへ行ってキノコをわたす予定になっている」とケストラーに話した。

ラインはキノコのお返しに、リアリーにESPカードを送った。

ドラッグとESP

一九六一年六月、ティモシー・リアリーとディック・アルパートは、デューク大学超心理学研究所を訪れた。六月三日の朝、ラインと研究所のグループは幻覚キノコを摂取する。リアリーの言う「情愛に満ちた神聖なる六時間」を過ごしたあと、彼はアルパートとともに次の訪問先へと去っていったが、彼らはドラッグを摂取した三日後に記入するよう全員に質問票を残していた。

質問は以下のようなものだった。

1 あなたのドラッグ経験のうち、もっとも重要あるいは鮮烈な特徴的様相を数行で要約してください。
2 この経験はあなたの人生のなかで何にもっとも似通っていましたか？

3　このセッションについて二、三日後に考えたこと、感じたことを端的に論述してください（もし考えなかった場合は、そう書いてください）。

4　次のセッションではこのドラッグ経験をどう使いたいか、簡潔に説明してください。

ラインはこの時間を「遠足のクライマックス」と呼び、二四時間後にはリアリーに「船に乗るような体験」について手紙を書いている。ラインの幻覚体験はそれほど劇的なものではなかった。少し眠たくなり、軽いめまいがして「ものの動きが奇妙に感じられ、集中して見つめてみようとすると、たとえば顔などの認識にゆがみが生じました」と述べている。ほとんどの時間、身体的に強い反応は起こらなかったが、感情的には、特筆すべき未知の世界を経験した。ラインは彼らすべて感じた一体感を「深く純粋な」と表現した。そしてドラッグの作用から醒めたら、この気持ちはきっと消えてしまうと覚悟していたにもかかわらず、次の朝「皆を集め、ドラッグを使うにしろ使わないにしろ、もう一度いっしょに何かを達成したい」と、強く感じたと報告している。ラインにとってもっとも印象的だったのは、お互いを理解しあうのが非常に簡単だったことで、彼はこれを「一体感の認識」と呼んでいる。こう書いたということは、つまりラインは、経験から得られるものをとにかく見極めようというスタンスであったのだ。

ラインとリアリーは、お互いのちがいを非常によく理解しあっていた。軽く幻覚を起こしている最中でも、ふたりは熱く議論を戦わせていた。ラインにとってこのドラッグ実験の目的は「自身を理解し、コントロールするため」であり、「科学と人間が必要とするものの、さらなる探究のため」であった。しかしリアリーの相棒アルパートの立場は「我々はこのトリップ体験を、実験デザインを組み立てるように考えてはならない」というもので、「なぜなら、船が永久に波止場につなぎとめられたままとなる可能性があるからだ」と警告していた。一方ラインは、彼らハーバード大学の心理学者たちが、トリップに出たまま戻れなくなる危険をむしろ憂慮していた。

研究室での実験とフィールドワークの対立は、ラインにとって昔からおなじみの問題である。つまりこれがラインとリアリーたちとの根本的なちがいだった。「これは科学全般の研究方法を象徴している。彼らといっしょに船に乗り、波止場を離れフィールドワークに出ることで、その全体像と実態がわかる。しかし、戻るべき実験室という波止場とその設備、設計、管理なしで船旅のみになってしまったら、どこへ上陸しようというのだろう？」

またラインには、忘れてはならない目的があった。「たとえ陸が見えなくなるほど沖へ出たとしても、これは結局のところ超心理学を理解するための旅なのだ。そしてどこにいようが、我々が昼夜を問わず何年も探究している問いの答えを見出すための活動でなければならない――この奇妙な能力はどのように働いているのか？　我々はどうやってこれを、自由に発揮させることができるのだろう？」

幻覚トリップという船旅はおもしろいかもしれないが、航海そのものから何も学ぶことができないのなら、ラインは旅に出ないほうを選ぶ。しかしリアリーは、幻覚キノコによってその「奇妙な能力」を解放することができると信じていた。「幻覚剤の役割はひとつだけだ。そしてそれはとても重要だ。精神–言語–心の栓を抜く。そうすることで、ESPコミュニケーションを発現させる可能性が生まれる」

幻覚剤は刺激的な体験だったし、当時はまだ違法ではなかったので、研究所のスタッフのなかには、もう一度ドラッグを試したいと強く希望するものもいた。ラインはリアリーへの手紙のなかで、「リチャードとティモシーが次に来るのはいつになるのかと何度も聞かれる」と書いている。もちろんドラッグとリアリーたちに魅了されなかったものもいた。ラインの娘サリーは「妊娠中の状態について、（リアリーが）やけに理想主義的でロマンチックな発言をしていたので、本当にしらけてしまったのを覚えています」と回想している。しかしこのころドラッグは未知の領域にあり、多くの人々の好奇心を刺激するものだった。ゼロックス〔現在のコピー機〕の開発者として成功し、超心理学研究所へ資金を提供していた物理学者チェスター・カールソンまでもが、ラインに「米国心霊研究協会理事の精神科医がLSDを処方したいと言っているが、人体に悪影響や危険はないだろうか？」と質問する手紙を送ってきている。

ラインはもう一度シロシビン実験をすることに決めた。今回の実験にはプラット、ルイ、ロールらが参加した。ルイには身体的な影響があった。気分が悪くなったわけではないが、よい気分にもなれなかった。観察していた研究所の若手、ジョン・アルトロッチが彼女の様子をこう説明している。「ときどき頭を持ちあげて（ほとんどずっとテーブルにうつ伏せて休んでいた）、実験中ずっと多弁だったラインを不審な目で見ながら『あの人私と同じものを飲んでるはずなのに、なんであんなにしゃべりたがるのかしら』というようなことをつぶやいていました」

酩酊していたラインは、唐突に皆に向かって、実存主義についての論文を朗読してほしい人はいないかと尋ねた。そんなものは誰も聞きたくなかったが、ほとんどのメンバーは答えることさえできなかった。ラインは構わずに朗読をはじめた。アルトロッチが「どうせ一ページも読めませんよ」とラインに話しかけたが、ラインはとにかく第一段落はきっちり読み終えた。

また、アルトロッチによれば「プラットは実験の前も後も、ずっと懐疑的態度のままでした」という。プラットは不快さと精神力の喪失以外、何も感じなかったらしい。「実験中ずっと、誰よりも不快だったのはまちがいないでしょう」とアルトロッチは記憶をたどる。プラットはさらに、肯定的影響と思われる現象も「暗示と自分たちの想像力の結果でしかない」と断じた。他のメンバーは「彼は文句を言いすぎだ」と捉えていたが、同時に「とはいえ、彼にも一理あることを認めざるを得ない」とも考えていたという。

アーサー・ケストラーもリアリーらとともにシロシビンを摂取していたひとりだが、プラットに賛同している。「化学的に誘発された歓喜で、人は怯えたり、素晴らしく愉快になったりしますが、どちらの場合でもその本性は個々人の神経系で演じられている信用詐欺にすぎないのです」

そしてラインもプラットの考えに賛成だった。彼はデューク大学学長ダリル・ハートへの定期活動報告では、ごく短くシロシビン実験に触れているが、他人からシロシビンやLSDの実験をしているのかと聞かれたときには、探究するに足るものではないと答えている。

後日、リアリーは二回目の質問票を送ってきた。冒頭にそののちハーバード・シロシビン・プロジェクトとして知られるようになる彼の研究についての短い説明があり、前回よりも個人的な質問が記されていた。

1　自分の柔軟性についてどう自己評価しますか？
2　日々の生活のなかでどの程度まで本当の喜びを経験していますか？
3　自分自身と世界について多くを学びましたか？
4　キノコ体験はあなたとあなたの人生を変えましたか？

リアリーはESP研究にまだ興味を持っていたが、ラインのものとは別の種類のESP実験を思い描いていた。「キノコを摂取した状態のふたりの人間が別々の部屋にいて、それぞれ、テープレコーダーに向かって話して録音したり、色や絵を使って、コミュニケーションをとったりしていると想像してみてください」と彼はラインに手紙を書いている。「それぞれの被験者の行動を記録すれば（他の人間が観察します）、『会話』が交わされていたことが明らかになるでしょう。つまりＥＳＰコミュニケーションです。内容は（実験的なものと正反対に）自然論的で、（テストのスコアを取るのではなく）お互いのもっとも深い考えについて話せば、もっともよい観測結果を出すでしょう」。ただしこれはアイリーン・ギャレットがいつも主張していたことと同じである。

しかしラインはまだ、超心理学を米国科学振興協会に加盟させることを主眼に置いており、そのためには確実に追試できる実験を必要としていた。もし幻覚剤がＥＳＰ能力を強化するとしても、それを誰もが再現できる管理された実験として組み立てなくてはならなかった。ラインは、リアリーがこの目的を追求する助けになってくれるものと信じ続けていたが、それはリアリーが並外れた強い個性を持っており、そうした強い個性はＥＳＰの立証において、常に効果的であることが判明していたからだ。「被験者にウイジャボードで遊ばせます。ボードに影響を与えようと精神集中させてみればおもしろいかもしれません」とラインはリアリーに示唆し、さらに実験管理のための簡単な概要をいくつか書き記している。ふたつの部屋を用意し、各々のグループに対して第三者が観察と合図をするなどである。しかしリアリーがこの実験をしてみたかどうかの記録はない。

一九六一年一〇月二日、ラインの研究所は、サンド薬品にシロシビンについて問いあわせている。サンド薬品はシロシビンの開発元であり、身元のしっかりした研究者にはドラッグを無料で提供していた。しかし研究所におけるシロシビン実験について正規の報告は残っていなく、ラインが一二月にチェスター・カールソンに書いた手紙に以下のような一節があるだけである。「精神科の客員准教授が、先週の金曜日にシロシビンの実験をしたのですが、うちの学生を五人使ったので心配していました。監督者として研究所員が同席しましたが、考え得るかぎりの必要な予防処置を取るように注意しておこなわれたかどうか私は十分に知らされておらず、そこが気がかりだったのです」

ラインは一方で「(ドラッグを使って) 得点率は上がった」と書いているものの、それ以降、研究所では幻覚剤を使った実験の記録は残っていない。

サイケデリックの時代

ラインは早々にシロシビンとLSDには見切りをつけていたが、まだ世間の人々にとっては、実験ははじまっていないに等しく、全国から「LSDを試していますか?」などと手紙が届いた。

アイリーン・ギャレットは、一九五四年以来『トゥモロウ』誌にサイケデリックについての記事を発表し、またニューヨークとフランスで開催されたサイケデリックとESPについての会議を後援している。さらには、ティモシー・リアリー本人に会うためにハーバード大学まで出向いている。彼女は折々ＬＳＤを摂取しており「ＬＳＤは私によい効果をもたらしています。理解する力や、聞き、考え、感じる力などが、さらに正確で鋭敏になりました」と手紙に書いている。しかし彼女の他の記録から判断するに、効果は明らかに混交状態である。ギャレットの孫娘は、トリップしたギャレットの後ろにクリップボードを持った人々がついてまわり、彼女の発言を詳細に記録していたときのことを話してくれた。またあるとき、ギャレットはＬＳＤを摂取したあとに、すでに故人であるオルダス・ハクスリーの妻、マリアに会ったと言っている。「彼女の鼓動さえ感じました。手を取ると彼女は生きていて、息をしていて体は温かかったのです」

ギャレットは、幻覚剤を使った追試可能な実験法を確立できるはずだと信じており、またドラッグによって、自分の特異な能力を正確に把握できる可能性にも期待していたのだ。ラインとプラットが、ギャレットを研究しはじめてもう二五年になろうとしていた。しかし彼女は、いまだに自分の見るものの源や、彼女のもとにやってくるウヴァニが誰なのか、その他の霊が誰なのかなどについて、一向に理解できないままだった。肉体を持たない存在なのか？　あるいは単に彼女は狂人なのか？

ギャレットはあるとき皮肉っぽく「月曜、水曜、金曜は、彼らが自称する通りのものだと考えるの。火曜、木曜、土曜は、私が自分の仕事のために作り出した多重人格のひとつだと考える。そして日曜には、何も考えないようにしているの」と言ったことがある。リアリーに会ったあと、ギャレットは彼に寄付をし、事務所の金庫にＬＳＤを蓄えはじめた。孫娘のリゼット・コリーは「祖母は〈ハーバード大学の科学者と専門的な協力関係にある〉のが好きだったのです。でも、リアリーが例のサイケデリックのスローガン〈ターン・オン／チューン・イン／ドロップ・アウト〉を唱えはじめたときには嫌気がさして縁を切りました。祖母は科学的な関係しか望んでいなかったのです」と語った。最終的にはギャレットもラインと同じくらいの時期にサイケデリックに見切りをつけている。

アメリカ世論の幻覚剤に対しての姿勢も変わりはじめていた。一九六二年の初頭、ラインの友人スタンリー・クリップナーがハーバード大学にシロシビンを受け取りに行ったとき、大学当局と地元紙はリアリーのシロシビン・プロジェクトに反対の姿勢を取りつつあり、実験は無期限で延期された。「心理学者というのは、ひょっとすると世界で一番心が狭い人種かもしれません」とクリップナーはラインに手紙を書いている。ラインは「おそらくあなたは、もう一度〈空想の海〉で船旅を楽しみたいと考えているのだと思います。しかし、あそこには現実のハシゴや羅針盤がありますか？」と返答した。この返答が当時のラインの、ドラッグに対する考えかたをあらわしている。のちにクリップナーは、「シロシビン実験はこれ以上追求しない」というラインの判断に賛同しており「幻覚剤の作用は予測不能に過ぎるので、管理下での実験には不向きでした」と言っている。またどちらにしろ、幻覚剤での実験のための資金が足りなかったとも言う。「なにしろ非実用的でしたから、お金にはつながらなかったのです」

一九六二年の九月ごろには、ラインはリアリーと連絡を取らなくなっていた。最後に来たリアリーからの手紙には、「才能ある人々を組織してＥＳＰの研究をしている」と書いてあったが、具体的な内容には触れていない。

一九六三年、ハーバード大学はリアリーとアルパートの契約を更新しなかった。ラインは残念だと告げる手紙を書いたが、彼らの共通の友人であるオルダス・ハクスリーがその年に死んだこともあり、ラインとリアリーは疎遠になっていった。

それ以来、ラインはシロシビンやＬＳＤを使った実験はしていないと否定することになる。しかし自分で二回試してみたことには触れていない。

ＥＳＰの軍事利用研究

キノコの幻覚的特性と超心理学が結びつく可能性に興味を持った科学者は、ラインとリアリーがはじめてというわけではない。ほぼ同時期に実験をはじめたものも多く、たとえばカーリス・オシスは、一九六一年にＬＳＤを六人の霊媒に与えてサイコメトリー実験をしている（サイコメトリーとは、霊媒が個人の持ち物に触れることによって、その持ち主についての情報を得ようとすることである）。ひとりの霊媒はよい結果を出したが、残りはトリップ体験に気を取られすぎて集中できなかったとのことだ。

そして米軍とアンドリヤ・プハリッチが、もっと早い時期に臨床試験をしていた形跡もある。プハリッチは一九五三年に「ＥＳＰ能力をめざましく向上させる方法を発見した」と主張し「メリーランドにある陸軍化学センターのスタッフとともにＣＩＡに対してプレゼンテーションするための準備をしている」という手紙をラインに書いている。プハリッチは、すべてがトップシークレットなのでラインに詳細を伝えることはできないとしながらも、米国の陸海空軍の心理戦略部門と防衛省の高官が「私の理論に熱心に耳を傾けている」と書き加える誘惑には勝てなかったようだ。

ラインはプハリッチが軍とどう関係しているのか探り出そうとしたが、軍部の人間はいつもプハリッチの関与を一切否定した。ご丁寧にその後何年もたってから、ある主任研究開発官事務局の大佐が「プハリッチは米軍にコンサルタントとしても、主契約者としても、下請けとしても雇用されたことはない。さらに軍は現在ＥＳＰ分野におけるいかなる研究も、また実験の依頼もしておらず、今後する予定もない」と強く断言する手紙をラインに送っている。しかし実際は実験が成功したとラインに手紙を書いてきたとき、プハリッチはメリーランドの陸軍化学センターに大尉として所属していたはずなのだ。

プハリッチは一九五九年に『聖なるキノコ（*The Sacred Mushroom*）』という本を刊行した。そして二年後の一九六一年一月二四日には、テレビ番組『世にも不思議な物語』の〈ＥＳＰとサイケデリック特集〉に出演することになる。その番組で、何人かの被験者が幻覚キノコを食べるのを全米の人々がテレビで見ている。司会者のジョン・ニューランドはその後もう一度キノコを食べ、そしてプハリッチが彼のESPをテストした。番組中では、プハリッチが軍の仕事をしているとの発言があった。

　番組放映後まもなく、ラインの研究所宛に、カリフォルニア・ライカー研究所の科学者バーバラ・ブラウン〔『世にも不思議な物語』にプハリッチといっしょに出演しており、一九七〇年代にはバイオフィードバックの研究で知られるようになる〕から、『超心理学』にプハリッチが投稿した論文に記載されている自分の名前を削ってほしいと要望する手紙が届いた。自分と同じようなプハリッチへの不信を感じ取ったラインは、すぐに彼女に返信した。ラインは、ライカー研究所が幻覚キノコを産するメキシコのある地域に調査隊を送ったこと、それにアンドリヤ・プハリッチが関与していること、そしてそれが陸軍との研究契約の一部だったという話を耳にしていた。「それについて何か話せることはありますか?」とラインが質問すると、ブラウンは「私は軍の上層部から、いかなる状況下においても、彼らの目的については話さないようにと言いわたされています。たいへん申しわけありませんが、陸軍化学センターと私の関係については忘れてください!」と返信してきた。

　一方、研究所と軍は、ソビエトの某有名国立大学に超心理学研究所が設立されており、何年もテレパシーを研究していることを知った。プハリッチがESPで達成できると主張していたものと、そしてソビエトで実験が続けられていたという事実から考えれば、プハリッチが当然、軍から聴取を受けているだろうこと、そしてそれだけではないだろうことを想像するのは容易だった。

結局、もし実用的な用途さえ示されれば、それがESPでもLSDでも、軍部は何だって試してみるつもりだったのだ。陸軍はラインに対し「幻覚的な作用を持つ化学物質に興味を持っている」と語っており、海軍も薬学的調査を実施したり、何度か催眠の実験もしたことを明らかにしている。

実用性に必要なものは自明だった。監理・管制である。

『実録・アメリカ超能力部隊（*The Men Who Stare at Goats*）』〔村上和久訳、文春文庫。『ヤギと男と男と壁と』という邦題で映画化（二〇一〇年公開）〕の著者ジョン・ロンスンによれば、当時のCIA長官アレン・ダレスは、一九五三年にプリンストン大学の同窓会で演説をしている。これはプハリッチがCIAの高官に会ったと言っている年のことである。そこでダレスは「〈心の戦い〉が、冷戦における最大の戦場となる、そして我々はその戦場でなんとしてでも勝たねばならない」と述べている。しかし、前出の元陸軍遠隔透視者マクモニーグルは「ダレスにとっての〈心〉と、ラインにとっての〈心〉はまったく異なったものでした」という。「ラインは超常的視点から〈心〉を見ていましたが、ダレスは〈心〉を征服すべきもの、従わせるもの、ふたつの競いあう政治的思想と行動とのあいだで勝ち取るものと考えていました。ダレスと部下はドラッグや毒物を使う方法（の監視実験）に注目しており、超常現象と呼ばれる〈気味悪いたわごと〉は相手にしていなかったのです。もし彼らにそんな話をしたら二階の窓から放り出されていましたよ。私にはわかっています、なんせ彼らといっしょに働いていたんですから」

一九五四年の時点で、CIAは精神科医シドニー・ゴットリーブの指導のもと、幻覚剤を使って心理コントロールができるという仮説にもとづいた実験をしていた。数年後、『ニューズウィーク』誌に「絵空事のように聞こえるかもしれないが、統合参謀本部はESPの軍事利用の可能性を真剣に探る心理学研究プロジェクトを実施している。ソビエトの指導者たちの心を読むためだけでなく、長期間のコントロールにより、思想に影響を与えるようESPを使うことなども視野に入れている」という記事が掲載されたが、国防省はただちに否定した。

しかし翌年、当時の副大統領リチャード・ニクソンが、ミシガン大学精神保健研究所の専門家たちに行動科学の報告書を作るように指示を出したところ、研究者たちは次のような警告を含んだ報告を出してきた。「人間の態度と信念をコントロールできる突破口が存在する可能性については、これを特に効果的な教育方法、薬物、サブリミナルな刺激、動機の操作、あるいはまだ認識されていない手段を用いることで、共産主義者が武器として開発してくることはあり得る」

そう、西側が先に手を打たないかぎり、である。

CIAは一九五〇年代から六〇年代にかけて、MK－ウルトラというプロジェクト（これもゴットリーブが指揮した）で幻覚剤の試験をはじめた。これは一九七〇年代に暴露されたのだが、少なくとも一名が死亡していることが明らかになった〔兵士や一般人を実験対象にしていたとされている〕。しかしこれはESP

とはまた別の話であり、さらなる研究がなされた記録は一九七〇年代まで存在しないのだが、軍と政府内部では、常にＥＳＰに対する関心が失われることはなかった。

一九五七年には、ＣＩＡがおそらくアメリカで最初の遠隔透視実験をおこなっている。催眠状態となった被験者が新しいソビエトの戦略ミサイルを技術的に詳しく説明し、その場で航空工場研究主任を納得させ、のちにその録音テープを聞いた専門家に「想像力を喚起するのに、十分現実的なデータが含まれていた」と言わしめた。しかし、敵のミサイルについて、遠隔透視から得られた結果だけで判断するのはあまりにも危なっかしいとの決定が下され、実験結果は「未解明」のまま終わっている。

空軍も一九六〇年に同様な実験をおこなっている。ある空軍大佐がラインの研究所に「我々はここで催眠の影響下においた被験者を、様々なスポットに『送り出して』います」と手紙を送ってきた。被験者はマックスウェル空軍基地の士官候補生たちであった。彼らは、格納されている飛行機の尾翼番号を遠隔透視で見てくることができるかどうか「送り出された」という。ラインは返信で、自身のＥＳＰカード実験とアプトン・シンクレア夫妻の遠隔透視実験との折衷版のような実験を提案した。しかしこの空軍大佐の上官はＥＳＰに興味を持つことはなく、それ以降実験は継続されなかったらしい。

軍の研究者のなかには、ラインの超心理学についての主張が正しいとすると、国防に重大な影響があると心配するものもいた。ヒューズ・エアクラフト社の先端計画研究所航空部長は

「実のところPKについてのあなたの御意見は、私を非常に悩ませております」とラインに手紙を送ってきている。彼らは武器システムの効果を研究しており、そしてもしラインが言うようにPKが本物であれば、誰かが彼らの実験システムに影響をおよぼすことが可能になる（そして、もちろん戦場における実際の武器システムにもである）。

驚くべきことに、プハリッチが軍でキノコとESPの実験をしていたことを軍が否定していた年に、空軍はESP実験装置を作っている。ラインはずっと、人間の発信者の代わりをするESP実験機を作り、人間のでっちあげや思いこみの影響を排除することを夢見てきた。ラインは、一九三八年の時点ですでにこの件でIBMにコンタクトをとっている。IBMは当初乗り気で、社員のひとりが熱心な手紙を送ってきている。「ご提案の概要に沿った形で機械の開発をすることには、ほとんど問題はないと思われます」。IBMはさらに先へと進み、設計した実験機をラインに送り意見を求めてさえいる。そしてこの件を技術部の幹部に上げて結果を知らせてくるはずだったが、連絡はそこで途絶えた（ラインの助力で、カナダのIBMは一九六一年にESP実験をしている。一九六一年七月二九日号の『週刊マックリーンズ』の付録にはカードがつき、実験のための指示が掲載された。しかし結果は曖昧に終わり、実験は改良されることも繰り返されることもなかった）。一九四八年に、ラインはデューク大学の学長へ宛てて、ベル研究所〔米大手電話会社AT&Tにより一九二五年設立。最先端の科学技術が集結し、七件のノーベル賞を獲得〕で見たESP実験装置について書いている。ラインはベル研究所が自分のためにも一台作ってくれないかと期待したが、それも叶わなかった。

一九五〇年代にはウェスティングハウス社がＥＳＰ実験のための小さな機械を作ったことを耳にした。「我々はＥＳＰを強化する方法を見つける途上にあると信じております」と、ラインが連絡を取ったウェスティングハウス社の職員は宣言している。しかしウェスティングハウス社の担当者は、ラインと話しあう意志はあったが、プロジェクトの公開については渋っていた。ラインは競合を恐れているのかと考えたが、担当者の返答は「ばかばかしいと思われるのが恐いのです」だった。

空軍のケンブリッジ研究所は、ＥＳＰ実験装置を使った試験を一九六一年にはじめ、一九六三年に報告書を発行しており、その冒頭では「空軍内、すなわち防衛省内において、超心理学分野における権威ある知識と実験の基準を打ち立てる」ことを目的とすると述べている。ＥＳＰ実験装置を設計したのはエヴェレット・Ｆ・デイグルという名の電気技師である。この装置は乱数を発生させるコンピュータで、ＶＥＲＩＴＡＣと名づけられた。そして彼と数人の科学者からなるグループは、マサチューセッツ州ビバリーにあるエディンコット短大の四五人の女子学生を被験者とし、一年間にわたって八万回の実験をおこなった。

空軍の報告書では、まずＥＳＰがいかに感情的な賛否両論の入り混じるテーマであるかという認識を明らかにし、しかしＥＳＰは「いかなる脅威を与えるものでもない」ので、そうした論争は不要であると述べるところからはじまっている。そしてその先には、「ＥＳＰ論争のどちらの陣営にも荷担しないもので、ＥＳＰ研究の標準的方法を提案するものである」と書かれている。さらに「研究に必要だったのは、客観的な視野を持ち、感情的な先入観のない科学者なのだ」とある。この報告書は、ラインたちにとっては、彼らが超心理学で作りあげた研究方法をすべて反故にする性質のものであった。さらに悪いことに、空軍の実験では誰も確率以上のスコアを出していないのだ。

ラインは『超心理学紀要』に、空軍の実験に関してやや慇懃無礼な記事を載せた。「報告書の著者らは意気軒昂に自らの実験方法を提示し、結果としてESPの証拠を補足することができなかったにもかかわらず、この装置は実験目的に対する標準的方法になると、高く評価している」

デイグルは、実験もせずにESPを批判した批評家たちといっしょくたにされてしまったと感じた。そこで彼は、もし超心理学が米国科学振興協会に受け入れられようとしているなら、自らの知見はラインにとっても重要であるのだと反論している。「我々の実験のような否定的な結果を出した実験であっても、これは失敗である、あるいはESP仮説を粉砕しようとしているなどと考えるべきではない。なぜなら、さらに改良された機器と洗練された方法で二度目の実験をして私が非常に肯定的な結果を出したとしたら、科学者に受け入れられる可能性は一回目で成功した場合よりもずっと高いからである」

さらにデイグルは「もし政府が自ら専門的知識を追究しなければ、外部の研究者たちに妥当な資金援助ができるだろうか？　もし政府が理解していなければ、政府は支援の反対にまわってしまうだろう」と論を続けている。残念ながらディグルの上官は明らかにESP研究に反対だった。支援は打ち切られ、追加実験は実施されなかった。

ラインは何年にもわたり軍に資金を出させるように働きかけてきたが、ラインが軍事利用として興味を持っていたのは、マインドコントロールではなかった。一九五七年には国防について「理想的には可変的で、繊細で、用心深く、不確定要素を考慮した構想であるべきで、最高の防衛は予防である」と書いている。超心理学は、奇襲に対する国防の決め手になるとラインは信じていた。諜報部員が機密情報を収集するように、アメリカ人テレパス〔テレパシー能力をもつ者〕が敵の心を「見て」計画を知る。ラインと仲間たちは、それが可能だと考えていた。

「未来の諜報活動は、現在では想像もつかないほど効率よくなされるだろう」とは、オルダス・ハクスリーが一九五五年の『エスクァイア』誌に寄稿した記事の一節である。こうしたタイプの開発の取り組みには、巨大な資金だけではなく、概念の一大跳躍が必要になる。アメリカ政府は、かつて同じように大きな跳躍を伴う決断をしているとラインは論じた。「何億ドルという資金を、偉大なるマンハッタン計画に賭けるという判断を下したときには、期限内に実用的な原子爆弾が製作できるという確かな見こみはあっただろうか？　もちろんなかったはずだ」

超心理学のスプートニク

「現在アメリカ軍部が必要としているのは、超心理学において〈スプートニクに匹敵する〉ものである」とラインは言った。ロシアが一九五七年にこの小さな人工衛星を発射したとき、大きなショックを受けたアメリカ合衆国政府はただちに全力で技術開発に取り組み、人類を月に送りこむことに成功している。

一九六一年、レニングラード大学〔現在のサンクトペテルブルク国立大学〕に超心理学研究所があるというニュースが公になったとき、ラインは「超心理学のスプートニク」はもう軌道上にあるのだと、軍部の担当将校を説得しようとした。ソビエトの研究所は数年前にスタートしたばかりだったが、ソビエト側もデューク大学の研究室と同じくらい長期にわたってESPの研究を続けてきていたのは明白だった（遅くとも一九一六年には研究がはじまっていたことがわかった）。これだけでも、ロシア人はもう超心理学の実用的な軍事利用法を開発しているかもしれないとラインは推測していた。「もしロシア人が、我々のものより優れた研究成果を手にしているのであれば、当然その情報を自発的に軍に提供しているでしょう」とラインがある空軍士官に手紙を書くと、「（政府内では、各人が）そのような応用研究プログラムの実行を正当化するには、費用対効果のバランスが必要なのです」という返信が来た。そう、「自分が超心理学研究をするように勧めた」

という記録を職歴に残したい軍人などいなかったのだ。

ラインは、ロシアの超心理学研究がどこまで進んでいるのかを政府が把握するまで待つ気はなかった。一九六二年五月二一日、ラインの超心理学研究所は、ロシアの研究所のなかからレニングラードを選び、ゲイザー・プラットを一〇日間の訪問視察旅行に送り出した。プラットはレニングラード研究所で暖かく迎えられた。所長であるレオニッド・レオニドビッチ・ワシリエフは遅れてあとから駆けつけたが、開口一番に尋ねた。「西側の科学者はこの分野の研究に、どういう態度をとっていますか?」ひょっとするとロシア人科学者も、自分たちの研究の受容について同じような困難さを抱えていて、学術的に疎外されているように感じていたのかもしれない。

彼らはデューク大学についてよく知っていて、超心理学研究所の初期の活動を支えたチャーリー・スチュアートの名が出ると、みな深く頷いた。アイリーン・ギャレットの霊媒的素質を評価した論文を読んでいたのだ。しかし死後生存の問題になったとき、ロシア人科学者たちはラインの側についた。彼らはプラットに、死後生存への興味は学界への超心理学の受容を遅れさせるといい、人格の死後生存問題については非常に軽蔑的な態度をとっていた。

彼らはまた、超心理学に何がしかのチャンスがあるとすれば、自然科学分野の研究であるべきで、それは心理学研究ではないと考えていた。ロシア人科学者たちは、生理学にもとづいたESP研究のほうが、科学者たちにより受け入れられやすいと推測できるので、彼らはそこに集中して取り組んでいるのだと言った。アプトン・シンクレアはESPを「精神通信《メンタルラジオ》」と呼び、それ以前には『トム・ソーヤの冒険』を書いた作家マーク・トウェイン〔晩年はテレパシーなど神秘思想に傾倒する〕が「精神電報《メンタル・テレグラフィ》」と呼んでいたが、ロシア人は一九一六年以来「生体通信《バイオロジカルラジオ》」と呼んできたのだった。

ロシアではすでに幻覚剤実験もおこなわれていた。テレンティエフ教授は、プラットにペヨーテを使ったESP実験をしてみたと話してくれた。彼の実験は、ペヨーテを摂取した被験者に箱のなかのものをあてさせようとするものだった。ひとりの被験者は「いったいどうやってあんな大きなビルをこんなに小さな箱に入れることができたんですか?」と答えたという。箱のなかにあったのはモスクワ電報局ビルが描かれた切手だった。

プラットが帰国したとき、彼の視察のニュースは新聞各紙を飾った。ラインはもう一度、自分の提案をまじめに考えてもらうように政府を説得してみることにした。同じようなことを試みている科学者は何人かいたが、誰が超心理学という分野の代表者かという点において、ラインには自負があった。たとえば、NASAの生物工学および人間研究所ワシントン事務局所長のユージーン・B・コネッチ博士は、NASAへの報告で、ソビエトは「最初に軌道上に人間の思考を乗せる、あるいは月面上の人間と、心と心によるコミュニケーションを達成することになるかもしれない」と書いた。しかし彼の報告は、超心理学分野の研究者のなかから、わざわざフルコスの支持者であるアンドリヤ・プハリッチとノーマ・リー・ブラウニングを引用していた。ラインはこれを読んでさっそくコネッチに手紙を書いた。「あなたの計画に神のご加護がありますように。何もわざわざより抜きのクズを選ばなくてもよかったのに」

ラインは自分でも、ワシントンDCの国防分析研究所に、自分たちの研究所がソビエトの超心理学研究の状況について第一次資料を持っていると教示する手紙を書いた。「この状況を検討し、監視を続けるために、誰かを任命する必要があります」と提案している。ラインの手紙への返答担当者は、ラインの努力に強く感銘を受け「第二次世界大戦中、アルバート・アインシュタイン博士はルーズベルト大統領に手紙を書き、それがマンハッタン計画へとつながっていきました。博士、あなたは超心理学のアインシュタインです」と書いてきた。

ラインは、もし政府が本当に必要だと認めたら、プロジェクトにどのくらいの金額を注ぎこんでくるかを知っていたので、このとき原子爆弾規模の超心理学開発が可能になるか否かの瀬戸際にいると思いを巡らせていたかもしれない。

しかし合衆国政府は、その道を閉ざした。超心理学のマンハッタン計画は実現しなかったのである。

一九六二年、『シカゴデイリーニューズ』紙の記者が「軍事産業はサイの軍事利用を考えたことがあるか」とラインに質問したとき、ラインは小さなプロジェクトがあちこちに立ちあげられはしたが「実用性の高い思い切った扱いをするには、明らかに適切な時期ではなかったのです」と答えている。プラットのロシア視察とラインの働きかけは、国を動かすことができなかったのだ。

遠隔透視諜報計画スターゲイト

適切な時期がやってきたのは一九七〇年代になってからだった。CIAが、ロシアには霊能スパイがいるという情報を摑み、このときは以前より確信を持ったらしく、一九七五年にスタンフォード国際研究所に五万ドルをわたして、のちに「遠隔透視」と呼ばれるようになったものを見つけ出すように命じたのだった。CIAは、実験を密かに、そして学術機関以外で実施することを望んでいた。

最終的には、一九七八年に陸軍の霊能スパイ組織である〈スターゲイト〉が組織されることになり、一九九五年に終了するまで毎年、国会は予算を承認した。予算は結局二〇〇〇万ドルにもなった。これは巨額の予算を投じたプログラムに見えるかもしれないが、スターゲイト計画の七年間の総予算は核兵器研究予算の二日分に等しい。また、一九九三年に心理学者サイボ・スハウテンは、一〇〇年間に超心理学に投資された資金を総計すると、一般の心理学研究費の二ヵ月分にしかならないということを指摘している。

スターゲイト計画の初期メンバーのひとりであるマクモニーグルによれば、何年にもわたり、CIA、国防情報局、麻薬取締局、国家安全保障局、FBI、国家安全保障会議、国境警備隊、諜報部、ホワイトハウス、そして国防省のすべての情報局、沿岸警備隊までもが、スターゲイトの遠隔透視を利用していたという。

しかし議会は一九九四年に、スターゲイト計画をCIAの管轄下に置くことを決議した。その後CIAは米国研究政策研究所（AIR）に、スターゲイト計画の有効性を検討するように依頼する。同研究所は、カリフォルニア大学のジェシカ・アッツ教授と、オレゴン大学のレイ・ハイマン教授のふたりに統計分析をさせた。

ただ、CIAはアッツとハイマンのふたりにスターゲイト計画のすべてのデータを入手できるような、保安権限は与えていない。「（彼らは）二〇年間の成果とはとても呼べない数箱の資料をわたされて、検証するように言われただけでした。しかもその資料はCIAが自ら選んだものだったのです」とマクモニーグルは言う。アッツとハイマンは遠隔透視要員全員と話をすることもできずに、またスターゲイト計画に含まれていないそれ以前の遠隔透視研究を検証することもなく、報告書を作るように言われた。アッツは、スターゲイト計画は情報収集法として価値があると判断するに足る、重要な結果と証拠を見つけ出したのだが、ハイマンの答えは否だった。アッツはハイマンのコメントへの反論を書いたが、これは最終報告に掲載すらされなかった。

CIAは、はじめから、議論の種であり、今や世界中の情報機関の誰もが知っている「秘密諜報収集計画」を、傘下に収めるのに乗り気ではなかったのだろう。一方マクモニーグルは、一九八四年に勲功章を受けている。これは平時に陸軍が授与する最高の勲章で、彼の一六九回の諜報活動をたたえるものである。そしてそこで得られたものは、他の方法では入手できなかった情報であり、陸軍が価値のない情報に対して勲功章を与えることは考えにくい。結局のところ、問題はコントロールがうまくいかないことなのだ。マクモニーグルのような情報収集者が集めてくる情報は、価値があるものかもしれない。しかしそれを集める能力は、習得することができないものである。そして収集者が集めてくる情報を、常に正確に解釈することも、その価値をはかることも難しい。ラインが実験室の統制された状況を好んだ理由がそこにある。

しかし軍にとっては、遠隔透視とESPは戦場で使えるかどうかが問題であり、それこそが、彼らが興味を持つ理由だった。この程度の不確かなコントロールでは、スターゲイト計画をこれ以上続けるのは意味がないと感じたのだろう。

しかし考えればワクワクしないだろうか？

敵はどうやって遠隔透視を防ぐのだろうか？

今のところテレパシーを防ぐ障壁《バリア》は知られていない。軍はたとえ一時的にでも、戦争の最終兵器を見つけるのは時間の問題だと感じたにちがいない。

第10章

幽霊と科学者たち

心霊現象再び

ティモシー・リアリーとともに幻覚剤の実験をしていたその年、ラインは古めかしい心霊術の実演を見物する羽目になった。テーブル・ラッピングである。精神科医カート・ファントルが、五ヵ月以上の長きにわたり、自分の地元にいる〈霊感がある人〉を検証してほしいと要望してなかなか引き下がらないので、一九六一年一二月にカリフォルニアを訪ねる際に立ち寄ると約束してしまったのだ。

そしてやはり茶番だった。ラインがいくつか規制を提案すると〈超常現象〉はあまり起こらなくなり、何かが起こるときは〈霊感がある人〉の手が動くのが見えた。ラインは、もはや非難もせず寛大に応対し、手が動いたのは無意識だったのだろうと述べた。そして、トリックならせめてもう少しうまくやればいいのにとまで考え、「指先に少しすべり止めをつけたら、もっとうまくできるかもしれませんね」などとコメントした。

ラインは超心理学をこうしたたぐいのことから遠ざけるために、過去三〇年間を費やしてきた。死後生存の問題は切り捨てるという、この点では彼と周囲の科学者たちは一致していたのだが、世の人々は死後生存に強い興味を持ち続けた。科学者たちの信念は揺らがなかったが、世間では同じくらいしっかりと死後の世界が信じられており、このふたつの信念が対立すると、ほぼ例外なく科学が負けた。

幽霊の歴史

科学が進歩して様々な現象を解明していくほど、人々は科学で説明できないものの存在を信じたくなる。長期にわたるギャラップ社の定期世論調査では、超自然現象を信じる人の割合が年々増加していることを示している。

一九七八年のギャラップ調査では、「幽霊を信じる」と答えているのは回答者の一一パーセント弱にすぎなかったが、しかし二〇〇五年の調査では、三二パーセントまで跳ねあがっている。さらに多くの人（四二パーセント）が悪魔の存在を信じている。懐疑的な超常現象調査組織

CSICOP〔超常現象の科学的調査のための委員会、現在はCSI〕のホームページでは、当時の代表ポール・カーツが、この世論調査の結果に不安を覚えるとコメントしている。「心情的に回答しており、頭を使って考えたうえでの結果ではない」と、CSICOPの主任研究員はつけ加えている。

そう、私たちはよくできた怪談や幽霊の話が大好きだ。ずっと昔の話まで、古い歴史をさかのぼれる。

ローマ元老の小プリニウス〔六一～一一二年頃。帝政ローマ時代の文人・政治家〕は、ある幽霊屋敷について「その家では、静まりかえった真夜中に恐ろしい音を聞いたものがいる。鎖がじゃらじゃらとぶつかる音がどんどん激しくなっていったのだ」と書き残している。話の続きは『クリスマスキャロル』のマーレイ老人の幽霊そっくりで、「突然、見るも恐ろしい老人の幽霊があらわれた。ひどく汚らしく惨めなさまで、髭は長く伸びて絡まり、白髪は乱れきっていた。ゴツゴツした足には重い鉄の鎖が絡まり、それを引きずる音と悲痛なうめき声が重なって聞こえる。手首は無残にも長い鎖で手かせがかけられており、幽霊は力なく腕を上げ、怒りをこめて鎖を鳴らしたのである」という。

さらに古くプラトン〔前四二七～前三四七年。古代ギリシャの哲学者〕は『パイドン』でさまよえる霊について触れ、私たちの目の前にあらわれる幽霊とは、堕落し、おびえて、身体に愛着を持ち、身体を離れられない霊魂なのだと言っている。そうした霊魂は悲嘆にくれ、見えないものと地獄を恐れ、墓地のまわりをさまようほうを選んでしまっているという。プラトンの説明は、幽霊譚のほとんどがそうであるように、恐ろしさより不憫さを感じさせる。

信じるものがいるところ、必ず疑うものがあらわれる。一九二〇年、ニューヨーク在住のジョセフ・F・リンという人物が、世界的な物理学者で心霊研究家でもあったオリバー・ロッジ卿に対し、「あの世とのコミュニケーションに関する確かな証拠を提示すれば、五〇〇〇ドルを提供する」と申し出た。ロッジはかねて「これだけ多くの人々が戦死していれば、身近にいた人々が生と死の壁を破ろうと努力するのは、きわめて自然なことです」と言っていた。ロッジがここで戦争と呼ぶのは第一次世界大戦のことで、戦死者数は全世界で八〇〇万人以上におよんでいた。人々を動かしていたこの悲痛な心情は、ロッジにとっても人ごとではなく、自身の末息子レイモンドが一九一五年に戦死しているのだ。しかしリンの挑戦にロッジは「お金さえ出せば証拠が手に入るとでも思ったら大まちがいだ」と答えて終わらせている。

超心理学者ロールとジョインズ

一九六四年、マジシャンで懐疑論者のジェームズ・ランディ〔科学的に実証できる超能力者には一〇〇万ドル進呈すると宣言し、挑戦者を募っているが一九六四年以来ひとりも獲得できていない〕が、ライン宛に、超心理学についてのラジオ番組へのゲスト出演を要請する依頼状を送ってきたが、ラインは固辞した。彼は自分自身を「驚異《アメージング》のランディ」と呼ぶこの男に対して、複雑な気持ちを抱いていた。そして当時のラジオ番組は基本的に娯楽であって科学ではない。ランディへの返信にラインは「正しい解決法の追求という共通したバックグラウンドがあり、そうした興味が明らかに見て取れる同志のあいだであれば、ある程度の自尊心のぶつかりあいと論争は許されるでしょう。しかしラジオ放送の電波にのせるべきものではありません。思うに、どういう結末になるかを気にかけないような活発な議論は、番組のおもしろみを奪ってしまいます。私以外の多くの人々にとってもそうでしょう」と書いた。懐疑派サイエンスライターのマイケル・シャーマーは『なぜ人はニセ科学を信じるのか』〔岡田靖訳、ハヤカワ文庫〕のなかで「このような現象に対する信仰は、何も精神的に問題のある人々だけにかぎったものではない。なにしろ我々の大半が思いこみたがっている以上に信仰は広く浸透しているわけで、中世以降、科学が達成してきた数々の功績を考えれば、この広がりは実に興味深いといえるだろう」と書いている。しかし興味深いというより当然のように思える。「死がすべての終わりではない」という考えかたを人々の頭から追い払うのは、どんなに難しいことだろう。

他に何かもっと人々が納得する考えかたがあるだろうか？

そして今明確な答えが用意されていなくても、いつか何かが判るときがくると思ってしまう。そういうものではないだろうか？

超心理学者ビル・ロールとその同僚ウィリアム・ジョインズは、量子論で超常現象を説明するという可能性に賭けている。そしてそれはロールとジョインズにかぎらない。ロールが一九六一年以来研究し続けている事例のひとつに、ニュージャージー州ニューアークで起こったポルターガイストの一件がある。

アーネスト・リヴァーズは、祖母のメイベル・クラークと、低所得者向け公営住宅で暮らしていた。アーネストの父は元アマチュア・ボクシング・チャンピオンだったが、その五年前、一九五六年一二月一四日にアーネストの母親アン・リヴァーズがこの父親を殺してしまったのだ。当時アーネストは八歳だった。

午前四時、アンは夫を揺さぶり起こし、「もうわたしのことなんかどうでもいいのね」と問い詰めても夫が返事をしないでいるので、背中に一発、脇腹に一発、銃弾を撃ちこんだ。彼女は警察に、夫が自殺を図ったと話したが、数時間としないうちに殺したことを認めた。夫から「お前は俺にとって、単に医者からの請求書みたいなもんだ」などと言われ続けたのが犯行理由だったという。

彼女は刑務所に入り、祖母クラーク夫人が孫のアーネストを育てることになった。

不可解な出来事は一九六一年五月六日、アーネストの一三歳の誕生日からはじまった。母親は脱獄しており、息子の誕生日には家に戻るからと約束していたのに結局来なかったのだ。その夜、瓶やカップ、胡椒入れ、灰皿、電球などが誰も触っていないのに落ちたり飛んだりした。

新聞がすぐに事件をかぎつけ、エドワード・J・デルルッソというアマチュア浄霊家がアパートにやってきた。彼はコップに水を入れ、その脇でローソクを灯し、集まった人々に幽霊は去ったと宣言した。「これで終わりです。もう何も起こりません。すべて元通りです」

しかし怪現象は次の日には復活した。アーネストの祖母は、怪事件を起こしているのは、殺された義理の息子の幽霊ではないかと考え恐れていた。「暴力的な男だったから」と彼女は言った。アーネストを無理やりあの世へ連れていこうとするのではないかと思って、恐怖を感じていたのだ。

ラトガーズ大学経営学部准教授チャールズ・D・リージ博士は、超心理学に興味を持っており、最初に調査に来た研究者だった。ある晩、彼がアーネストとふたりきりでいると、酔っ払いグループが来て玄関のドアを叩き、「俺たちゃ空飛ぶ灰皿を見たいんだ」と叫んだ。リージ博士が玄関を開けずにいると、連中は窓に石を投げはじめた。リージはアーネストを抱えると台所に駆けこんだ。安心させ守ってやろうと片手で男の子を抱いたまま、警察に電話をかけたが、アーネストはカンカンに怒っていた。一五フィート離れたところで電気スタンドが倒れた。リージはこうした怪現象は通常の物理法則では説明がつかず、インチキでもないと判断していた。不可思議な活動は一週間ほど続き、アーネストが別の親戚と暮らすようになって終わった。

九月にはビル・ロールが調査をはじめた。彼はニューヨーク大学の心理学者たちといっしょにアーネストに会うように面接の予約をとった。数ヵ月後、ニュージャージー州子ども福祉委員会主事は、研究のためにアーネストをデューク大学に行かせるように手配した。しかしこのころには、ロールはアーネストがなんらかの方法で故意に怪現象を演じていたのではないかと疑うようになっていた。

ラインの研究所では、ロールとゲイザー・プラットが、アーネストと彼の祖母をマジックミラーのついた部屋に通し、ミラー越しに観察した。するとプラットは、アーネストが巻き尺をふたつ隠し持っていて、祖母が目を離した隙を狙って投げつけるのを目撃したのだ。アーネストは巻き尺など投げていないと否定し、催眠下でも否定し続け、ウソ発見器テストでも否定した。そしてウソ発見器でも、彼はウソをついていないと判定された。

デューク大学の心理学者のひとりは、「切実で無意識かつ言語化されていない祖母に対する怒り」の兆候を発見し、アーネストが解離状態のときに巻き尺を投げたのではないかと意見を述べた。

ロールは、最初の現象は本物だったが、騒ぎが大きくなってからはでっちあげになってきたのだと結論づけた。

量子の謎——物理学者たちの困惑と見解

この事例の当初の出来事や類似した事例は、ロールとジョインズが「超心理学的からみあい

(psi entanglement)」と呼ぶものと関連しているかもしれない。現代物理学では、離れた空間にあるふたつの素粒子のうちのひとつへの作用が、即座に他に影響したようにみえるとき、量子的からみあいがあるという。これは実験的に証明されており、ロールとジョインズを「説明できない何かが、それ以外の条件においては切り離された状態にある物体を繋いでいる」と考えさせるに至った。

超常現象を説明しようとするとき、量子的からみあいを考える人は多い〔この節の議論の一部は物理学的に不正確である。巻末の解説「量子論の誤解」を参照〕。カリフォルニア大学サンタクルーズ校物理学教授のブルース・ローゼンブラムでさえ、著作『量子の謎（*Quantum Enigma*）』のなかで、「懐疑論者を納得させるに十分な力を持った超現象の証拠は、いまだ存在しない。しかし、**もし仮にだが**、そのような現象を確実に再現することができたなら、我々は解明への糸口を見つけたことになる。意識の量子効果、アインシュタインの言う奇妙な相互作用（spooky interaction）である」と述べている。

瞬間的に距離を超えた相互作用が起こるという考えかたは、アインシュタインが理解する物理世界では起こりえないものだ。何ごとも光速を超えることはできず、ある場所で起こったことが瞬時に他の場所に影響をおよぼすことは不可能である。一九三五年の論文でアインシュタインとふたりの同僚は、「理性的な現実の定義で、これを許容するものはない」とその不可能性を主張している。しかしその後、フランスの物理学者アラン・アスペと彼の同僚たちが不可能ではないことを実験的に証明した。ふたつの離れた量子は、お互いに影響をおよぼしあうようなのである〔厳密に言うと、二つの離れた量子のからみあった特性が遠隔地においてもたがいに相関するということで、因果作用は認められない〕。

アインシュタインはテレパシーについても、量子のからみあいや瞬時の遠隔作用に対するのと同じように、受け入れがたさを感じていたかもしれない。ゲイザー・プラットとヒューバート・ピアースの実験では、ふたつの心のあいだを行き来する情報もまた、距離とは関係しない瞬間的なものだった。ピアースは、自分とプラットが同じ部屋のなかにいようと、別々の建物にいようと、同じようによい成績を出したのだ。

哲学者カート・ジョン・デュカスはのちに、ラインたちが、ピアースとプラットの実験をまちがって解釈していた可能性を指摘している。

まず、タイミングが実はそれほど正確ではなかった可能性がある。時計を見ていたのは当人同士だけなのだ。また距離もそれほど離れてはなく、大学の中庭を隔てていた程度だ。送信と受信が瞬間だったというのは、正しくなかったかもしれない。

デュカスはまた、ラインがテレパシー通信の強さを測り損ねていることも指摘している。もっと距離が離れていれば「テレパシーのささやき」は弱くなっていたかもしれないし、そうするとテレパシーは、時間と空間の法則に従うものだということになる。アインシュタインがESPを認めようと考えていたとすれば、これなら彼にとっても納得できるものだった可能性がある。

一九四〇年、ラインはアインシュタインへ宛てて、自分の実験結果を説明できるような「適切な物理学的仮説を見つけ出す困難さ」について手紙を書いている。それに対しアインシュタインは「（ラインの本を読んではいるが）正直なところ、問題となっているような現象が現実に存在するのか、私は懐疑的です。とはいえ、あなたが協力者とともに得た肯定的な結果への何の説明手段も持ちあわせておりません。どちらにしろ、私は関係する問題の解明に効果的な貢献をすることはできないように思われます」と返答している。

しかし先に述べたように〔第二章四五頁〕、その六年後、アインシュタインは超心理学者ジャン・アーレンワルドに宛てた手紙で、「このテレパシーの本は私にとってとても刺激的で、一連の問題全体に対して私が持っていた非常に否定的な態度を、どうやら軟化させてくれたようです。人間は目隠しをしたまま世界を歩んでいってはいけません」と書くことになる。さらにその三年後、ある物理学者が自分はテレパシーを信じるほうに傾いていると言ったとき、アインシュタインは「これはおそらく心理学よりも物理学に関するものだ」と自説を述べている。

現在は科学的法則にテレパシーを押しこむ必要はなくなっているのかもしれない。たとえ「奇妙であって」も、アラン・アスペと同僚たちは「非局所性」と呼ばれる現象が実在することを実証したのだ。

物理学者デイヴィッド・ボーム〔量子力学の発展に寄与。その独特な思想が一九七〇年代以降のニューサイエンスにも影響を与える〕は、「宇宙のすべてのものはひとつの親密圏〈ラポール〉であるということかもしれない」と語ったことがある。サイ現象はこのラポールの顕現〔はっきりとした姿をあらわすこと〕にすぎないのかもしれない。

プリンストン大学の研究者ロバート・Ｇ・ジャンとブレンダ・Ｊ・ダン〔邦訳に『実在の境界領域』（笠原敏雄監訳、技術出版）〕は、被験者を何千マイルも離れた場所に置いて遠隔知覚実験を実施したが、時間差が存在するという結果は得られなかった。遠隔知覚、テレパシー、意識……呼びかたはどうであれ、それもまた「非局所的」であるのだ。

また別の、常識を揺るがす科学的発見がなされており、ロールとジョインズは、これが将来ＰＫを説明するときに役にたつ日がくると信じている。実験によれば、人間は電子の動きと位置を同時に観察できないばかりか、観察方法が電子の性質に影響をおよぼし、粒子になるか波になるかを決定してしまうというのである。一九七九年にノーベル物理学賞を受賞したスティーヴン・ワインバーグは、「物理法則に人が組みこまれてしまうのは嫌なものだ」と書いている。しかし観察者は、結果に影響を与えるものである。結果は計測器の精度によって左右されていると信じる科学者も多いが、結果を得るためには、観察者の意識があってこそという見解も存在する。

数学者ジョン・フォン・ノイマン〔現在のコンピュータの基礎を築く。核兵器開発「マンハッタン計画」にも数値解析で参加〕は、物質世界に存在するものはすべて量子物理学の法則に従わざるを得ないのだから、意識のように物質ではないものこそが、観察結果が粒子になるか波になるかの説明となりうるのかもしれないと指摘している。ロールとジョインズは、これがＰＫ理解への扉を開けると信じており、「我々は、形ある物質の動きについて具体的な測定をせずに思いをめぐらすほど、それは通常のように見えてくる。そして我々が物質について知れば知るほど、それは超常のように思えてくる」と述べる。一方で、超常現象に懐疑的な物理学者のヴィクター・J・ステンガー〔邦訳に『宇宙に心はあるか』（青木薫訳、講談社）〕はこれを「量子奇妙学（quantum quackery）」と名づけている。量子力学の理論家ユアン・スクワイアは、大多数の物理学者が言うように「意識を持つ心と物質にある種の『関係』があるという考えは、意識的な決断が物質に影響をおよぼすという事実からの思いつきであることはまちがいない」という。

別の考えかたもあるかもしれない。

一九五七年、プリンストン大学の大学院生だった物理学者ヒュー・エヴェレット〔量子力学の観測問題において「多世界説」を提唱〕は、電子のとりうる状態は観察には関係せず、実際はすべての状態が別々の宇宙に存在するのだとした。彼は無限に分岐する複数の宇宙を想定し、ひとつの宇宙では電子はこちらにあるが、別の宇宙ではあちらにあるなどと考えた。もし、情報がひとつの宇宙から別の宇宙へと流出し、伝わると考えれば、エヴェレットの説でもラインの得た結果をうまく説明できるかもしれない。

しかし、ロバート・ジャンは「（エヴェレットの）多世界説には、あまり賛成できません」という。ジャンは自身のいう「遠隔知覚」を説明するために、知覚者は実在を洞察するにあたって、異なったタイプのフィルターを用いているという説を好んだ。

しかし物理学者の一般的な反応は、こうした様々な現象は量子の世界に限定され、目に見える現実世界でのサイ現象などやその他いかなる現象の説明にも使うことはできないというのだ。

しかし線引きをするとして、どこに線を引くことができるのだろうか？　量子の世界では起こるが、別の大きさになると起こらない？　その境界を実験的に突きとめることなどできるのだろうか？

生物学者ロバート・ランザ〔米アドバンスト・セル・テクノロジー社でクローン胚の研究などに従事〕は、「こうした恣意的な基準を設定するような試みには何の根拠もなく、世界中の研究所から挑戦状が届くことだろう」と主張している。たとえば「量子的からみあい」は、実験室規模でも起こることが証明されている。サイについてもっと深く理解する前に、線引きの位置を決めることは難しい。そもそも線引きの問題なのかどうかを決定することが難しい。

ラインは「サイは物質的なものではない」と信じていたので、線引きの問題ではないと主張するだろう。ベティ・マクマハンは「ライン博士がサイ現象は物理法則に従わないと言っていた頃は、彼は古典的な（ニュートン）物理学を指していました。そのころ量子力学の仕組みは、理論物理学者以外にはまだほとんど知られていなかったのです。しかし現在、たいていの一般的な科学雑誌には、理論物理学者による純粋な量子力学的現象研究が載っています。量子物理学は、サイ現象が存在することを必要としているようにさえ見えます」という。

ロールはまた別の興味深い観察結果を提示していて、これはギャレットの「サイには感情的な要素がある」という考えかたと、ロバート・ジャンとブレンダ・ダンの説とも関係している。ロールはギャレットや他の人々と同じように、ポルターガイスト現象には感情的な要素が存在することに気づいており、ニューアーク事例を検証し、そこにもやはり感情が関与していることを発見した。アーネストの母が夫を殺した結果、アーネストは祖母と同居することになったのだが、彼は祖母に対して敵意を抱いていた。ジャンとダンは「意識波」という概念を使いはじめたが、ロールとジョインズはこれをポルターガイストに適用できるかもしれないと思っている。一般的に、我々にとって物理的あるいは感情的に近いものは遠いものより重要であるから、我々が近い物質に意識を集中すると、物質に電荷がチャージされるのと同様に何かがチャージされる可能性があるという。

アーネストの事例では、彼の不安定な気持ちをなんとか抑えこもうというとてつもない感情で、家のなかのものがチャージされてしまったのだ。ジャンは、物体（灰皿）と媒介体（アーネスト）のあいだで、現在の科学では説明されていない第三の場によって情報が運ばれたと考えており、この場を「情報場」と名づけている。

ジャンは結論として、「意識と情報を物理学的な仮説に持ちこむ必要がある。遠隔知覚には伝播と通信の過程があり、したがってこの『情報場』を含むように科学法則を拡大する必要がある。情報場では情報の処理に意識が使われる」としている。

量子物理学者ヘンリー・P・スタップ〔ノイマンの流れを受け継いだ量子脳理論を提唱〕は、「新しい物理学は、我々人間の思考が、非局所的結合により自然現象に結びついているという明らかな証拠を提示しています。ある人間がある場所で選択した活動は、即座に宇宙のどこかで実現していることに影響を与えます。この非局所的様相は、宇宙とは細かい物質の集合であると考えるのをやめて、成長する『情報の集積』の集大成と考えることで理解可能となるでしょう」と述べる。

三〇年近い研究と思考の結果、ジャンは次へ進むためのただひとつの可能性だと彼が信じるものへと導き、その一歩は彼がブレンダ・ダンとの共著で二〇〇八年に発表した「法則を変更せよ!」と題する論文に記されている。「我々が意識相関物理現象と呼ぶものは、世界中で繰り返し記録されている。しかしそうした現象は、伝統的科学の枠組みからみると、根本的にちがうあらわれかたで、ちがう動きかたをしてみせる」。再現性は不規則で、感情、意図、無意識の情報処理のような主観的なパラメーターの一部であるように見える。

物理学者フリーマン・ダイソンは、「テレパシーは実在すると信じている」と言ったが、「科学は絶対にそれを証明できないだろう」とも言っている。ジャンとダンはこれに対して、科学がこうした現象を理解しようとするなら、科学は「現在のパラダイムを拡大し、物質的事象を確立させる際には、心が果たす積極的な役割を承認し、体系に編みこみ、経験的に認識された主観的相互関係の領域を含めるべきである。特異現象はこれらの法則に従わないように見えるからこそ特異なのである」と主張している。彼らは、空間と時間のような、物理的世界を支配している法則を引きながら説明するが、しかしこれは逆に「意識が物質的環境と相互に作用することが可能であることを、たびたび示している」とする。ジャンとダンはこの新しい方法論を「主観性の科学」と呼ぶ。

現代の幽霊研究

現在では、幽霊を研究する超心理学者はごくわずかである。しかし、JFK大学大学院で超心理学の修士号を取得した超心理学者ロイド・アウアーバッハは、一九七九年以来幽霊の研究を続け、一九八九年に超常現象調査事務所を設立した。

アウアーバッハによれば、幽霊にはふたつの種類があるという。ひとつは知性のある、意識のある、生者と意志の疎通ができる存在で、もうひとつはEVP〔霊の声を録音する試み〕研究者トム・バトラーが「過去のこだま」と呼ぶような、音の遺物である。アウアーバッハは、このタイプのうち目に見えるものを「場所の記憶」と呼ぶ。これらの顕現は、その場所に刻みこまれた視覚的記録であり、「ビデオやテープのループのように、繰り返し再生され続けているのである」という。

現在、幽霊の研究に提供される資金はごくわずかである。そしてここ二五年間アウアーバッハが続けている調査は、幽霊の出現で不快な経験をして、霊の出現を止めたいと考える家主や企業のオーナーの依頼によるものである。ハンス・ホルツァーのように、アウアーバッハは霊媒といっしょに仕事をしており、ふたりで死者は誰か、なぜここに出るのかを探り、現象を解明して、生者と死者の両方が満足できるような解決策を探っている。

アウアーバッハは、超心理学は「基本的に社会科学」だという立場をとっているが、彼は機器も使っている。気温の変化を計測する機器を持ちこむこともある。しかし民俗学的伝承では幽霊は寒さと結びつけられているものの、そういう事例にあったことはほとんどないという。またイオン計測器も使うが、幽霊と空気のイオン化のあいだにほとんど関連はみられない。環境変化のなかで、ずっと幽霊の活動と結びつけられてきたのは電磁場の変動である。アウアーバッハは電磁場を計測するために、トリフィールド・メーターを使っている。トリフィールド・メーターは、磁場と電場、ラジオ波とマイクロ波を測る器具で、もともとは機械の誤動作を防いだり、健康のために（たとえば過剰なマイクロ波への露出など）どの場を遮断すればよいかを測定したりするために設計された機械だが、アウアーバッハはこのトリフィールド・メーターを使って、家のなかを動いていくようにみえる電磁場を追跡したことがある。

「家のなかを動いていく幽霊が、電磁場に影響を与えていたと考えることもできます。活性化した電磁波を痕跡として残しながら……しかし、機械に頼ることはできません。値に変化が起こったからといって、超常現象が起こっているとは言えないからです」と彼は念を押した。あるときにメーターが大きく振れる。しかし、近くでコーヒーメーカーが作動しただけということもある。

「きちんと原因を探らなくてはなりません」

電磁波、人工幽霊、脳

マイケル・パーシンガー博士は、カナダのローレンシアン大学に所属する認知神経科学者である。彼も幽霊が出ると言われる場所は「電磁波が活発でうるさい」ことが多いという事実に着目した。彼は幽霊が出ると言われる場所で計測されるものに近い値の、弱い電磁場を作り出すヘルメット〔God Helmet と名づけられた〕を開発した。そして実験では、このヘルメットを装着した人々は幻覚を見た。

「ここで非常に重要な原理は、電磁場の時間的なパターンが幻覚を引き起こすことです」。パーシンガーと彼の共同研究者ドン・ヒルは、人々が霊的な何かを見たり、経験したことがないような大きな音を聞いたり、何かがいると感じたというような、超常現象を経験した現場の電磁波データを集めて研究している。

パーシンガーは「そういった電磁場は常に存在するのですが、長くは続かないのです。短く一時的な現象で、記録を取るには忍耐と細心の注意を必要とします」と話す。

パーシンガーとヒルがパターンを研究室で再現すると、ほとんどの被験者が何かの存在を感じたという。被験者はなるべく先入観を持たないように、自分たちは「リラックス」の研究に参加しているのだと聞かされている。しかし、ヘルメットをかぶったあと、「自分の左側に影を見ました……私の体の左側を誰かが触っていました……何かを見ました……霊です」というようなことを言った。

存在を感じたと言ったひとりの女性は、「それがゆっくりと消えていくのを感じたとき、私は泣き出してしまいました」と言ったとのことだ。パーシンガーが発見したのは、脳の右半球が「優先的に刺激された」とき、経験はより恐ろしい感じを伴うということだった。

また別の被験者は、「暗い不気味な力が、すぐ上方にぼんやりと浮かんでいた」「奇妙な匂い、恐怖感、その他古典的な幽霊の感じ……たとえば点滅する骸骨のイメージ」などと報告した。被験者の左側にあらわれた霊は恐ろしいと報告されたが、右にあらわれたものは死んだ親戚、天使、キリストだと思う人が多かった。

パーシンガーは、若い夫婦が「幽霊が自分たちのベッドサイドを通っていく。息づかいも聞こえる」と訴えた家を調べたことがある。彼がそこで発見したのは、何度も繰り返される短期の電磁場パターンであり、「我々の実験と研究で、人の気配を感じさせるのと似たものでした」と報告している。

また彼は、自分の左肩の上に赤ん坊の霊を見続けていた少女を調査したこともある。

「彼女のベッドの上で直接計測してみると、我々が何かを感じさせるために実験室で使っているのとよく似た構造の電磁場が、パルス状に起こっていました」とパーシンガーは言う。「〈幽霊が出る場所〉などを含めて、自然界に存在するパターンは人間の脳内でも発生します。変性意識状態にあるときや、非痙攣性の複合的部分発作に近い状態にあるときです。これらは、なぜ他の人より幽霊を感じやすい人がいるのかを説明する助けになるかもしれません。側頭葉感受性（これは精神測定装置で測れますが）が高い個人は、こうした弱い電磁場にでも非常に強く反応するのです」

これがパーシンガーの発見したことである。彼は、脳になんらかのダメージを受け、「自分は怪我をする前とはちがう人間になった」と主張するような人々は、見えないものの存在を感じるなど、超常現象を体験することが多いことも発見している。霊媒は側頭葉感受性が高いか、脳に損傷をもっているのかもしれない。ピーター・フルコスは「霊感能力はハシゴから落ちてから目覚めた」と言っている。

電磁周期変動が、知的な存在をあらわしている可能性はあるのかどうかという問いに対しては、パーシンガーはいつも「スタン・コーレンと私で、論文集『幽霊とポルターガイスト（*Hauntings and Poltergeists*）』のなかの一章を書いていますが、そこで、狭い空間内（たとえば幽霊が光って見えたり、幽霊光が出たりする場所）で集積された磁束線のエネルギー密度と、人間の脳内の無数のシナプスに類似した空間内の複雑さと、それらの作動タイミングが、〈知性〉を出現

〈少なくともごく短期間なら〉させる可能性を論じています。もちろんこの〈知性〉は、長く持たせることもできます。我々が夜、深い眠りに就いても、目覚めの際にはまた機能的な再配置がなされて意識が戻ってくるのと同じです。これは追究するに値する仮説です」と答えている。

これよりも早い時期の論文で、彼は「ある種の超常現象体験は、通常では取得することができない情報の変換であると考えられる証拠がある」と書いている。答えは「ひょっとすると」である。たとえばあっというまに消えてしまう薄気味悪い光の顕現は、そこに波長をあわせられるものや、特殊なフィルター機能を使ったものだけが受け取れる信号や情報にすぎないのかもしれない。

真に霊が存在すると仮定した場合、最後に私たちを悩ませるのは、霊に意思の疎通をはかろうとする様子がまったくないことである。一般に彼らは、たとえば死者になるとはどういうことなのかなど、肝心な情報を伝えようとする気配がない。

ハンス・ホルツァーは、ひどく心が傷ついた人だけがこの世に残るからだという。

アウアーバッハは、彼ら自身がどのような状態なのか知らないからだという。彼らは死者だが、まだ生者の世界にいるのだ。

ある幽霊はアウアーバッハに、霊媒を通じて「自分は地獄に行くのが恐い」と語った。あまりに恐かったので、死んだらとにかく家に帰ることに集中した。すると突然、彼女は家に戻っていた。招くような光は見たこともない。病院で死にかけていて、次の瞬間には家に戻っていたのだ。死んでいるがこの世にいるので、彼女はあの世のことはあまり知らない。まだ行ったことがないからだ。しかし物質的な身体を失ったのがどういう感じなのかについては話すことができる。自分は「エネルギーの球」で形がない。生きている人々の心に自分の存在を投げかけると、見てもらうことができるのだという。

これは何十年も前にラインと研究所のスタッフが言っていたこととよく似ているように思われる。

「死後生存問題の鍵を握るのはテレパシーである」と。

第11章 遺産

苦闘の果て

ラインがデューク大学を定年退職したのは一九六五年だが、その直前になって、七五歳の発明家グレン・W・ワトソンが、ラインの財政的支援者のひとりであるクレメント・ストーンに手紙を書いてくるようになった。

彼は〈テレパシー・タイプ〉、つまりテレパシーを受信してメッセージをタイプするタイプライターの開発資金提供者を探していたのだ。ワトソンは無線タイプライターを発明しており、〈テレパシー・タイプ〉は三〇年前から温めていたアイデアだった。ワトソンによれば米国の大手電話会社AT&Tも、以前同じようなプロジェクトを稼働していたことがあるらしかったが、その後プロジェクトがどうなったのかはもはや誰も知らなかった。ストーンがラインに意見を求めたところ、ラインは現実的ではない発想だと返答した。

技術者たちは老いも若きも、こうした機械を発明しようと試みてきた。しかし彼らが理解していなかったのは、限界をもたらす要因は個々人のなか、人格の深く奥まった場所にあり、通信機のからくりにあるのではないということだった。ワトソンの計画はテレパシーが何で、どう機能するかについての完璧な誤認にもとづいているとラインは言っていたのだ。

限界をもたらす要因については、いくらかわかってきた。しかしテレパシーとは何か、それがどのような仕組みで働くのかについては、ラインも含めて誰も本当のところはわかっていなかった。彼が達成したのは、それがあるということを強く示唆しただけである。そして現在に至るまで、ラインはそれさえ達成していないと主張するものも多い。

これは一九六〇年、ダートマス大学における「意識に関する会議」の三番目かつ最後のパネルディスカッションで、悲しくなるほどはっきりしてしまう。会場でウォーレン・ウィーバー博士が立ちあがり、発言の承認を求めた。

「実をいえば、もっと若手で私より優秀な諸君によって提案されることを望んでいたのだが、しかし今までのところ誰も問題に触れていないので、私がこの明らかに論争を呼ぶであろう議題に言及しよう。私が言っているのは、我々を不安にさせ、一部は確かにインチキ臭いが、それでもなお挑戦状をたたきつけてくる、〈超感覚的知覚〉と呼ばれている現象についてである」

そして彼は、明らかに言うべきではないことを言ってしまった。
「私はこの超心理学という分野全体が、知的な観点において、非常に気の毒な状態に置かれていることを述べておきたい。私が気の毒だと言うのは、その証拠は否定できないのにその結論をみなが受容しないからだ」

ウィーバー博士が、これはダートマス大学の次におこなわれる研究集会の素晴らしい議題になるだろうと言いはじめたとき、議長がやや強引に発言をさえぎりそこでやめさせた。会議のあとで何人かが個人的にウィーバーのところへ、この問題を取りあげてくれたことを感謝していると伝えに来た。そしてなかにはこの大学の学長スローン・ディッキーもいた。しかしその他参加者の大勢は議長と同意見であった。そして後日ミネアポリスで開かれた別の学会では、ウィーバーの同僚が彼のもとにきて、みんなが「ウィーバーは頭がおかしくなったのではないか」と危惧していることを忠告した。

ウィーバーは米国科学振興協会の元会長であり、職務に就いているあいだは、科学と医療分野の何百万、何千万ドルという助成金の分配を監督していた。彼は情報理論の父とも呼ばれた偉大な科学者クロード・シャノンと共著で、『通信の数学的理論』〔植松友彦訳、ちくま学芸文庫〕という、通信理論における画期的な論文を執筆している。機械翻訳についての彼の考えかたは、その時代のもっとも重要で先進的なコンピュータ開発者に強い影響を与えたと言っていいだろう。ニューヨーク大学のコンピュータ・サイエンス学部は、ウォーレン・ウィーバー・ホールという建物内

にある。しかしそんな彼でも、ただ
「超心理学には研究に値するものがある」

と口にしただけで、聴衆はまるでビル・ゲイツがIT協会の演壇に立って、

「我々の調査によると、コンピュータは妖精の粉で動いているようなのです」

とでも言ったかのような受け取りかたをした。


ウィーバーのような実績と実力の持ち主でも、何年も前にラインがコロンバスの米国心理学会の会議で、批判者と直面したときに明らかになった事実は変えられなかった。あれはラインが思ったような「勝利」ではなかったのだ。

繰り返される批判、世を去る旧友

ウィーバーがダートマス大学で聴衆に挑戦状を突きつけた数年後、イギリス人研究者マーク・ハンセルが、「ヒューバート・ピアースはインチキをした」という説を出版した。ハンセルによると、ピアースは図書館を抜け出し、プラットの部屋と廊下を隔てた部屋で椅子の上に立って、プラットの部屋をのぞいていたというのだ。ハンセルは、ピアースは天井近くの横長の小窓から廊下越しに、さらに小窓を通して、プラットがカードをめくっているところを見ることができたという説を披露している。ハンセルが実際に見た部屋は、実験当時のままではな

く、改装後のものだ。そして元の建物の施工図を見れば、こうしたインチキは物理的に不可能だったことは明白である。このようなやりかたでは、カードをめくるところまで見通せないのだ。しかしハンセルは、この施工図を認めなかった。

さらに彼は別の説も提示している。ピアースは天井裏を這っていって、覗いたのかもしれない。プラットに聞こえないように、他の誰にも見つからずに、三〇回以上も……天井裏に上がる扉などなかったというのに。しかしこんなに荒唐無稽な言いがかりでも、三〇年以上たってまだピアースの成績が疑いに晒されているというのは、甚だしく士気を下げた。

またこのころ、ラインの古い友人たちが次々と世を去っていった。もっとも誠実に資金を提供してくれていたチャールズ・オーザンは認知症の症状を見せはじめ、ある晩には、ひとりで墓地を徘徊しているところを発見された。彼はその二年後、一九六一年に永眠する。

アプトン・シンクレアの妻、メアリー・クレイグは、オーザンの死の数週間後、四月二六日にこの世を去った。マクドゥーガルは、彼女の実験があったからこそ、ラインに死後生存の足がかりとして、テレパシーを証明することを目的とした研究を勧めたのだった。しかし死の床のメアリー・クレイグは、自らの死をひどく恐れていた。彼女は死後の世界について確信を持つことができず、ラインもしっかりした答えを見つけてやることはできなかった。「ただただ、恐ろしがっているだけになってしまいました」とシンクレアは息子宛の手紙に書いている。

メアリー・クレイグの死が、シンクレアを「うまく説明できないすさんだ気持ち」にしたにもかかわらず、彼がやるせないさびしさを、亡くなったメアリー・クレイグと交信することで紛らわそうとしなかったのは驚くべきことである。交霊会の記録は残されてない。そしてメアリー・クレイグの死後六ヵ月で、シンクレアは再婚している。

FRNMへ

デューク大学は、当初ラインの定年退職後、人間本性研究センターという名称の組織を設立する計画だった。そこは超心理学にかぎらず、心理学、物理学、電気工学、医療の特定分野、統計学、哲学、文学、歴史、文化人類学、宗教などからなる学際的な研究所を目指していた。しかしラインは、超心理学研究所がデューク大学の新しい組織に包括されることを気がかりに思っており、一方デューク大学の事務局は、ラインの研究に批判的なカール・ゼナーら年配の教授連中との秘密の会合を持ったあと、計画の全部を見直したほうがいいと結論した。結局デューク大学がセンターの計画をとりやめてしまったため、ラインは大学とは独立して、人間本性研究財団（FRNM）を一九六二年八月一日に設立した。FRNMは「ファーナム」と読む。

ひとつ問題があった。ラインが退職したあと、そのあとをプラットが継ぐというのは長年にわたる暗黙の了解事項になっていた。ところが継ぐべき研究所がなくなり、デューク大学自体にもプラットのポストがなくなってしまったのだ。ラインはもちろんファーナムにプラットを連れて行くつもりだったが、ラインがデューク大学の元専任教授として、様々な保証と優遇措置を受けつつ退職できるのに対して、プラットにはそれがなくなってしまう。何年にもわたって、プラットにはデューク大学や他の研究機関からポストのオファーがあり、それを受けていればラインと同じような優遇措置を受けることができただろう。しかしそうした職につくことは超心理学を諦めることであり、プラットにとっては論外だった。その頃はまだ、研究所のメンバー全員が、超心理学はやがてコペルニクス、ニュートン、アインシュタインらの発見のような科学的革命を起こすと信じていたのだが、残念ながら財政的な保証がなかった。

一九六三年、ラインとプラットはかなり悲惨な別れかたをする。そして次の年、プラットはヴァージニア大学医学部で精神医学科長を務めていたイアン・スティーヴンソン教授のもとで働くようになった。スティーヴンソンは生まれ変わりなど、もっと直接的に死後生存と関連する超心理学研究をしていた。

デューク大学超心理学研究所がその扉を閉めて二ヵ月後、ニューヨーク、ブロードウェイのマーク・ヘリンジャー劇場で『晴れた日に永遠が見える』というミュージカルが封切りになった。これは催眠をとおして自分が生まれ変わってきたということを知るという、霊能力のある女性の物語である。台本と歌詞を書いたアラン・ジェイ・ラーナーはハーバード大学卒で、何年もＥＳＰの研究をしてきた。「私たちはみな感覚を超えた広大な潜在的知覚をもっているという、侮れない証拠があります」と彼は『ニューヨークタイムズ』紙の記者に語っている。彼の書いた歌詞は、当時の米国と超心理学内部で育ちつつあった、個人主義と自己実現に向かう流れを反映している。歌には「今まで知っていたすべてよりもっとずっと、生まれついたよりももっとずっと」そして「あなたの存在の輝きはすべての星に勝る」というような語句がちりばめられている。

その前年、ラインとスタッフが将来の計画について発表したが、テーマはそれまでと変わることはなく、「愛」、「死」、「喪失」、「死後生存」について話したものはいなかった。研究の中心に据えられていたのは、依然として人間というものへの理解であった。

我々にはどんな力があるのか？

今の我々を超えるためにはどうすべきなのか？

ラインは「人間はその本質のなかに、自己理解に用いることができるどんなツールを有しているのか、今ほどその知識が必要とされているときはないだろう」と述べた。

超心理学は発達した。それは死者とのあいだを取りもつための研究ではなく、「人間の本質のなかに隠された、ＥＳＰに代表されるような人格の知られざる側面」を考える学問なのだ。

ラインは今後の展望についての発表を、荘厳な言葉で締めくくった。

「科学は時間と空間の観点で、コンピュータと分子の観点で、銀河と素粒子の観点で、未知なる世界の探究において大きな成功をおさめ、ようやく人間の心へと至り、これを解明できるようになったのである」

しかしこの時点で、科学がラインらの成果をまだ受け入れていないことには言及しなかった。

デューク大学超心理研究所からファーナムへの変化は、当初は名前だけだった。彼らはまだデューク大学の西キャンパスで仕事をしており、とりあえず文房具を移したり、表札を掛け替えたりはした。そしてその年の一二月、道路を隔てた前学部長の家へと移ることになった。このラインの部屋からは、まだデューク大学の校舎を見ることができた。いっそダーラムを出てしまおうかという話もあったが、大学事務局との討議などを経て、最終的にはそこに居を定めることにした。

新たなスタート、希望と絶望

一九六五年はよいスタートが切れた。ラインは講演団体の手配により一一都市で講演をおこなった。それはかつて若かりし日々、一九三六年にＥＳＰについて紹介するために全米を回った一一都市訪問講演を思い出させた。ただ今回ちがうのは、ラインが一講演につき七五〇ドルの報酬を受け取っていることと、聴衆がＥＳＰとは何かを知っていることだ。

また、その頃にはラインとプラットは関係を修復し、お互いを尊重して話しあえるようになっていた。ヴァージニア大学に移ってプラットが最初に手がけたのは、ヒューバート・ピアースとの実験の再検討だった。「デューク大学の研究所では、研究に関して可能性のあるよい被験者を選び出すのを、あまりにも早く簡単に諦めてしまっていました。私は道をまちがえたところまで戻って、そこからやり直そうという意欲を持っています」と、プラットは古い友人ピアースに手紙を書いている。そのときプラットは五五歳になっており、ピアースは六〇歳だった。しかしピアースはもう一度やってみる心づもりができていたし、彼らは何度でも試すつもりだった。プラットはピアースの息子のひとりもテストしたが、彼も標準以上の成績を出すことはなかった。ラインやプラットが頼むたびに、ピアースは実験しに来たのだが、彼は二度と驚くべき結果を出すことはなかった（その八年後、彼はこの世を去る）。

ラインの次の狙いは若者だった。一九六五年秋、彼らは今までよりずっと多くのデューク大学の大学院生をアルバイトで雇った。今までのしがらみがない新しい学生は、超心理学のまっさらな石版であり、未来への希望だった。被験者は今までないほど魅力的だった。そして今までの経験から、ラインは若者をどうやって魅了すればいいかを熟知していた。

「彼はそこにいるだけで、ある雰囲気を作り出せるんです」との証言もある。

それは一九六〇年代のアメリカのことで、新しく革新的な若者たちは、アウトサイダー的立場にある超心理学が約束する自己実現に、今までになく心惹かれた。ある女性が記憶をたどる。「ラインと過ごしたあとの印象は、超心理学は危険でロマンチックな冒険だということでした」

講義風景（撮影年不明）

七〇代の男性が、二〇～三〇代のグループに対してこうした影響を与えることができたという事実は、彼のカリスマ性のなんたるかについて物語っているだろう。

しかしラインは、三〇年以上前からたどってきた超心理学の道を外れようとは考えていなかった。若い研究者が何か新しいことを試してみたいと言っても、答えはまちがいなくノーだったのである。三〇年間試み続けて、彼らはまだＥＳＰに関する仮説にたどり着いていなかったが、ここで諦めて、まったく別の道をたどることなど論外だと思っていた。それでは今までの年月が、まったく無駄であったと言っているようなものだ。加えてラインは、もう少しで新しい扉に手が届くところまできていると信じており、ここで方針を変えるつもりなどなかったのである。これほど近くまで来ているというのに。

当初希望がふくらんだ六〇年代は、最終的にはラインにとって好ましくない時期となってしまった。何よりも、反権威主義的な時代であり、一九六七年には、ラインはあれだけ丁寧に選んだ若者グループの支持を失ってしまったのである。生涯にわたって専門のうえで蔑視を受けてきたことが、そもそも意志の硬い（頑固な）性格の彼をさらにひどく頑固な老人にし、偏執狂一歩手前の状態にまで追いやってしまっていたのだ。ラインがもっとも有望だと思われていたスタッフをクビにしたとき、残りのスタッフも一斉に辞め、ファーナムに残ったのはルイと娘のサリーともうひとりの研究者だけで、そのひとりも二年後には辞めていった。

ゴール

しかし六〇年代がまさに終わろうとしているとき、彼らは長いあいだ待ち焦がれた勝利をおさめることになる。

一九六九年、超心理学協会は権威ある米国科学振興協会の加入メンバーになろうと、四回目の挑戦をしていた。一九六九年一二月三〇日、ボストンでは米国科学振興協会の委員が投票の準備をしており、最初に全米矯正精神医学協会の加入が検討された。ほとんど機械的な作業で、ほぼ数秒で投票が終わった。

「次は超心理学協会です」と議長が叫んだ。

「動議はありますか?」

一〇秒間、沈黙が続いた。

「賛成!」

ひとりだけが答えた。そのあとまた、支持する意見を待って長い沈黙が続いた。しかし反対の手が挙がるのは素早かった。

「このサイ現象と呼ばれているものは現実に存在せず、したがってこの分野での科学的研究などは不可能です」と、ひとりの科学者が宣言した。

「我々は超心理学の何たるかを知らない。どうやら投票をする資格などなさそうです」と、もうひとりが言った。

超心理学協会の加入問題は今までも何度も何度も投票で否決されてきており、今回もまた否決で終わるようにみえた。ところがそこで、高名な人類学者であるマーガレット・ミードが立ち上がった。「過去一〇年にわたり、我々は科学を構成するものと科学的方法とは何か、そして社会はそれをどう使うのかについて議論してきました。盲検、二重盲検、統計。超心理学者はそれらをすべて使っています。すべての科学の進歩の歴史には、それまでの学問的権威がそこにあると信じなかった現象を調査研究した多数の科学者なしには語れません。私は我々がこの協会の研究を尊重する方向で、投票を実施することを提案します」

「動議に賛成される委員のみなさんは手を挙げてください」と議長が声を上げた。

出席者は数を数えようと部屋のなかを見まわしたが、その必要はなかった。在室の人々の多くが手を挙げている。

「反対は?」

それなりの人数が手を挙げたが、賛成者より少ないことは一目瞭然だった。動議は可決され、超心理学協会はようやく米国科学振興協会に受け入れられたのだ。申請書類をまとめ、その他の必要な資料を用意し、手落ちがないか確かめるために駆け回った超心理学者のダグラス・ディーンは、流れる涙を止めることができなかった。

彼らはようやくゴールにたどり着いたのである。

迷走

しかしラインの古くからの友人が、この世を去っていくのは止められない。みんなが米国科学振興協会の投票に向けて準備をしているあいだ、アイリーン・ギャレットは関節症のひどい痛みに耐えられず、自分の超心理財団事務所までの数ブロックを移動するだけでも、車で運んでもらわなくてはならないような状況になっていた。ギャレットは一九七〇年六月にフランスのニースで開催された超心理学財団の大会になんとか参加したものの、体調が悪化してそのまま帰国できなくなってしまい、九月一五日に脳梗塞を起こした。そして自分の尋常ではない能力が何であるかをはっきりと知ることなく七七歳でこの世に別れを告げた。

ラインは七四歳になり、ファーナムでは後継者を必要としていた。しかし彼は自分の娘サリーを含め、どの後継候補も気にくわなかった。サリーは自分のやりかたで組織を運営しようとしたが、ラインはあまりにも長いあいだ頑固な所長でありすぎた。乱数発生器を使うPK実験を最初に開発した、ボーイング社の物理学者ヘルムート・シュミットが雇用され、次の所長になるかと期待されたが、それもうまくいかず、一九七四年に辞任した（そしてシュミットはあまりにも辛い思いをしたので、今もその話をすることさえ拒否している）〔巻末の解説「レヴィの捏造事件」を参照〕。

一九七六年、〈超常現象の科学的調査のための委員会（CSICOP　現CSI）〉という新しい集団が組織され、ラインたちがようやく獲得した小さな信用を奪い去ってしまった〔CSICOPは、超心理学をUFOや占星術といっしょくたにして切って捨てた〕。ラインに敵対するB・F・スキナーがCSICOPと関係していたことは予想通りである。しかしCSICOPが運動をはじめるにあたって手助けをしたマルセロ・トルッツィ博士は、数年後にこの団体と袂を分かっている。彼は次のように、CSICOPの姿勢を批判している。

「私は経験的に、オカルトの九九パーセントがまちがいであることを疑ってはいません。しかしそこへ迫るためには、十分な資格がある人々による、証拠にもとづいた調査をしなくてはなりません。単なる徹底的な有罪宣言であってはならないのです」

ラインや彼の同僚の研究は健全だったとトルッツィは言う。

「ラインたちは諸問題を、科学における、合理的な謎の領域として研究していました。懐疑主義は否定ではなく、疑いであるべきです。不可知論でなく否定論の立場をとる批評家は、実のところニセ懐疑論者です。本当の懐疑論者は不可知論なのです。彼らは主張が否定されたとは言いません。主張は証明されていないというのです」

一九七七年、ラインは哲学者で心理学者のK・ラマクリシュナ・ラオを所長に任命した。そして次に採るべき行動は、センターをデューク大学に戻すことだ。ラインはこの話を最初にデューク大学学長のテリー・サンフォードに持っていき、可能性があるだろうかとごく軽く話題にしてみたのだが、反応は薄かった。翌年、プリンストン大学が、超心理学研究センターのようなものを作ろうとしているという噂が飛び交った。焦るラインは、またサンフォードに手紙を書いた。「私の退職に伴い、(研究所が)キャンパスから外へ移動したのがよいことなのか、必要なことだったのか確信が持てません。どちらにしろ、その当時の学長はあなたではありませんでした」

状況は変わったはずだった。しかし変化は起こらず、次の年、一九七九年にマクドネル・ダグラス社のジェームズ・マクドネルの資金援助を得て、プリンストン変則工学研究課程(PEAR)がロバート・G・ジャンによって設立された。当時ジャンは工学・応用科学部の学部長だった。また、ヴァージニア大学は、チェスター・カールソンの遺贈を元手に、超心理学科を設立していた。学問の世界に超心理学を持ちこんだ男は、人生の終わりにあたり、突然蚊帳の外に置かれることになってしまったのだ。

ラインは一九七九年三月に新しい大学の事務長へ要請を提出した。事務長は総長に取り次ぐと返答したが、ラインの健康状態は急激に悪化していた。

ラインが寿命の残りを意識しながら、ライフワークである超心理学発展へと奮闘しているあいだに、ヒューストンで米国科学振興協会の大会が開催された。ロバート・ジャンが企画した「物質世界における意識の役割」と題する討論会で、アインシュタインの同僚だった物理学者ジョン・アーチボルト・ウィーラーが講演した。

ウィーラーは超心理学者と同じ演壇に立つ結果になったことに狼狽したが、〈超心理学という学問〉について何かしら言わねばならないと心を決めていた。ラインが一九三八年の米国心理学会で講演をしたときと同じように、ウィーラーは明らかに緊張していた。話しはじめる前から鯱張《しゃちほこば》って、顔は赤くなり、講演は短く、声はうわずっていた。

「どんなにひどいものでも人が研究できないものはありませんが、まちがった判断にもとづいた研究は良心的な研究資金を呑み込むブラックホールです」

ウィーラーは実際、ブラックホールという言葉を普及させるのに大きな役割を果たした科学者だった。「肉があればハエが来ます」と彼は冷酷に続けた。

「今こそ条理の法則を信じるすべてのものが、病的な科学とそれを広めようとするものに対して声を上げるべきときです」

彼は超心理学協会を米国科学振興協会から追放したかったのだ。聴衆から、批判するならもっと具体的に話してくれないだろうかと要請する声が上がると、彼はラインが五〇年前に実験をでっちあげたと責め、その証人もいると言った。しかしこの「証人」が、のちにウィーラーの発言を完璧に否認した文を書いたため、翌年、米国科学振興協会の機関誌である『サイエンス』に「しぶしぶ書いたみじめな文章」と評されたウィーラーの撤回文が掲載されることになる。超心理学協会の米国科学振興協会への参加が、ようやく彼らの道を開いたと考えていたなら、それはまたしてもまちがいだった。何年も前、米国心理学会コロンバス大会のあと、ラインらの確信した勝利がまちがっていたのと同じく――。

ラインの死

ラインは視力と聴力をほとんど失い、味覚も嗅覚も衰えたものの、まだまだ意気軒昂だった。

一九七九年八月二一日、ラインはゲイザー・プラットに手紙を書いている。「問題と謎は山積みだが、人生はまだ素晴らしいよ」。プラットも定年を迎えていた。昔、研究のごく初期に、

笑うライン

彼らは「若い男女のもっとも活力に満ちた日々のエネルギーが、専門的訓練ではなく実りのない問題に向けられている」と批判されたものだが、彼はまったく後悔などしていなかった。

一九七九年一一月三日、ラインの盟友ゲイザー・プラットは、ヴァージニア州シャーロッツビルでこの世を去る。六九歳だった。

次の月、ラインはデューク大学学長のサンフォードに、ファーナムの理事職就任を打診する手紙を書いている。彼は、これが研究所の大学への復帰の第一歩になると信じていた。しかしサンフォードの返答を待つうちにクリスマスになり、ラインは視力も聴力も失ってしまう。

一九八〇年二月二〇日、J・B・ラインは八四歳でその生涯の幕を閉じた。念願のESP解明の飛躍的前進は、彼が生きているあいだにはとうとう起こらなかった。そして研究所のデューク大学への帰還も叶わなかった。

ラインの死後、研究所はノースカロライナ大学に受け入れの打診をしたが断られた。

若いころ、人生と結婚生活をはじめたばかりのルイは、夫の死のときを想像してこう手紙に書き残している。

「彼が逝ってしまったあと、ひとりで長く生きていたくはありません」

夫の死後過ごした三年間の人生は、彼女にとって、とても長かったかもしれない。

一九八三年三月一七日、『隠されたもの（*Something Hidden*）』という、ごく個人的な本を書いたあと、ルイーザ・ラインは死の時を迎える。九一歳だった。

記憶の彼方へ

ラインの死から一六年後の一九九六年、デューク大学の学内新聞『ザ・クロニクル』に、またしてもJ・B・ラインと超心理学研究所の研究に挑戦する手紙が掲載される。

多くの人々が擁護の文を寄せた。ゲイザー・プラットの息子ヴァーノンもそのひとりで、「超心理学の根源と原因については、知られていないことが多くあります。しかし既知の原因で説明できない現象の信頼できる証言が数多くあり、確率以上であることが証明され、適切に記録されています。無視することは自由ですが、望んでも消すことはできません」と書いている。

ラインは研究者としての仕事をはじめたとき、霊媒ミナ・クランドンについての報告で、「通常の行為やトリックでは説明できず、また解釈に矛盾もないとほぼ確実に言えるようでなければ、それは科学ではないし、心霊現象について何かを知ることもけっしてできないだろう」と書いた。

ラインは人生の終わりにこの言葉を思い出しただろうか？

多くの人々がライン夫妻の研究を、彼自身の言葉と同じように結論づけている。モーリー・バーンスタインは、「デューク大学のJ・B・ライン博士のような科学者は、人間の心が五枚のカードのうち一枚を正しくあてることができるかということを証明するためだけに、超心理学でこれだけの年月を費やしたわけではない」と述べている。しかしラインの研究が、やがてすべてを変えるだろうと予想したものがいたにも関わらず、彼の研究は長いあいだ無視されてきた。ゲイザー・プラットと他の人々は、かつて「これからは超心理学の時代だ。科学の冷笑による試練の時代は去ったのだ」と時期尚早の勝利宣言をしたものだが、実のところ、超心理学は敗北したのだ。

四分の三世紀前、デューク大学の科学者たちは無名の力の存在を繰り返し証明し、それを「超感覚的知覚（ESP）」と呼ぶことにした。それから現在まで、科学はその存在について確信を持って否定することも、もっともな別の説明をすることもできないでいる。残念ながら、超心理学分野自体も「それ」にはっきりとした光を投げかけることができなかった。手詰まりである。

全部が世迷いごとであったと判断されるか、さらなる理解が深められるか、将来決定が下されるときがやってくるかもしれない。しかし現在、記録はデューク大学図書館の特別収蔵品のなかに眠っている。人類の何世紀にもわたる願い、希望、恐れ、迷信、想像について議論の余地がない証拠をひとつでも見つけ出そうと、自分の研究人生を捧げた科学者たちは、何十年も無視されている。そして万が一思い出されることがあったとしても、嘘つき、インチキ、無能と呼ばれてしまう。

自分に与えられた短い時間で自分が成し遂げることが、人類に、歴史に、あるいは何に対してであれ、めざましい貢献をするかどうかを知ることができる人は、ほとんどいないと言えよう。現在重要に思えることはあっというまに消え去り、よりよい発想に置き換えられる。長年無視されていたことが、革新のための鍵となることもある。

ライン夫妻がいつか歴史的な人物としてたたえられるだろうと信じるものは多い。しかし、本書の読者のみなさんが生きているうちには、そうしたことは起こりそうもない。

一九三〇年にアインシュタインが「私たちが体験できるもっとも美しいものは謎である。謎は本物の芸術と科学の原点である」と述べている。

その半世紀後、ラインの研究所のベティ・マクマハンが、自分たちが研究している現象について、「それは宇宙が投げかける魅惑的な火花、宇宙がどう構成されているかの手掛かり、存在の壮麗なる謎を明らかにしたいという私たちの強い願いを果たすために追うべきものです。パズルのすべてのコマが重要なのです。徐々に他のコマとつながり、他の学問分野の成果を得て、最終的な解決へとつながるのです」と書いている。使うことができるすべての科学的手段を使い、量子力学を通じてであろうと、心理学を通じてであろうと、すべての真剣な探究をおこなう分野があとに続くことで、私たちははじめて進歩することができると彼女は続ける。

近年の情報理論と量子の仕組み、意識に関する仮説と超心理学の重なりは、さらに魅惑的な火花を作り出している。二〇〇一年には、ノーベル賞物理学者ブライアン・ジョセフソン〔ケンブリッジ大学キャベンディッシュ研究所の凝縮系物質理論部門で「精神－物質統合プロジェクト」を指揮。超心理学を支持する科学者。邦訳に『科学は心霊現象をいかにとらえるか』（茂木健一郎・竹内薫訳、徳間書店）がある〕が「量子論と情報と計算の諸説の統合は実り多い。こうした発展は、テレパシーのような、伝統的な科学によって理解できなかった仕組みの解明につながるかもしれない」と述べている。

意識と非局所が脳内で働くかという視点から、テレパシーを解明しようとしているものもいる。

しかしまだ我々はそこまで到達していない。デューク大学の研究がすべてを変える日が来るかもしれない。あるいは、当時としては革新的に見えただけだというリストに加えられてしまうかもしれない。

ラインの研究所にいたドロシー・ポープは、もし超心理学をやりたいと考えるのなら、ただひとつの安全な方法はこの分野への献身的愛情に賭けること、先駆者であることで得られる感覚に満足することだという。それが何よりの報酬となる。「毎日が素晴らしい日々でした。冒険して、経験して、学びました。まじめな研究者生活だったけど、ワクワクするような遊びの感覚もありました」と彼女は言う。

アメリカを代表する哲学者であり、米国心霊研究協会の初代会長であるウィリアム・ジェイムズは、「心理学、生理学、医学では、神秘論者と科学者の議論があり、決着がつくとき、たいてい神秘論者は事実について正しく、科学者は仮説において正しい」と述べている。

死後生存の問題はまだ決着がついていない。
超心理学研究所の物語は、手詰まりではじまり、手詰まりで終わる。
実験はテレパシーを確認したが、広く受け入れられることはなかった。
死後生存の証拠を探したが、証拠は決定的ではなかった。
私たちが愛する人々はみんな死を迎え、去っていく。

そして記憶よりも確かなものが残るのかどうかは、科学的には答えようのない問いである。最後に超心理学研究所の人々に残されたのは、プラットが言う「死後への恐れと、信じることとの慰めのあいだの不安定な休息所」である。それはおそらく私たちすべてが、永遠に心のよりどころとしなくてはならない場所なのであろう。

超心理学研究所の研究が確かなものであることを私に信じさせたのは、超心理学を批判する人々自身であった。私は何十年にもわたる議論を追い、彼らの異議申し立てに対する研究所の答えを読んだあとで、批判者側の身の処しかたを見ると、結局反対はまちがいであったと潔く敗北を認めて異議をひっこめているか、うまいことうやむやに処理されているかであることを発見した。そうでないときは、彼らは自分たちの異議に満足のいく答えを与えたことでラインに勝ち点を与えることをよしとせず、負けも認めず、議論も続けず、自分の分野にひきこもって沈黙を守っているのである。

特記すべき例外はマーク・ハンセルとウィリアム・フェラーのふたりだけである。ハンセルは議論をやめなかったが、なかには明らかに偏向して、強引で（トラップドア説）、そもそもどうやって公に出版することができたのか理解に苦しむものもある。

もっと問題のある例外はウィリアム・フェラーである。フェラーはプリンストン大学の数学者で、確率論を専門とし、統計学の分野では巨大な存在であった。ハンセルとはちがい、彼を排除することは難しい。研究所の実験について彼が問題にしたのは、シャッフリングの方法と、よい結果が出ているうちに作為的に実験を止めていたという疑いである。研究所はひとつひとつに対応したが、フェラーは誤りを認めることもなく、結果を受け入れることもなかった。

元マジシャンで現在はスタンフォード大学の統計学教授パーシー・ディアコニスはフェラーの弟子で、師匠を尊敬してやまないが、フェラーの批判を検証していくつかのまちがいを見つけた。しかしフェラーの同僚と弟子に話してみたところ、そのまちがいはすでに周知のことだったという。そしてフェラーは自分の批判にまちがいはあるが、それはそれだと開き直っていたという。ちょうどアインシュタインが、秘書に語ったようなことである。

「もし幽霊を見ても、私は信じないよ」

ラインの大学の同僚ドン・アダムスは、ラインにもっと「控えめ」にするようにと進言した多くの人々のひとりだが、のちに「偏見の自然史」という小文で、その頃の自分の行動を後悔していると述べている。アダムスは、ラインの統計は非の打ちどころがなく、年々さらに厳格な条件を満たしていったので、本心ではラインが失敗すればいいと願っていたことを認めている。「私は真実を求めていたのではなく、彼の結論がまちがっていることを求めていたのだ」

ラインの周辺を調査しているあいだ、私はこの種の偏見に何度も何度も遭遇することになった。もしラインが正しいことが証明されたとして、この科学者たちは何か失うものがあったのだろうか？　彼らがよりどころとしていた「科学的方法」は、よりよいデータが示されたならば、どのように守りが堅くても、その教義を放棄するように求めていたはずではないか。科学者たちは、歴史を通じて考えもつかない発見をし、理屈にあわない、そして時には致命的な抵抗に直面してきたのだから、我々は科学者とはもっと素直な人々だと思いがちである。しかし一九世紀の自然科学者たちは、当初ダーウィンの進化論に反対した。当時の物質世界の考えかたにあわなかったからである。ダーウィンの発見と折りあうためには、それまでの定説を葬り去る必要があった。新発見は知的な損害をもたらすというよりも、感情を傷つけるのだ。自分のラインへの行動を振り返って、ドン・アダムスは「自分の価値観の根底をなす信念がゆっくり、しかし容赦なくむしばまれていくという経験をしたことがあるだろうか? 私は（進化論に）追い詰められた（天地創造説を信じるキリスト教）原理主義者にさほど同情したことはない。しかし様々な意味で彼らとよく似た状況に直面し、自分が同じくらい不当な行動をとったことを考えると、彼らの行動はそう奇妙なものだとは思えなくなってくる」と書いている。

しかし科学は進歩する分野であり、もっと素晴らしい発見と、その結果起こる破壊は約束されているようなものだ。知識は前進する。研究所のデータは、現存する仮説をひっくり返すには不十分だった。しかし偏見なく研究を続けようとするものにとって、ラインがテレパシーと呼び、ＰＫと呼んだ、まだ受け入れられていない効果、あるいは変則性が、宇宙の性質を解き明かす貴重な科学的手掛かりとなる日がくるかもしれない。スタンフォード大学の物理学者アンドレイ・リンデはこう問いかける。「意識が、時空間のように固有の自由度を持ち、それを無視すると根本的に不完全な宇宙の解釈にしかたどり着けないという可能性はないだろうか？」意識とは宇宙的パズルの重要な一コマなのだろうか？

いつの日か、デューク大学超心理学研究所の研究は解明されるだろう。批判者たちは、それが不十分な手法の結果であったのか、まだ発見されていない数学上の不備であったのを時間が明らかにしてくれると考えている。その通りかもしれない。しかし我々にはわからない。今のところそれは、信念であり、信仰であり、科学ではない。その日がくるまで、両陣営は守りを固く保つことだろう。一般人にとっては、ラインの研究は、幽霊は本当にいて、愛は永遠であるという可能性を否定しないものであり、普通の人々がそのわずかな願いを手放すのは、批評家がラインは確かに何かをつかんだと認めることよりもさらに難しいかもしれない。

超心理学の批判者たちは研究所の研究を完全に否定する確たる証拠をつかむことができなかったが、それは私も同じである。しかし私はふたつの事実を知った。どこかに未確認の情報源があり、また知られていない情報伝達と処理の方法があること。そして意識というものがまだきちんと解明されていないということである。

超心理学研究所は人間本性研究財団となり、現在はラインセンター——意識研究教育拠点と呼ばれている。ライン夫妻の娘サリー・ライン・フェザーが現所長である。

ラインが着想し設立を助けた超心理学協会は、現在も米国科学振興協会の所属団体である。超心理学財団も存続している。アイリーン・ギャレットの娘、アイリーン・コリーが会長であり、孫娘リゼット・コリーが専務で、『国際超心理学ジャーナル（*International Journal of Parapsychology*）』の編集も担当している。

ビル・ロールは現在もジョージア州キャロルトンにある、心霊研究財団（ＰＲＦ）を率いている。

ゲイザー・プラットがイアン・スティーヴンソンのもとで仕事をするために移ったヴァージニア大学の超心理学科は、現在は知覚研究学科となり、ヴァージニア大学精神医学部の一部である。イアン・スティーヴンソンは二〇〇七年に死去し、同学科は二〇〇二年よりブルース・グレイソン博士が率いている。同学科で生まれ変わり事例を専門としているジム・タッカーによると、彼らは現在までに二五〇〇におよぶ事例を集積しているという。

プリンストン変則工学研究課程（ＰＥＡＲ）は二〇〇七年に閉鎖された。

謝辞

エージェントのベッツィー・ラーナー、編集のリー・ボードロー、そして彼女の素晴らしいアシスタントであるアビゲイル・ホルスタイン、我が友ハワード・ミッテルマーク、登場人物の子孫であるサリー・ライン・フェザー、ロージー・ライン、ロブ・ライン、アイリーン・コリー、リゼット・コリー、エレン・プラット、元デューク大学超心理学研究所員であるベティ・マクマハン、故リア・ホワイト、ウィリアム・ロール、ロバート・ヴァン・デ・キャッスル、超心理学者ジム・カーペンター、ナンシー・L・ジングロン、カルロス・S・アルヴァラド、元PEAR研究所長ロバート・G・ジャン、PEAR研究所部長ブレンダ・J・ダン、そしてなくてはならないデューク大学特別コレクション図書館の司書エレノア・ミルズ、エリザベス・ダン、ジャニー・モリス、ザック・エルダー、リンダ・マクカーディ。

皆の助けがなければ、この本を書くことはできなかった。

解説

本書（原題 *Unbelievable: Investigation into Ghosts, Poltergeists, Telepathy, and Other Unseen Phenomena, from the Duke Parapsychology Laboratory*, HarperCollins Publishers, 2009）は、超心理学の研究方法を確立し、その発展の基礎を築いたジョセフ・バンクス・ラインの伝記である。ただし伝記といっても、ライン本人の生い立ちから書いてあるわけではないので、正確には「ライン流超心理学」の伝記といったほうがよいかもしれない。

かねてよりラインは、情熱家、堅物《かたぶつ》、挑戦的な冒険家、緻密な性格などと、各々が一見相反する印象で語られてきた。その実体を描くのはきわめて難しい人物なのだが、著者のステイシー・ホーンは、ラインを取り巻く社会状況や、研究コミュニティの実情と合わせて、ラインの人となりを見事に描写している。反面、ラインの研究や実験内容の具体的な説明、テレパシーやＰＫの証拠などについての描写に乏しいのだが、それらの説明は専門書の類にまとめられるべき難解な用語と統計学の世界であり、そもそもこのような一般向けの書籍にうまく収録するのは難しい。

かわりに、ステイシーの興味の中心が「死後生存」にあったためか、ややそのテーマに比重が置かれている。従来の「ライン流超心理学は、ＥＳＰカードやサイコロの実験に終始した」

という、よくなされる論調とは一線を画している。それがかえって、本書の大きな魅力となっている。

事実、ライン自身の興味の発端は「死後生存」であり、また、超心理学に資金援助を申し出る人々のほとんどは、死後生存研究を希望してのことだった。しかし、超心理学のアカデミズムにおける発展のためには、死後生存研究からは距離をおかねばならないという制約もあった。ラインはそのはざまで苦悩するわけである。

さらに本書では、超心理学の周辺領域に対し、ラインがどのように考え、そして行動したかが、みずみずしく描かれている。退行催眠やＵＦＯなどのオカルトとされる現象、超能力捜査、ドラッグの効果から超能力の軍事利用まで、これまでのラインの伝記的記述ではなかなか手がまわっていなかった側面に切りこんでいる。当時の著名人たちとラインとの関わりなどが随所に出てくるところは、本書の歴史的な価値も高めていると言っていいだろう。

ステイシーがこのような本をまとめることができたのは、ラインらの超心理学研究所にまつわる資料がきちんと残っており、彼女が閲覧できたからである。ラインがやりとりした書簡や、ラインの研究に関する当時の報道、超心理実験のデータなど、この量はなんと、ダンボールで七〇〇箱におよぶ。

私は二〇〇二年度に一年間、ラインセンターに滞在した。本書の第一〇章に記述されているウィリアム・ジョインズ教授のはからいで、デューク大学コンピュータ・電気工学部に客員研究員として招かれたからである。滞在中は、ラインセンターの所長を務めているサリー・ライン・フェザー（ラインの娘）から、何度か七〇〇箱のダンボールの件を聞かされた。それらの資料は、デューク大学の図書館の地下に保存されており、センターの紹介状がないと閲覧できないとのことであった。

結局、私はその保存資料を閲覧しなかった。ラインセンターの図書室にある開架資料だけでも数千点あり、それらを読むだけでも何年もかかってしまうので、とても手がまわる状態ではなかったからである。それに私自身の興味は、ライン以後の超心理学研究の現状にあった。

したがって、ステイシーが保存資料を発掘し、このような伝記にまとめてくれたことに、たいへん感謝している。また彼女が七〇〇箱のダンボールと格闘したことに対し、深い敬意を表したい。

量子論の誤解

さて、読者の理解を深めるために本書の弱点を指摘しておくとしよう。

本書の現代物理学に関する記述には、不正確なところがある（第一〇章「量子の謎──物理学者たちの困惑と見解」）。著者ステイシーは物理学の専門家ではなく、ジャーナリストなので、残念だがいたしかたないと言えよう。監修者として、翻訳の言い回しを工夫して誤り部分を減らし、なるべく正確なかたちに近づける努力はしたが、根本的な部分はそのままになっている。その点について、以下に解説する。

ステイシーは現代物理学の量子論によって、テレパシーやＰＫが説明できるように考えている。しかし、それは正しくない。たしかにアスペの実験によって、アインシュタインの「奇妙な遠隔作用」が起きていることが示されたが、そこには情報の遠隔伝達はないと物理学では解釈されている。つまり物理学では、依然として情報伝達に粒子の媒介が必要であり、空間を超越したテレパシーは説明不能とされている。

またノイマンは、意識が観察主体として「からみあった量子の世界」に影響する可能性を、たしかに提唱した。この可能性は、いまだに議論が絶えない論点であるが、仮に正しいとしても、意識が量子の世界を特定の状態に操作することはできないのである。つまり物理的には、念じた目が出るＰＫは、やはり不可能なままである。

このステイシーのような誤解は、超心理学「周辺」でよく見られる粗い議論であり、他の本を読む際にも「このような記述には気をつけるべし」という「反面教師」として意義があろう。しかし、物理学に詳しい読者が、本書のこの部分を読み、超心理学者は物理学も知らないで適当なことを言っていると思われたならば、大きな誤解である。

じつは超心理学分野の研究者は、物理学出身者が多数を占めており、量子論などの現代物理学にかんして正確で妥当な議論がなされているのが実態である。たとえば、一時ラインの後継が期待されたシュミット（第一一章）は物理学者である。また、スターゲイト計画の中心研究者は代々物理学者であり、プリンストン大学のプロジェクト（PEAR）を率いたジャンも物理学者なのである。

そして現在の超心理学分野での共通認識は、「現代の量子論を使っても、そのままではテレパシーやPKは説明できない」である。ただし、量子論的な発想を使って現代物理学に修正をくわえれば、将来、説明が可能な理論がもしや出てくるのではないかとは想像している。シュミットもジャンもそうした構想を語っているのである。超心理学者による、現代物理学に忠実な議論は、たとえばディーン・ラディン『量子の宇宙でからみあう心たち――超能力研究最前線』（竹内薫監修、石川幹人訳、徳間書店）で議論されているので、参照いただきたい。

超心理学分野の理解が浅い批判者によって、よく超心理学者たちの研究者としての資質に問題が呈されるが、私が会った研究者たちには、その批判はあたらない。ラインセンター滞在中に世界各地から研究者の訪問があったが、それまで私が交流してきた自然科学の領域の研究者に比べて、まさるとも劣らない明晰な研究者たちであった。

レヴィの捏造事件

つぎに、ライン流超心理学の伝記として、書かれるべき事柄で書かれていない弱点を補足したい。第一一章で「一九七四年にシュミットが辞職した」とあるが、この後任の研究部長は、ウォルター・レヴィという若き研究者であった。いわばラインが、経験豊かなシュミットよりも、荒削りの若手を抜擢したのである。

レヴィは、ジョージア大学の医学部で勉学をつづけるかたわら、ネズミのESP能力の実験をファーナム（FRNM、当時のラインセンター）でおこなっていた。ネズミの檻に電気刺激を部分的に流し、それを事前に予知してネズミが回避するだろうか、などの実験を、コンピュータによって全自動で実現できるシステムを制作し、見事な好成績を得ていた。

ところが、あまりの好成績と、レヴィの不審な行動に疑問をもったメンバーたちが、彼がデータを捏造する現場をおさえたのである。もちろん、ラインはレヴィをすぐに解任したのだが、この事件は批判者の格好の標的となり、ファーナムの信用は地に堕ちる。

一九七〇年代は、ファーナムを去っていった超心理研究者が、他所で活躍するという状況がつづき、ラインも人を見る目に陰りが出たという感がある。それまでの意気揚々として活気あふれる研究コミュニティは、すっかり失われてしまったのである。ラインの晩年は、けっして幸せな状況ではなかったと言えよう。

こうした弱点を一部に含みつつも、本書を刊行する意義は、J・B・ラインという超心理学者とその研究の軌跡について、ここまでまとめて書かれたものが日本に存在しないことにある。このようなラインの研究所における試みは、未来に残すべき記録であり、将来にわたってこの本から豊かな収穫が得られると信じている。

ガンツフェルト実験の成功

以降では、ラインの時代が終わりをむかえた後の、超心理学分野の動向を述べよう。当時のファーナムを去った研究者のひとりに、チャールズ・ホノートンがいる。彼は、ガンツフェルトという感覚剝奪状態を使ったテレパシー実験を開発して、一躍注目されるのである。このガンツフェルト実験は、一試行実施するのに、準備も含めて一時間ほどかかるのであるが、ESPカードの実験に比べ、格段に成功率が高い（偶然では四分の一の確率のところ、三分の一ほど正答する）。

レヴィの捏造事件の後（ほかにもうひとつ捏造事件が発覚したのだが）、批判者は「超心理学分野はでっちあげばかりだ」という主張を展開するなかで、ガンツフェルト実験のデータが地道に積み重なっていった。

超心理学者たちは、捏造事件の背景を調査して、研究者が「良いデータ」を出さないと研究分野で生き残っていけないという焦燥感をもっていることが、捏造が起きる主原因であると認識した。そこで、超心理学協会では、失敗実験と思われる結果でも、しっかり分析して論文報告すれば、超心理学分野の成果として認めると宣言していた。

この宣言のために、ガンツフェルト実験のデータは、成功・失敗にかかわらず公開されることになり、あとあとのメタ分析（長年にわたるたくさんの報告データをまとめた分析）に、大きな貢献をすることになった。三〇年間の八八の論文報告を総じて、ガンツフェルト実験のデータには、「成功したときだけ報告されている」というようなよくある偏りはなく、統計的に安定した（テレパシーと推定される）効果が見られたのである。もはや一部の研究者がデータをでっちあげたという批判はあたらない。

一九八〇年代、約一〇年分のデータが積み重なった段階で、ガンツフェルト実験の正当性をめぐって、批判者ハイマンとホノートンとのあいだで大論争が起きた。一九八六年には両者で共同声明が出され、一応のケリがついた。その共同声明でハイマンは、数々の批判によっては説明できない効果が現にあると認めたのである。しかし、ホノートンがその効果を「テレパシーによるもの」としたのに対して、ハイマンは「何かわからないが、通常の現象が起きた」と、ホノートンの主張をどこまでも認めなかった。

有能な実験超心理学者であったホノートンは若くして、持病により不遇な最期を遂げてしまう（一九九二年没、享年四二歳）。ホノートンの死後、ハイマンはふたたび批判の論調を強めるのである。

ベムの予感実験

ホノートンの成果を受けて、ガンツフェルト実験のメタ分析にあたったのが、コーネル大学の著名な社会心理学者ダリル・ベムである。ベムは奇術師でもあり、当初は批判的立場にあったが、ホノートンの研究に接して、いまでは超心理学分野をリードする代表的な研究者となっている。

超心理学者たちの認識では、ガンツフェルト実験のメタ分析で、ESPの統計的な実証は達成されていた。しかしそれでもなお、成果は他分野の科学者たちからは認められない。その原因はもはや、実験の不備でも分析の未熟さでもない。受け入れる側の思想や信条の問題なのだ。ベムは他分野の科学者たちでも、気軽に実験ができ、ESPの存在を自分で実感してもらう方法を考えた。

ベムが注目したのは予感実験である。ガンツフェルトなどのテレパシー実験が、通常の情報伝達を遮断する大がかりな設備を必要としていたのに対して、未来の出来事が事前に感知できるとする予知の実験では、それを必要としない。しかし、それまでの予感実験では、無意識の生理的な変化を検知する特別な生理測定装置を必要としていた。ベムはその装置さえも不要にし、パソコンだけで気軽に実験できる方法を考案したのである。

ベムの予感実験の基本的な考え方は、これまでにおこなわれてきた認知心理学実験で事前に与えていた刺激を、事後にもっていって実験を再構成するというものである。たとえば、恐怖画像を見続けると馴れて恐怖感情が低下という実験を、次のように変更した。事前に恐怖感情の喚起度合いを画像選択によって調べておき、その後、ランダムに特定の恐怖画像を見続けさせるとその画像の恐怖喚起度合いが事前に低下していることが後から判明する、という具合である。

ベムは一〇年近くかけて九つの実験を開発し、実験を積み重ね、ガンツフェルト実験と同程度のＥＳＰ効果を得ることができた。この結果は、二〇一一年三月の社会心理学分野で定評ある論文誌『パーソナリティと社会心理学』に掲載された。ベムの努力によって、超心理学が新たな局面を迎えるか、それともステイシーが指摘しているように、また過去と同様の批判がえんえんと繰り返されるだけで、とくに進展を見ないのか、注目されている状況である。

このようなライン以降の超心理学分野の発展については、現在原稿をまとめている段階であり、年内にも紀伊國屋書店から『封印された「科学」――超心理学にみる科学者社会の実像』（仮題）として出版予定である。こちらも合わせてお読みいただければ幸いである。

ラインセンターの現在をめぐって

最後に、ラインセンターの現在の状況について触れておこう。

スターゲイト計画が終了した一九九〇年代後半から、アメリカの超心理学研究は低迷傾向となっている。研究資金が集まらず、世代交代する先の若手が育っていないのである。ベムはアメリカ人であるが、残念ながらもう高齢の名誉教授である。私が滞在していたころのラインセンターも、民間から研究資金を獲得するために、実験研究だけでなく、偶発的体験（日常に起こったサイ現象）の研究をすすめようという観点をめぐって、激論がかわされていた。ラインセンターで編集している論文誌『超心理学』も資金難で、発行の間隔が空いている。

超心理学協会の大会は毎年、世界各地で開催されているが、アメリカで開くと来場者が少なく、最近では、ヨーロッパで開かれる回数が増えている。会場に集まる若手もヨーロッパ出身者が多く、研究の中心がヨーロッパに移行している流れがみてとれる。

また、ラインセンターでは最近、「超心理学」という看板を外し、「意識研究」という看板を新たに掲げた。超心理学分野を研究する心理学者が世界的にも減っており、かわりに、物理学者や医学・生理学者、工学者などの参入が増えている。もともと心理学者でない彼らは、「超心理学」という看板のもとで研究したり成果発表したりすることに魅力を感じていない。ラインセンターが自ら看板を掛け替えたことは、「超心理学」が曲がり角に来ているということだ。しかしこれは「意識研究」という、より包括的な人間研究に展開していく予兆なのかもしれない。たんなるESPや念力の研究にとどまらず、人格的主体としての人間存在の根本を究明する道に入ったと、建設的にとらえることもできよう。そう考えれば、まさにラインがファーナムを設立したときに、描いた理念に近づいてきたのである。

本書でラインの研究者人生をふりかえり、「研究の営みとは何か」、「科学者社会の実態はどうなっているのか」、「社会にとって科学研究はどう位置づけられるのか」などと、あれこれ考えさせられた。読者の方々も、本書のもつ意義を各々独自に見出されたのではないか、と思っている。

なお、本書によって超心理学に興味をもたれた方は、私が主宰している「メタ超心理学研究室」のホームページ（http://www.kisc.meiji.ac.jp/~metapsi/）を訪れてみてほしい。

＊＊＊

最後に本書の邦訳刊行にかんする経緯を述べておく。原書は二〇〇九年に米国で刊行されてすぐに超心理学分野で話題になった書である。紀伊國屋書店で翻訳の版権を取得したのち、ASIOS（超常現象の懐疑的調査のための会　本城達也会長）の設立メンバーの同僚である、ナカイサヤカさんに翻訳をお願いした。彼女はすぐに、著者のステイシーとコンタクトをとって、原著者の意向を汲んだ二人三脚の翻訳体制を組み、いち早く翻訳作業をすすめてくれた。ナカイさんの手際のよい仕事に、深く感謝する次第である。

日本語版の作成にあたっては、原著になかった工夫をした。章にはタイトルをつけ、さらに節にわけて小見出しをつけた。また、ステイシーより、ラインセンターで収集した写真を提供してもらい、本文中に配置した。さらに日本の読者にはなじみにくいと思われるトピックをいくつか削除した。これらの変更についてもステイシーから了解を得ている。また、ラインセンターからの写真の使用については、サリー所長にも許諾を得た。ラインセンターとして、本書の日本語版が出版されることを、たいへん喜んでいただいている。

編集については、紀伊國屋書店の和泉仁士さんにお世話になった。年表や登場人物紹介などは、日本語版に独自に載せたもので、和泉さんの工夫によるものである。このように盛りだくさんになったことで、日本語版の完成が遅くなってしまったが、担当された和泉さんに、あらためて感謝申し上げたい。

監修　石川幹人

二〇一一年五月

索引

ナ行

マ行

ヤ行

ラ行

ライカー研究所（Riker Laboratories） 234
『ライフ』誌 011, 098, 138, 188
ライン，サリー（Rhine, Sally） 102, 145, 188, 192-193, 225, 285, 288, 303, 307, 310, 320
ライン，ジョセフ・バンクス（Rhine, Joseph Banks（J. B.））
――『心理学の新世界』 082, 095
――『超感覚的知覚』 041, 054, 064, 072, 079-080, 098
――『超感覚的知覚の六〇年間の研究』 098
ライン，ルイーザ（ルイ）（Rhine, Louisa (Louie)） 016, 018, 024-025, 028, 033, 055, 066-067, 079, 089-090, 098, 101, 108-109, 112, 114-115, 138-147, 149, 154, 192, 225, 285, 293
ラインセンター――意識研究教育拠点（Rhine Center: An Institute for Consciousness Research and Education） 121, 145, 210, 303, 309-310, 312-313, 318-320
ラオ，K・ラマクリシュナ（Rao, K. Ramakrishna） 289
ラジオ放送 081, 084, 254
ラーナー，アラン・ジェイ（Lerner, Alan Jay） 280
ランザ，ロバート（Lanza, Robert） 263
ランディ，ジェイムズ（Randi, James） 092, 253-254
リアリー，ティモシー（Leary, Timothy） 011, 218-232, 250
リヴァーズ，アーネスト（Rivers, Ernest） 255
陸軍（U. S. Army） 012, 155, 212, 234-235, 246, 248
陸軍化学センター（Chemical Center, U.S. Army） 233-234
リージ，チャールズ・D.（Wrege, Charles D.） 256
リース，バーナード（Riess, Bernard） 091
リモートビューイング 142
『量子の謎』（ローゼンブラム） 258
量子的からみあい 258, 263
量子物理学 261, 263
リン，ジョセフ・F.（Rinn, Joseph F.） 253
臨死体験 148, 216-218
「臨死体験後の幻聴」（報告書） 148
『臨終の光景』 217
ルシール（ハーマン家の娘）（Herrmann, Lucille） 162, 179, 181, 191-192
霊能者（psychics） 060, 063, 156, 198, 200, 207, 210, 212-214 ▶霊媒
霊媒（mediums） 019-023, 025-026, 031-033, 040-041, 072-073, 213, 232
レジナ・アポストロラム（使徒の女王）（Regina Apostolorum） 131
レニングラード大学 242
ロウ，ウォルター（Rowe, Walter） 210-211
ロシアの超心理学研究 012, 242-246
ローゼンブラム，ブルース（Rosenblum, Bruce） 258
ロックフェラー，マイケル（Rockefeller, Michael） 209
ロックフェラー財団（Rockefeller Foundation） 013, 107, 133, 158
ロッジ卿，オリバー（Lodge, Oliver） 253
ローマ典礼儀式書（Rituale Romanum） 126
「ローランド」事例（悪魔憑き） 112-113, 115-119, 121-130
ロール，ウィリアム（ビル）（Roll, William） 160, 181-182, 185-186, 192, 225, 253-254, 256-258, 261, 263-264
ロンスン，ジョン（Ronson, Jon） 235
論文誌『異常心理学と社会心理学』 028
論文誌『国際超心理学ジャーナル』 304
論文誌『超心理学』 058-059, 086, 098, 106, 234, 318
論文誌『超心理学紀要』 172, 240
論文誌『米国心霊研究協会』 028

ワ行

ワインバーグ，スティーブン（Weinberg, Steven） 261
ワシリエフ，レオニッド・レオニドビッチ（Vasiliev, Leonid Leonidovich） 243
『ワシントンポスト』紙 130
ワトソン，グレン・W.（Watson, Glen W.） 274-275

参考文献

ノースカロライナ州ダーラム，デューク大学付属図書館の超心理学研究所記録1893年～1984年，希少本，手稿特別コレクションの書簡と史料が主であり，その数千に及ぶ記述のうち，直接引用した文献だけを記す．各章ごとに分け，掲出順序は，インタビュー情報，書簡類，書籍（著者ラストネーム順），新聞・雑誌（年代順）とする．

第1章 交霊会

- カルロス・S. アルヴァラド，エリザベス・マクマハン，ジェイムズ・G. マットロック，ロバート・ライン，サリー・ライン・フェザー，アンナ・サーロー，ナンシー・L. ジングロンからの情報およびインタビュー．
- セイモア・H・マウスコフ 及び マイケル・R. マックヴォーによるJ. B. ライン，ルイーザ・ラインへのインタビューの録音記録，1974，セイモア・H・マウスコフ関連文書1972～1982，デューク大学特別コレクション．
- ノースカロライナ州ダーラム，デューク大学付属図書館の超心理学研究所記録1893年～1984年，希少本，手稿特別コレクションの書簡と史料．
  - グラント・コードより，ウォルター・プリンス宛（1926年）
  - J. B. ラインより，ジョン・トーマス宛（1927年8月15日）
  - J. B. ラインより，プリンス博士宛（1927年8月15日）
  - J. B. ラインより，ジョン・トーマス宛（1927年11月10日）
  - ナンドール・フォドールより，J. B. ライン宛（1944年4月12日）
- Clement Cheroux, Andreas Fischer, Pierre Apraxine, Denis Canguilhem, Sophie Schmit, *The Perfect Medium: Photography and the Occult*, Yale University Press, 2004.
- Eileen Coly, *Eileen J. Garrett: Adventures in the Supernormal*, Helix Press, 2002.
- Robert F. Durden, *The Launching of Duke University 1924-1949*, Duke University Press, 1993.
- Seymour H. Mauskopf and Michael R. McVaugh, *The Elusive Science: Origins of Experimental Psychical Research*, Johns Hopkins University Press, 1980.
- Louisa E. Rhine, *Something Hidden*, McFarland & Company, 1983.
- Thomas R. Tietze, *Margery*, Harper and Row, 1973.
- "The Margery Mediumship," *Boston Evening Transcript*, February 18, 1925.
- "Margery Genuine, Says Conan Doyle; He Scores Houdini," *Boston Herald*, January 26, 1926.
- "Ectoplasm Prints Called Lung Tissue," *New York Times*, February 28, 1926.
- J. B. Rhine, Ph.D., and Louisa E. Rhine, Ph.D., "One Evening's Observation on the Margery Mediumship," *Journal of Abnormal and Social Psychology*, vol. 21, no. 4, January-March 1927.
- "Declared Tricksters by Former Partisans," *Boston American*, February 7, 1927.
- "Doyle Declares Margery Genuine," *New York Times*, March 4, 1927.
- John F. Thomas, Ph.D., "Beyond Normal Cognition: Being an Evaluation and Methodological Study of the Mental Content of Certain Trance Phenomena," Ph.D. dissertation, Duke University, March 1937. Published by Boston Society of Psychical Research.
- Edmond P. Gibson, "The Ethel Thomas Case," *Tomorrow*, vol. 2, no. 4, Summer 1954.
- Louisa E. Rhine, "J. B. Rhine: Man and Scientist," from *J. B. Rhine: On the Frontiers of Science*, ed. K. Ramakrishna Rao, McFarland & Company, 1982.
- James G. Matlock, "A Cat's Paw: Margery and the Rhines, 1926," *Journal of Parapsychology*, vol.

51, September 1987.

第2章 ESP

・アイリーン・コリー，リゼット・コリー，エリザベス・マクマハン，ウォーレン・ピアース，エレン・プラット，ロバート・ライン，サリー・ライン・フェザー，リア・A. ホワイト，ナンシー・L. ジングロンからの情報およびインタビュー．
・インディアナ大学ブルーミントン校リリー図書館手稿部シンクレア関係資料より．
　・ウィリアム・マクドゥーガルより，アプトン・シンクレア宛（1929年6月26日）
　・アプトン・シンクレアより，ウィリアム・マクドゥーガル宛（1929年7月19日）
　・ウィリアム・マクドゥーガルより，アプトン・シンクレア宛（1930年9月27日）
　・アプトン・シンクレアより，ウィリアム・マクドゥーガル宛（1931年1月26日）
　・アプトン・シンクレアより，ウィリアム・マクドゥーガル宛（1931年3月9日）
・ノースカロライナ州ダーラム，デューク大学付属図書館の超心理学研究所記録1893年～1984年，希少本，手稿特別コレクションの書簡と史料．
　・アイリーン・ギャレットとの交霊会の筆記記録（1934年4月14日）　ゲイザー・プラット，クランドール嬢
　・アイリーン・ギャレットとの交霊会の筆記記録（1934年4月16日）　アダムス博士，クランドール嬢
　・アイリーン・ギャレットとの交霊会の筆記記録（1934年4月16日）　トーマス博士，クランドール嬢，ヒューバート・ピアース
　・アイリーン・ギャレットとの交霊会の筆記記録（1934年4月17日）　チャールズ・スチュアート，クランドール嬢
　・アイリーン・ギャレットとの交霊会の筆記記録（1934年4月17日）　チャールズ・スチュアート，クランドール嬢
　・アイリーン・ギャレットとの交霊会の筆記記録（1934年4月18日）　ヒュー夫人，クランドール嬢
　・ルンドホルム博士，ゼナー博士，アダムス博士より，マクドゥーガル教授宛（1934年4月9日）
　・ヒューバート・ピアースより，J. B. ライン宛（1934年11月7日）
　・カール・ユングより，J. B. ライン宛（1934年11月27日）
　・J. B. ラインより，カール・ユング宛（1934年12月20日）
　・J. B. ラインより，フランシス・ボルトン宛（1935年1月25日）
　・ヒューバート・ピアースより，J. B. ライン宛（1937年）
　・J. B. ラインより，アプトン・シンクレア宛（1953年7月21日）
　・アイリーン・ギャレットより，オルダス・ハクスリー宛（1959年1月14日），超心理学財団図書館より
・Denis Brian, *Einstein: A Life*, J. Wiley, 1996.
・Eileen Coly, *Eileen J. Garrett: Adventures in the Supernormal*, Helix Press, 2002.
・Seymour H. Mauskopf and Michael R. McVaugh, *The Elusive Science: Origins of Experimental Psychical Research*, Johns Hopkins University Press, 1980.
・Elizabeth Lloyd Mayer, Ph.D., *Extraordinary Knowing: Science, Skepticism, and the Inexplicable Powers of the Human Mind*, Bantam Books, 2007.
・J. G. Pratt, J. B. Rhine, Burke M. Smith, Charles E. Stuart, Joseph A. Greenwood, *Extra-Sensory Perception After Sixty Years*, Henry Holt and Company, 1940.
・J. B. Rhine, *Extra-Sensory Perception*, Faber and Faber, 1935.
・Louisa E. Rhine, *Something Hidden*, McFarland & Company, 1983.
・Upton Sinclair, *Mental Radio*, Hampton Roads Publishing, 2001（originally copyrighted 1930 by

Upton Sinclair）.
・“Rhine's 289 Wins President's Match,” *New York Times*, August 22, 1919.
・Austin C. Lescarboura, “Edison's Views on Life and Death as Reported,” *Scientific American*, October 30, 1920.
・Dr. William McDougall's letter to the editor, *New York Times*, May 27, 1928.
・“Prof. Einstein Begins His Work at Mt. Wilson; Hoping to Solve Problems Touching Relativity,” *New York Times*, January 3, 1931.
・“Einstein Drops Idea of Closed Universe,” *New York Times*, February 4, 1931.
・J. B. Rhine, “Telepathy and Clairvoyance in a Trance Medium,” *Scientific American*, July 1935.
・Francis Sill Wickware, “Dr. Rhine & E. S. P.,” *Life*, April 15, 1940.
・Margaret Pegram Reeves and J. B. Rhine, “Exceptional Scores in ESP Tests and the Conditions I. The Case of Lillian,” *Journal of Parapsychology*, vol. 6, no. 3, September 1942.
・Edmond P. Gibson, “The Ethel Thomas Case,” *Tomorrow*, vol. 2, no. 4, Summer 1954.
・J. B. Rhine and J. G. Pratt, “A Review of the Pearce-Pratt Distance Series of ESP Tests,” *Journal of Parapsychology*, vol. 18 , no. 3, September 1954.
・Aniela Jaffe, “The Psychic World of C. G. Jung,” *Tomorrow*, Spring 1961.
・Albert Einstein to Jan Ehrenwald, May 13, 1946, *The Zetetic*, vol. 2, no. 1, Fall/Winter 1977.
・Albert Einstein to Jan Ehrenwald, July 8, 1946, *The Zetetic*, vol. 2, no. 2, Spring/Summer 1978.
・Kent Marts, “ESP Preacher Dared Not Talk About a Feeling,” *Benton County Democrat*, September 14, 1986.
・Rhea A. White, “The Narrative Is the Thing: The Story of 'Necessary Spirit' and Psi,” *Journal of the American Society for Psychical Research*, vol. 96, July/October 2002.
・George Pendle, “Einstein's Close Encounter,” (*London*) *Guardianm*, July 14, 2005.

第3章 名声と苦闘

・ジェイムズ・カーペンター，アリス・ベル・カービー，エリザベス・マクマハン，ガートルード・シュマイドラー，マイケル・サイモンソン（ショア犠牲者中央データベース記録官補佐），ジェシカ・アッツからの情報およびインタビュー．
・ロナルド・エイムラー・フィッシャー卿より，J. B. ライン宛（1934年8月20日），アデレード大学R. A. フィッシャー関連資料特別コレクション．
・ノースカロライナ州ダーラム，デューク大学付属図書館の超心理学研究所記録1893年～1984年，希少本，手稿特別コレクションの書簡と史料．
  ・ガードナー・マーフィーより，J. B. ライン宛（1936年12月20日）
  ・E. F. マクドナルドJr. より，J. B. ライン宛（1937年7月27日）
  ・エドワード・V. ハンチントンより，J. B. ライン宛（1937年9月28日）
  ・エドワード・ラムレイより，J. B. ライン宛（1937年10月5日）
  ・B. F. スキナーより，J. B. ライン宛（1937年11月15日）
  ・J. B. ラインより，B. F. スキナー宛（1937年11月18日）
  ・B. F. スキナーより，J. B. ライン宛（1937年11月23日）
  ・J. B. ラインより，B. F. スキナー宛（1937年11月27日）
  ・J. B. ラインより，チャールズ・オーザン宛（1938年1月10日）
  ・J. B. ラインより，ソーントン・C. フライ博士宛（1938年1月11日）
  ・シェルビー・ホワイト夫人より，J. B. ライン宛（1938年7月8日）
  ・トーマス・N. E. グレヴィルより，J. B. ライン宛（1938年7月9日）
  ・J. B. ラインより，W. P. ヒュー宛（1938年8月29日）
  ・リリ・グッケンハイムより，J. B. ライン宛（1938年9月19日）
  ・J. B. ラインより，アプトン・シンクレア宛（1938年10月13日）

・ベティー・ウォーカーより，J. B. ライン宛（1938年11月），アリス・ベル・カービー事例報告を含む書簡
- Chris Carter, *Parapsychology and the Skeptics*, Sterling House Publishers, 2007.
- H. M. Collins, *Changing Order: Replication and Induction in Scientific Practice*, Sage Publications, 1955.
- Martin Gardner, *Fads and Fallacies in the Name of Science*, Dover Publications, 1957. ［『奇妙な論理――だまされやすさの研究』市場泰男訳，ハヤカワ文庫］
- J. G. Pratt, J. B. Rhine, Burke M. Smith, Charles E. Stuart, Joseph A. Greenwood, *Extra-Sensory Perception After Sixty Years*, Henry Holt and Company, 1940.
- Louisa E. Rhine, *Something Hidden*, McFarland & Company, 1983.
- Marcello Truzzi, "Discussion on the Reception of Unconventional Scientific Claims," in *AAAS Selected Symposium 25, The Reception of Unconventional Science by the Scientific Community*, Westview Press, 1979.
- Nancy L. Zingrone, "From Text to Self: The Interplay of Criticism and Response in the History of Parapsychology," Ph.D. dissertation, University of Edinburgh, 2006.
- B. F. Skinner, "Is Sense Necessary?" *Saturday Review of Literature*, October 9, 1937.
- Waldemar Kaempffert, "The Duke Experiments in Extra-Sensory Perception," *New York Times*, October 10, 1937.
- Chester E. Kellog, "New Evidence (?) for 'Extra-Sensory Perception,' " *Scientific Monthly*, vol. 45, no. 4, October 1937.
- "Rhine's Data on Clairvoyance Win Support of Statisticians," *New York Times*, January 30, 1938.
- "The ESP Symposium at the APA," *Journal of Parapsychology*, vol. 2, no. 4, December 1938.
- Edward V. Huntington, "Is It Chance or ESP?" *American Scholar*, vol. 7, 1938.
- T. N. E. Greville, "The Application of Mathematics to ESP Problems (Including Selection of Data)," a paper delivered at the APA ESP symposium held in Columbus, Ohio, 1938.
- "Girl's Psychic Powers Amaze Professors Come to See Her," *Baton Rouge State Times*, November 16, 1938.
- Ted H. Maloy, "Child Mystic on 'Off Day' for Reporter," *Baton Rouge State Times*, November 17, 1938.
- "Shy Spirits," *Newsweek*, November 28, 1938.
- Persi Diaconis, "Statistical Problems in ESP Research," *Science*, New Series, vol. 201, no. 4351, July 14, 1978.
- Seymour H. Mauskopf and Michael R. McVaugh, "The Controversy over Statistics in Parapsychology, 1934-1938," in *AAAS Selected Symposium 25, The Reception of Unconventional Science by the Scientific Community*, Westview Press, 1979.
- Jessica Utts, "Replication and Meta-analysis in Parapsychology," *Statistical Science*, vol. 6., no. 4, 1991.
- Stephen Schwartz, "The Blind Protocol and Its Place in Consciousness Research," *Explore*, vol. 1, no. 4, July 2005.

第4章 戦争と死者

- エリザベス・マクマハン，サリー・ライン・フェザー，リア・ホワイトからの情報およびインタビュー．
- ノースカロライナ州ダーラム，デューク大学付属図書館の超心理学研究所記録1893年～1984年，希少本，手稿特別コレクションの書簡と史料．
  - J. B. ラインによる提議書"A Bold Adventure"（日付不明）
  - J. B. ラインより，ウィリアム・ウッド夫人宛（1940年7月13日）

・ゲイザー・プラットより，ジェローム・S. ブルナー博士宛（1941年12月12日）
・J. B. ラインより，R. L. フラワーズおよびW. H. ワナメーカー学部長宛（1942年1月12日）
・J. B. ラインより，尊敬するフランシス・P. ボルトン宛（1944年6月21日）
・ルイーザ・ラインより，エラ［ウェッケサー］宛（1945年3月9日）
・ハロルド・シャーパーより，J. B. ライン宛（1946年11月9日）
・J. B. ラインよりハロルド・シャーパー宛（1946年11月15日）
・マーガレット・ミード博士より，J. B. ライン宛（1946年12月26日）
・1947年11月26日（水曜日）に，ノースカロライナ州ダーラムにおいて開催されたデューク大学評議委員会議事録抜粋（1947年12月6日付）
・ Jurgen Keil, ed., *Gaither Pratt: A Life for Parapsychology*, McFarland & Company, 1987.
・ Elizabeth A. McMahan, *Heart and Nerve and Sinew*, self-published, 1990.
・ J. Gaither Pratt, *Parapsychology: An Insider's View of ESP*, Doubleday, 1964.
・ Louisa E. Rhine, *Something Hidden*, McFarland & Company, 1983.
・ Carl Sagan, *The Demon-Haunted World: Science as a Candle in the Dark*, Ballantine Books, 1997.［『悪霊にさいなまれる世界――「知の闇を照らす灯」としての科学』青木薫訳，早川書房］
・ Francis Sill Wickware, "Dr. Rhine & E. S. P.," *Life*, April 15, 1940.
・ J. B. Rhine and Louisa E. Rhine, "The Psychokinetic Effect: I. The First Experiment," *Journal of Parapsychology*, no. 1, March 1943.
・ "The Ouija Comes Back," *New York Times*, September 10, 1944.
・ *Parapsychology Bulletin*, no. 3, August 1946.
・ *Parapsychology Bulletin*, no. 4, November 1946.
・ *The Archive*（a Duke publication）, December 1946.
・ Edmond P. Gibson, "The Ethel Thomas Case," *Tomorrow*, vol. 2, no. 4, Summer 1954.

第5章　悪魔祓い

・ジェイムズ・フリント聖ベネディクト会修道士（聖プロコピオス大修道院），ラルフ・マイナー，マーク・オプサスニック，アンドリュー・B. ニューバーグ博士，ロバート・ライン，ショーン・C. ウィルソン（性・性差・再生産のためのキンゼイ研究所図書館公共部長），ケネス・ヨーク神父（イリノイ州ベルビル教区）からの情報およびインタビュー．
・ノースカロライナ州ダーラム，デューク大学付属図書館の超心理学研究所記録1893年〜1984年，希少本，手稿特別コレクションの書簡と史料．
・ルーサー・M. シュルツ師より，J. B. ライン宛（1949年3月21日）
・J. B. ライン夫人より，ルーサー・M. シュルツ師宛（1949年3月23日）
・J. B. ラインより，ルーサー・M. シュルツ師宛（1949年4月2日）
・ルーサー・M. シュルツ師より，J. B. ライン宛（1949年4月6日）
・ルーサー・M. シュルツ師より，J. B. ライン宛（1949年4月19日）
・J. B. ラインより，ルーサー・M. シュルツ師宛（1949年4月21日）
・J. B. ラインより，ルーサー・M. シュルツ師宛（1949年4月25日）
・J. B. ラインより，リチャード・ダーネル宛（1949年5月10日）
・J. B. ラインより，エドワード・ダーマス師宛（1949年7月7日）
・J. B. ラインより，リチャード・ダーネル宛（1949年7月8日）
・J. B. ラインより，リチャード・ダーネル宛（1949年8月17日）
・J. B. ラインより，ルーサー・M. シュルツ師宛（1949年9月15日）
・ルーサー・M. シュルツ師より，J. B. ライン宛（1949年9月19日）
・ウイジャボードへの要望に対するジョン・フリーマンの返答（1960年11月15日）
・ Denis Brian, *The Enchanted Voyager*, Prentice-Hall, 1982.
・ Naomi A. Hintze and J. Gaither Pratt, *The Psychic Realm: What Can You Believe?*, Random House,

1975.
・Henry Ansgard Kelly, Ph.D., *The Devil, Demonology and Witchcraft: The Development of Christian Beliefs in Evil Spirits*, Doubleday, 1968.
・Kathleen R. Sands, *Demon Possession in Elizabethan England*, Praeger Publishers, 2004.
・Troy Taylor, *The Devil Came to St. Louis: The True Story of the 1949 Exorcism*, Whitechapel Productions Press, 2006.
・Alex Brett, Ph.D., and George M. Haslerud, Ph.D., "Bewitched Virginia Child Is Found to Be Normal," *Science News Letter*, January 14, 1939.
・Gertrude Berger, "The Ouija Comes Back," *New York Times*, September 10, 1944.
・J. B. Rhine, "The Relationship Between Psychology and Religion," *Carolina Quarterly*, June 1949.
・*Parapsychology Bulletin*, no. 15, August 1949.
・*Western Folklore*, "Folklore in the News," vol. 8, no. 4, October 1949.
・K. E. Bates and Marietta Newton, "An Experimental Study of ESP Capacity in Mental Patients," *Journal of Parapsychology*, no. 3, December 1951.
・Edward B. Fiske, " 'Exorcist' Adds Problems for Catholic Clergymen," *New York Times*, January 28, 1974.
・Robert D. McFadden, "Infant Boy Dies from Burns Laid to Exorcism Rite," *New York Times*, January 7, 1980.
・Chuck Connors, "Personalities," *Washington Post*, May 11, 1988.
・Mark Opsasnick, "The Haunted Boy of Cottage City: The Cold Hard Facts Behind the Story That Inspired 'The Exorcist,' " *Strange Magazine*, no. 20, 1999.
・John Palmer, "A Mail Survey of Ouija Board Users in North America," *International Journal of Parapsychology*, vol. 12, no. 2, 2001.
・Monica Davey, "Faith Healing Gone Wrong Claims Boy's Life," *New York Times*, August 29, 2003.
・Amy C. Clark, "The Legend of Bouncing Bertha," *Blue Ridge Country*, 2004.
・Crucified Romanian nun exhumed, BBC News, September 21, 2005.
・Barbie Nadeau, "The Devil in Pictures," *Newsweek International*, October 24, 2005.
・Andrew B. Newberg, Nancy A. Wintering, Donna Moran, Mark R. Waldman, "The Measurement of Regional Cerebral Blood Flow During Glossolalia: A Preliminary SPECT Study," *Psychiatric Research: Neuroimaging*, vol. 148, no. 1, November 2006.

第6章　声なき声

・トム・バトラー，ギャレット・ハスヴェス，ラオウル・J. ラーリナガ，アン・ロングモアーエスリッジ，エリザベス・マクマハン，アレキサンダー・マクラエ，ケヴィン・J. ムーレン元副署長，パオロ・プレシ，サリー・ライン・フェザー，ウィリアム・ロール，ガートルード・シュマイドラー，クラウス・シュミット－コーニング，ロバート・ヴァン・デ・キャッスル，リア・ホワイト，パム・ジマー，ナンシー・L. ジングロンからの情報およびインタビュー．
・ノースカロライナ州ダーラム，デューク大学付属図書館の超心理学研究所記録 1893年～1984年，希少本，手稿特別コレクションの書簡と史料．
　・ジェラルド・ハードより，J. B. ライン宛（1952年4月24日）
　・ビル・ウィルソンより，J. B. ライン宛（1952年11月6日）
　・J. B. ラインより，アプトン・シンクレア宛（1952年11月8日）
　・J. B. ラインより，ビューモント・S. コーネル博士宛（1952年11月17日）
　・ジャッキー・グリースンより，J. B. ライン宛（1953年10月16日）
　・アイリーン・ギャレットより，J. B. ライン宛（1954年2月20日）
　・J. B. ラインより，W. H. ベルク Jr. 宛（1954年3月15日）
　・モーリー・バーンスタインより，W. H. ベルク Jr. 宛（1954年3月22日）

・J. B. ラインより，W. H. ベルク Jr. 宛（1954年3月30日）
・J. B. ラインより，アイリーン・ギャレット宛（1954年6月2日）
・J. B. ラインより，アダム・リンツメイヤー宛（1954年6月26日）
・モーリー・バーンスタインより，J. B. ライン宛（1954年9月13日）
・アイリーン・ギャレットより，J. B. ライン宛（1955年4月26日）
・J. B. ラインより，ヘンリー・ベルク氏宛（1956年3月20日）
・パール・S. バックより，J. B. ライン宛（1959年5月2日）
・アルフレッド・P. スローン Jr. より，J. B. ライン宛（1959年8月10日）
・J. B. ラインより，キャロル・B. ナッシュ博士宛（1961年11月27日）
・エヴェレット・F. デイグルより，モーリー・バーンスタイン宛（1963年10月16日）

- Morey Bernstein, *In Search of Bridey Murphy: With new material by William J. Barker*, Doubleday, 1965. ［『第二の記憶――前世を語る女ブライディ・マーフィ』万沢遼訳，光文社］
- Eileen Coly, *Eileen J. Garrett: Adventures in the Supernormal*, Helix Press, 2002.
- Alan Gauld, *Mediumship and Survival: A Century of Investigations*, David & Charles, 1983.
- Naomi A. Hintze and J. Gaither Pratt, *The Psychic Realm: What Can You Believe?*, Random House, 1975.
- *Case Studies in Parapsychology in Honor of Dr. Louisa E. Rhine*, ed. K. Ramakrishna Rao, McFarland & Company, 1986.
- Louisa E. Rhine, *The Invisible Picture*, McFarland & Company, 1981.
- ――, *Something Hidden*, McFarland & Company, 1983.
- David M. Robertson, *A Passionate Pilgrim*, Alfred A. Knopf, 2004.
- Carl Sagan, *The Demon-Haunted World: Science as a Candle in the Dark*, Ballantine Books, 1997. ［『悪霊にさいなまれる世界――「知の闇を照らす灯」としての科学』青木薫訳，早川書房］
- Daniel B. Smith, *Muses, Madmen, and Prophets: Rethinking the History, Science, and Meaning of Auditory Hallucination*, Penguin Press, 2007.
- "The Family's Last Word," *New York Times*, May 24, 1934.
- "Body Will Be Exhumed," *New York Times*, May 25, 1934.
- "Scientists Agree Man's 'Hunches' May Be Only '6th Sense' at Work," *New York Times*, December 31, 1949.
- Aldous Huxley, "A Case for ESP, PK and PSI," *Life*, January 11, 1954.
- Alfred Hitchcock, "My Five Greatest Mysteries," *Coronet*, September 1955.
- "Dean Pike Deplores Kind of Immortality Pictured by 'Bridey,' " *New York Times*, April 23, 1956.
- Ashley Montagu, "Expert Opinion," an editorial about A Scientific Report on "The Search for Bridey Murphy," edited by Milton V. Kline, *New York Times*, June 24, 1956.
- Eileen Garrett, "The Bridge of Emotion," *Tomorrow*, vol. 4, no. 2, Winter 1956.
- Louisa E. Rhine, "Hallucinatory PSI Experiences II. The Initiative of the Percipient in Hallucinations of the Living, Dying, and the Dead," *Journal of Parapsychology*, vol. 21, no. 1, March 1957.
- Hornell Hart, "Do Apparitions of the Dead Imply Any Intention on the Part of the Agent? A Rejoinder to Louisa E. Rhine," *Journal of Parapsychology*, vol. 22, no.1, March 1958.
- Louisa E. Rhine, "Auditory PSI Experiences: Hallucinatory or Physical?" *Journal of Parapsychology*, vol. 27, no, 3, September 1963.
- Bob Loftin, *The Tri-State Spook Light Authentic Guide*, self-published, 1963.
- W. D. Rees, "The Hallucinations of Widowhood," *British Medical Journal*, 1971.
- "Nothing Hidden," *Time*, June 28, 1976.
- D. J. Ellis, *The Mediumship of the Tape Recorder*, The Society for Psychical Research, 1978.
- T. B. Posey and M. Losch, "Auditory Hallucinations of Hearing Voices in 375 Normal Subjects," *Imagination, Cognition, and Personality*, vol. 3, 1983.

・P. R. Olson, J. A. Suddeth, P. J. Peterson, C. Egelhoff, "Hallucinations of Widowhood," *Journal of the American Geriatric Society*, August 1985.
・T. R. Barrett and J. B. Etheridge, "Verbal Hallucinations in Normals, I: People Who Hear Voices," *Applied Cognitive Psychology*, vol. 6, no. 5, September/October1992.
・Agneta Grimby, "Hallucinations Following the Loss of a Spouse: Common and Normal Events Among the Elderly," *Journal of Clinical Geropsychology*, vol. 4, 1998.
・Jennifer B. Ritsher, A. Lucksted, P. G. Otilingam, M. Grajales, "Hearing Voices: Explanations and Implications," *University of California Postprints*, Paper 1597, 2004.
・Bruce Greyson, M.D., and Mitchell B. Liester, M.D., "Auditory Hallucinations Following Near-Death Experiences," *Journal of Humanistic Psychology*, vol. 44, 2004.
・Ian Stevenson, "Half a Career with the Paranormal," *Journal of Scientific Exploration*, vol. 20, no. 1, 2006.

第7章 ポルターガイスト

・アンナ・バーベイ，リゼット・コリー，トム・エドワーズ，アンドレア・ハーマン，メアリ・ジーン・ハーマン，ルシール・ハーマン・パトリシア，デイヴィッド・カン，スタンレー・クリッパー，キャロル・ラベイト，サリー・ライン・フェザー，ウィリアム・ロール，カーラ・トッツィ，ロバート・ヴァン・デ・キャッスル，リア・ホワイト，ダグラス・ステイグルマイヤー警察官（ナッソー群警察ジョージ・F. マーヘル博物館）からの情報およびインタビュー．
・ノースカロライナ州ダーラム，デューク大学付属図書館の超心理学研究所記録 1893 年～1984 年，希少本，手稿特別コレクションの書簡と史料．
　・J. B. ラインより，フランシス・ボルトン宛（1936 年 8 月 3 日）
　・ハンス・ホルツァーより，J. B. ライン宛（1955 年）
　・J. B. ラインより，ハンス・ホルツァー宛（1955 年 2 月 5 日）
　・J. B. ラインより，アイリーン・ギャレット宛（1955 年 2 月 12 日）
　・J. B. ラインより，W. P. ベントレー宛（1957 年 9 月 10 日）
　・J. B. ラインより，サリー・フェザー，ベン・フェザー宛（1958 年 11 月 3 日）
　・アイリーン・ギャレットより，ゲイザー・プラット宛（1958 年 10 月 22 日）
　・フィリップ・J. ローレンツ准教授より，ゲイザー・プラット宛（1960 年 12 月 31 日）
・Detective Tozzi's case files from the Nassau County Police Museum.
・Jurgen Keil, ed., *Gaither Pratt: A Life for Parapsychology*, McFarland & Company, 1987.
・J. Gaither Pratt, *Parapsychology: An Insider's View of ESP*, Doubleday & Company, Inc., 1964.
・Louisa E. Rhine, *Something Hidden*, McFarland & Company, 1983.
・William G. Roll, *The Poltergeist*, Paraview Special Editions, 2004. ［『恐怖のポルターガイスト』坂斉新治訳，角川春樹事務所］
・Meyer Berger, "Quest for Haunted House Here Finds Ghosts Shun, Metropolis of Steel and Concrete," *New York Times*, February 29, 1956.
・"Family Leaves Spooked House," *Dallas Times Herald*, August 3, 1957.
・"Some Recent Parapsychology Cases," *Parapsychology Bulletin*, no. 32, November 1957.
・Dave Kahn, "Flying-Bottle Mystery Gets Expert Attention," *Newsday*, February 26, 1958.
・Robert Wallace, "House of Flying Objects," *Life*, March 17, 1958.
・"The Seaford Case," *Parapsychology Foundation newsletter*, vol. 5, no. 2, March-April 1958.
・Karlis Osis, "An Evaluation of the Seaford Poltergeist Case," *Parapsychology Foundation newsletter*, vol. 5, no. 2, March-April 1958.
・"Seaford Revisited: Post-Mortem on a Poltergeist, An Editorial Report," *Tomorrow*, vol. 6, no. 3, Summer 1958.
・"L. I. Poltergeist Stumps Duke Men," *New York Times*, August 10, 1958.

・ Dave Kahn, "Bottle-Popping Probe Winds Up with Fizzle," *Newsday*, August 11, 1958.
・ W. G. Roll, "Some Physical and Psychological Aspects of a Series of Poltergeist Phenomena," *Journal of the American Society of Psychical Research*, vol. 62, no. 3, July 1968.
・ Dave Kahn, "A Home's Bad Vibration," *Newsday*, 2005.

第8章 特異能力者

・ アンディ・アロステギ刑事（マイアミ警察署未解決事件捜査班），アイリーン・コリー，リゼット・コリー，ウェストン・デワルト，ヴィヴィアン・フローレス刑事，ダリル・F. グレイザー（マサチューセッツ州矯正省法律部法律顧問），ステファニー・フルコス，ジョセフ・クレメン夫人，スティーヴン・レビー，ジョセフ・W. マクモニーグル，ウォルター・F. ロウ博士（ジョージ・ワシントン大学法科学部，ウィスコンシン連邦裁判所東地区），アービング・ウィットマンからの情報およびインタビュー．
・ ノースカロライナ州ダーラム，デューク大学付属図書館の超心理学研究所記録1893年〜1984年，希少本，手稿特別コレクションの書簡と史料．
  ・メアリー・クレイグ・シンクレアより，J. B. ライン宛（1945年9月6日）
  ・ジョセフ・クレメンより，J. B. ライン宛（1960年11月）
  ・J. B. ラインより，ジョセフ・クレメン宛（1960年11月15日）
  ・ハロルド・シャーマンより，J. B. ライン宛（1960年11月22日）
  ・ジョセフ・クレメンより，J. B. ライン宛（1961年1月）
  ・J. B. ラインより，ジョセフ・クレメン宛（1961年1月27日）
  ・S. H. ポジンスキーより，J. B. ライン宛（1961年2月15日）
  ・M. G. ビアードより，J. B. ライン宛（1961年2月27日）
  ・ハロルド・シャーマンより，J. B. ライン宛（1961年3月1日）
  ・ガス・ターベヴィルより，J. B. ライン宛（1961年11月28日）
  ・ガス・ターベヴィルより，スティーヴン・ロックフェラー宛（1961年11月28日）
  ・モーレー・バーンスタインより，J. B. ライン宛（1962年4月17日）
  ・J. B. ラインより，ソリー・H. ポジンスキー宛（1962年6月7日）
  ・モーレー・バーンスタインより，J. B. ライン宛（1963年3月4日）
  ・J. B. ラインより，モーレー・バーンスタイン宛（1963年6月10日）
  ・ガス・ターベヴィルより，モーレー・バーンスタイン宛（1963年9月19日）
  ・モーレー・バーンスタインより，J. B. ライン宛（1963年9月27日）
  ・W. H. ベルクによる1963年10月5日付メモ（Peter Hurkos today）
  ・ケイ・スターナーより，アンドリヤ・プハリッチ博士宛（1964年9月2日）
・ Norma Lee Browning, *The Psychic World of Peter Hurkos*, Doubleday, 1970.
・ ——, *Peter Hurkos: I Have Many Lives*, Doubleday, 1976.
・ Edward Keyes, *Michigan Murders*, Pocket, reissue edition, 1990.
・ Steven Levy, *The Unicorn's Secret: Murder in the Age of Aquarius*, Prentice-Hall, 1988.
・ Arthur Lyons and Marcello Truzzi, *The Blue Sense: Psychic Detectives and Crime*, Mysterious Press, 1991.
・ Walter J. McGraw, "Where Hurkos Failed," in *The Satan Trap: Dangers of the Occult*, ed. Martin Ebon, Doubleday, 1976.
・ Mike Marinacci, *Mysterious California: Strange Places and Eerie Phenomena in the Golden State*, Panpipes Press, 1988.
・ Gordon Stein, ed., *Encyclopedia of the Paranormal*, Prometheus Books, 1996.
・ Lawrence Thompson, "Mentalist and Police Visit Death Scene," *Miami Herald*, May 25, 1957.
・ Kit Miniclier, "Telepathist Predicting Jackson Case Solution," *Northern Virginia Sun*, June 8, 1960.
・ "Herkos [sic] Gift 'God Given' Is Claim," *Northern Virginia Sun*, June 8, 1960.

・"Jackson Slaying Investigation, Aided by Telepathist, Puts Man in Asylum," Washington, DC, *The Evening Star*, June 10, 1960.
・Jeffrey S. O'Neil, "Telepathist's Suspect Faces Test in Murder," *Washington Post*, June 11, 1960.
・Jeffrey S. O'Neil, " 'Mindreader' in Jackson Case Quits Without Finding Any Evidence," *Washington Post*, June 12, 1960.
・"Deputies Hunt Missing Boy, 7," *Los Angeles Times*, July 15, 1960.
・"Bloody Cloth Found in Missing Boy Search," *Los Angeles Times*, July 16, 1960.
・"5-Day Search Fails to Find Missing Boy," *Los Angeles Times*, July 18, 1960.
・"Mountaineer Unit in Search for Boy," *Los Angeles Times*, July 19, 1960.
・S. H. Posinsky, Ph.D., "The Case of John Tarmon: Telepathy and the Law," *Psychiatric Quarterly*, vol. 3, no. 1, March 1961.
・Ben A. Franklin, "Psychist Failed in Virginia Case," *New York Times*, February 9, 1964.
・"Mental 'Expert' Is Indicted on Impersonation Charge," *New York Times*, March 4, 1964.
・"Psychist Convicted of Impersonating an Agent of F.B.I," *New York Times*, November 14, 1964.
・Henry K. Puharich, "Electrical Field Reinforcement of ESP," *International Journal of Neuropsychiatry*, vol. 2, no. 5, October 1966.
・Dave Smith, "Suspect in Child Killings Called 'Quiet, Nice Guy' by Neighbors," *Los Angeles Times*, March 8, 1970.
・Tom Newton, "Body Believed That of Girl, 8, Slain 17 Years Ago Found," *Los Angeles Times*, March 12, 1970.
・Jim Stingley, "Slayer of Six Children Hangs Himself in Cell," *Los Angeles Times*, October 31, 1971.
・J. A. Sweat and M. W. Durm, "Psychics: Do Police Departments Really Use Them?" *Skeptical Inquirer*, Winter 1993.
・J. Nickell, "Update: Psychics ―Do Police Departments Really Use Them in Small and Medium-sized Cities?" in *Psychic Sleuths*, ed. by M. W. Durm and J. A. Sweat, Prometheus Books, 1994.
・Marcello Truzzi, "Reflections on 'The Blue Sense' and Its Critics," *Journal of Parapsychology*, vol. 59, no. 2, June 1995.
・Jill Neimark, "Do the Spirits Move You?" *Psychology Today*, September/October 1996.
・Andrew Blankstein, "Killer's Dead, but They're Still on His Trail," *Los Angeles Times*, March 17, 2007.
・Kenneth Todd Ruiz, "Police Back Theory on Missing Boy," Whittier (CA) *Daily News*, March 19, 2007.
・Malcolm Gladwell, "Dangerous Minds," *New Yorker*, November 12, 2007.

第9章　サイケデリックと冷戦

・アイリーン・コリー，リゼット・コリー，スタンリー・クリッパー，リチャード・ロウリイ，ジョセフ・マクモニーグル，サリー・ライン・フェザーからの情報およびインタビュー．
・ノースカロライナ州ダーラム，デューク大学付属図書館の超心理学研究所記録 1893年～1984年，希少本，手稿特別コレクションの書簡と史料．
　・レイノルド・B. ジョンソンより，J. B. ライン宛（1938年4月5日）
　・アンドリヤ・プハリッチより，J. B. ライン宛（1953年6月1日）
　・J. B. ラインより，オルダス・ハクスリー宛（1957年8月15日）
　・オルダス・ハクスリーより，J. B. ライン宛（1957年9月19日）
　・ピーター・A. カストルッチオより，J. B. ライン宛（1959年11月15日）
　・ウィリアム・H. ボワーズ大佐より，J. B. ライン宛（1958年6月14日）
　・ピーター・A. カストルッチオより，J. B. ライン宛（1958年8月19日）
　・P. A. カストルッチオより，J. B. ライン宛（1959年11月15日）

・ウィリアム・H. ボワーズ大佐より，J. B. ライン宛（1960年6月6日）
・バーバラ・B. ブラウンよりJ. B. ライン宛（1961年2月16日）
・J. B. ラインより，ライト航空開発部B. W. ラッセル宛（1961年2月24日）
・ジョージ・J. ベイヤールJr. 中佐より，J. B. ライン宛（1961年2月28日）
・ジョージ・H. シアーより，J. B. ライン宛（1961年3月17日）
・エドウィン・G. ボーリングより，J. B. ライン宛（1961年3月25日）
・J. B. ラインより，アーサー・ケストラー宛（1961年5月10日）
・アーサー・ケストラーより，J. B. ライン宛（1961年5月26日）
・チェスター・カールソンより，J. B. ライン宛（1961年5月29日）
・J. B. ラインより，ティモシー・リアリー宛（1961年6月5日）
・ティモシー・リアリーより，J. B. ライン宛（1961年6月5日）
・J. B. ラインより，ティモシー・リアリー宛（1961年6月9日）
・チェスター・カールソンより，J. B. ライン宛（1961年6月15日）
・J. B. ラインより，ティモシー・リアリー宛（1961年6月20日）
・ティモシー・リアリーより，J. B. ライン宛（1961年6月28日）
・ジョン・アルトリッチより，ティモシー・リアリー宛（1961年7月5日）
・ティモシー・リアリーより，J. B. ライン宛（1961年10月5日）
・J. B. ラインより，ティモシー・リアリー宛（1961年11月25日）
・J. B. ラインより，チェスター・カールソン宛（1961年12月4日）
・ハンス・F. メイシンガーより，J. B. ライン宛（1961年12月26日）
・スタンレー・クリッパーより，J. B. ライン宛（1962年3月30日）
・J. B. ラインより，スタウト氏（シカゴデイリーニューズ）宛（1962年5月17日）
・ゲイザー・プラットより，研究所宛（1962年6月8日）
・アイヴァン・トゥースより，J. B. ライン宛（1962年6月22日）
・J. B. ラインより，W. P. ベントレー宛（1962年6月23日）
・J. B. ラインより，ジェシ・オーランスキー博士宛（1962年11月26日）
・エヴェレット・F. デイグルより，J. B. ライン宛（1963年（日付不明））
・A. L. キツェルマンより，J. B. ライン宛（1963年9月16日）
・J. B. ラインより，E. B. コネッチ博士宛（1963年12月10日）
・海軍省海事研究事務所心理科学部長リチャード・トランブルより，J. B. ライン宛（1964年10月20日）
・アイリーン・ギャレットより，オルダス・ハクスリー宛（1959年1月14日），ニューヨーク州グリーンポート超心理学財団図書館アイリーン・J. ギャレット図書館より

- Jurgen Keil, ed., *Gaither Pratt: A Life for Parapsychology*, McFarland & Company, 1987.
- Martin A. Lee and Bruce Shlain, *Psychedelic Pioneers*, Grove Weidenfeld, 1985.
- J. Gaither Pratt, *Parapsychology: An Insider's View of ESP*, Doubleday, 1964.
- Jon Ronson, *The Men Who Stare at Goats*, Simon & Schuster, 2004. ［『実録・アメリカ超能力部隊』村上和久訳，文春文庫］
- Aldous Huxley, "Miracle in Lebanon," *Esquire*, September 1955.
- J. B. Rhine, "Why National Defense Overlooks Parapsychology," *Journal of Parapsychology*, vol. 21, no. 4, December 1957.
- Henry K. Puharich, "Can Telepathy Penetrate the Iron Curtain," *Tomorrow*, vol. 5, no. 2, Winter 1957.
- Bess Furman, "Scientists Urge Behavior Study," *New York Times*, February 9, 1958.
- Arthur Koestler, "Return Trip to Nirvana," (*London*) *Sunday Telegraph*, March 12, 1961.
- Humphrey Osmond, "Peyote Night," *Tomorrow*, vol. 9, no. 2, Spring 1961.
- Sidney Katz, "ESP: First Report on Extrasensory Powers among Canadians," *Maclean's*, July 29, 1961.

- Karlis Osis, "Deathbed Observations," *Physicians and Nurses*, Parapsychology Foundation, 1961.
- ——, "A Pharmacological Approach to Parapsychological Experimentation," *Proceedings of Two Conferences on Parapsychology and Pharmacology*, Parapsychology Foundation, 1961.
- Eileen Garrett, "Psychopharmacological Parallels to Mediumship," *Proceedings of Two Conferences on Parapsychology and Pharmacology*, Parapsychology Foundation, 1961.
- *Research Bulletin*, Air Force Cambridge Research Laboratories, September 1962.
- "Parapsychology in Russia and Czechoslovakia," *Journal of the Society for Psychical Research*, vol. 42, no. 715, March 1963.
- William R. Smith, Everett F. Dagle, Margaret D. Hill, John Mott-Smith, "Research Report: Testing for Extrasensory Perception with a Machine," Air Force Cambridge Research Laboratories, May 1963.
- "U.S. Defense Has ESP Machine," *Parapsychology Bulletin*, no. 6, August 1963.
- Eugene B. Konecci, Ph.D., "Bioastronautics Review," a paper presented at the XIV International Astronautics Federation Meeting in Paris, September 29-October 1, 1963.
- Duncan Blewett, "Psychedelic Drugs in Parapsychological Research," *International Journal of Parapsychology*, vol. 5, no. 1, Winter 1963.
- "Toward Telepathy in Outer Space," *Parapsychology Bulletin*, January/ February 1964.
- J. Gaither Pratt, "Extrasensory Perception in Russia and Czechoslovakia," *International Journal of Neuropsychiatry*, September/October 1966.
- Brookings Institution, U.S. Nuclear Weapons Cost Study Project, 1998.
- Arthur Hastings, "The Many Voices of Eileen J. Garrett," *International Journal of Parapsychology*, vol. 12, no. 2, 2001.
- "Monkey Ward," a confidential CIA memo dated April 20, 1954, and released January 21, 2002. Author's name blacked out.
- David R. McLean, "Cranks, Nuts, and Screwballs," *Studies in Intelligence*, CIA, Vol. 9, Summer 1965.

第10章　幽霊と科学者たち

- カルロス・S. アルヴァラド，ロイド・アウアーバッハ，アイリーン・コリー，リゼット・コリー，ブレンダ・J. ダン，キャロル・リンダ・ゴンザレス，ハンス・ホルツァー，ロバート・G. ジャン，パトリシア・マクマスター，マイケル・パーシンガー博士，サリー・ライン・フェザー，ウィリアム・ロール，ウェンディ・ヴィモウ，ナンシー・L. ジングロンからの情報およびインタビュー．
- ノースカロライナ州ダーラム，デューク大学付属図書館の超心理学研究所記録 1893年～1984年，希少本，手稿特別コレクションの書簡と史料．
  - J. B. ラインより，アルバート・アインシュタイン宛（1940年7月11日）
  - アルバート・アインシュタインより，J. B. ライン宛（1940年7月23日）
  - J. B. ラインより，M. A. ウェンジャー宛（1961年12月21日）
  - J. B. ラインより，チェスター・カールソン宛（1964年3月16日）
  - J. B. ラインより，ジェイムズ・ランディ宛（1964年7月23日）
- Lloyd Auerbach, *A Paranormal Casebook: Ghost Hunting in the New Millennium*, Atriad Press, 2005.
- C. J. Ducasse, *A Critical Examination of the Belief in a Life After Death*, Charles C. Thomas, 1961.
- Chris Carter, *Parapsychology and the Skeptics*, Sterling House Publishers, 2007.
- Alan Gauld, *Mediumship and Survival: A Century of Investigations*, David & Charles, 1983.
- Hans Holzer, *Ghosts: True Encounters with the World Beyond*, Black Dog & Leventhal Publishers, 2004.
- Dean Radin, *Entangled Minds*, Pocket Paraview, 2006. ［『量子の宇宙でからみあう心たち――超

能力研究最前線』竹内薫監修，石川幹人訳，徳間書店]
- Bruce Rosenblum and Fred Kuttner, *Quantum Enigma: Physics Encounters Consciousness*, Oxford University Press, 2006.
- Michael Schermer, *Why People Believe Weird Things*, A. W. H. Freeman/Owl Book, 2002. [『なぜ人はニセ科学を信じるのか』岡田 靖史訳，ハヤカワ文庫]
- Eileen Garrett, "The Nature of My Controls," *Tomorrow*, vol. 11, no. 4, Autumn 1963.
- W. G. Roll, "The Newark Disturbances," *Journal of the American Society for Psychical Research*, vol. 63, no. 2, April 1969.
- Richard A. Kalish and David K. Reynolds, "Phenomenological Reality and Post-Death Contact," *Journal for the Scientific Study of Religion*, vol. 12, no. 2, June 1973.
- Victor J. Stenger, "Quantum Quackery," *Skeptical Inquirer*, January 1997.
- Michael A. Persinger, "The Neuropsychiatry of Paranormal Experiences," *Journal of Neuropsychiatry and Clinical Neurosciences*, vol. 13, no. 4, Fall 2001.
- Arran Frood, "Ghostly Magnetism Explained," BBC News, May 21, 2003.
- L. S. St. Pierre and M. A. Persinger, "Experimental Facilitation of the Sensed Presence Is Predicted by the Specific Patterns of the Applied Magnetic Fields, Not by Suggestibility: Re-Analyses of 19 Experiments," *International Journal of Neuroscience*, vol. 116, 2006, pp. 1079-96.
- William G. Roll and William T. Joines, "Energetic Aspects of RSPK," paper presented at the Parapsychological Association Convention, 2007.
- Robert Lanaza, "A New Theory of the Universe," *American Scholar*, Spring 2007.
- Robert G. Jahn and Brenda J. Dunne, "Change the Rules," *Journal of Scientific Exploration*, vol. 22, no. 2, Spring 2008.

第11章 遺産

- ジム・カーペンター，エリザベス・マクマハン，ジョアンナ・モリス，サリー・ライン・フェザーからの情報およびインタビュー，ジム・カーペンターの1983年2月7日付インタビュー資料，およびドロシー・ポープとのインタビュー．
- ノースカロライナ州ダーラム，デューク大学付属図書館の超心理学研究所記録1893年～1984年，希少本，手稿特別コレクションの書簡と史料．
  - ゲイザー・プラットより，ヒューバート・ピアース宛（1964年5月28日）
  - J. B. ラインより，クレメント・ストーン宛（1965年6月27日）
  - J. B. ラインより，クレメント・ストーン宛（1965年8月2日）
  - J. B. ラインより，テリー・サンフォード宛（1978年12月1日）
  - J. B. ラインより，ゲイザー・プラット宛（1979年8月21日）
  - ヴァーノン・プラットより，ノースカロライナ州ダーラム『ザ・クロニクル』誌編集部宛（1996年12月16日）
- Allan Agoff, *Eileen Garrett and the World Beyond the Senses*, Harper and Row, 1974.
- Anthony Arthur, *Radical Innocent*, Random House, 2006.
- Chris Carter, *Parapsychology and the Skeptics*, Sterling House Publishers, Inc., 2007.
- William James, *The Will to Believe*, Longman, Green & Co., 1897.
- Elizabeth McMahan, *Warming Both Hands Before the Fire of Life*, vol. 3, self-published, 2005.
- J. Gaither Pratt, *Parapsychology: An Insider's View of ESP*, Doubleday, 1964.
- Ira Progoff, *The Image of an Oracle: A Report on Research into the Mediumship of Eileen J. Garrett*, Garrett Publications, 1964.
- J. B. Rhine and Associates, *Parapsychology: From Duke to FRNM*, The Parapsychology Press, 1965.
- Louisa E. Rhine, *Something Hidden*, McFarland & Company, 1983.
- J. B. Rhine, Ph.D., and Louisa E. Rhine, Ph.D., "One Evening's Observation on the Margery

Mediumship," *Journal of Abnormal and Social Psychology*, vol. 21, no. 4, January-March 1927.
・ Milton Esterow, "E.S.P. Mail Floods 'Clear Day,' " *New York Times*, January 27, 1966.
・ Persi Diaconis, "Statistical Problems in ESP Research," *Science*, vol. 201, 1978.
・ Report of the Executive Director to the Board of Directors of the Foundation for the Research on the Nature of Man, April 24, 1965.
・ Marcello Truzzi, "Discussion on the Reception of Unconventional Scientific Claims," in *AAAS Symposium, The Reception of Unconventional Science*, ed. Seymour H. Mauskopf, Westview Press, 1979.
・ Marcello Truzzi, "On Pseudo-Skepticism: A Commentary," *Zetetic Scholar*, no. 12-13, 1987.
・ E. Douglas Dean, Ph.D., "20th Anniversary of the PA and the AAAS, Part 1: 1963-1969," *ASPR Newsletter*, Winter 1990.
・ John Archibald Wheeler, "Drive the Pseudos out of the Workshop of Science," Appendix A in *The Role of Consciousness in the Physical World*, ed. by Robert G. Jahn, Westview Press, 1981.
・ Minutes from the Great Issues of Conscience in Modern Medicine conference at Dartmouth, September 8-10, 1960, Dartmouth College Library, Rauner Special Collections Library.

エピローグ

・ Donald K. Adams, "The Natural History of a Prejudice," *Archives for the History of American Psychology*, University of Akron.
・ Persi Diaconis, "Statistical Problems in ESP Research," *Science*, New Series, vol. 201, no. 4351, July 14, 1978.
・ Andrei Linde, "Inflation, Quantum Cosmology, and the Anthropic Principle," *Science and Ultimate Reality: From Quantum to Cosmos*, honoring John Wheeler's 90th birthday, Cambridge University Press, 2003.

年表——J. B. ラインと超心理学

※本書に書かれた事項は太字で記載

1882年	ロンドンで心霊研究協会（SPR）設立．初代会長はオックスフォード大学教授ヘンリー・シジウィック
1885年	ボストンで米国心霊研究協会（ASPR）設立．初代会長は天文学者のサイモン・ニューカム
1886年	井上円了「不思議研究会」結成．第一回大会を東京帝国大学で開催
1891年	ルイーザ・ライン生誕
1893年	シカゴで心霊研究学会開催．ウィリアム・ジェイムズがSPR会長に就任
1894年	心霊研究協会から『幻覚調査報告』刊行
1895年	J. B. ライン生誕
1905年	アルバート・アインシュタイン，特殊相対性理論を発表
1909年	ジェイムズ『心霊研究者の告白』刊行
1910年	東京帝国大学心理学助教授福来友吉，透視と念写の研究を開始
1911年	スタンフォード大学に心霊研究のための実験室が寄付により設立
1912年	ハーバード大学に超心理学的研究のためのホジソン基金が設立
1927年	**ハーバード大学のウィリアム・マクドゥーガルのデューク大学移籍に伴い，ライン夫妻，デューク大学に着任．同大学心理学科で超心理学実験が開始される**
1932年	**ヒューバート・ピアースがラインのESP実験の被験者となる**
1934年	**ライン『超感覚的知覚（ESP）』刊行**
1937年	**デューク大学が発行元となり，論文誌『超心理学』創刊．ライン二冊目の著書『心理学の新世界』刊行**
1938年	**アメリカ心理学会が超心理学の方法論についてシンポジウムを開催．マクドゥーガル死去**
1940年	**ゲイザー・プラットらデューク大学超心理学研究所のスタッフにより『超感覚的知覚の六〇年間の研究』刊行**
1943年	**デューク大学超心理学研究所のPK（念力）実験が初めて発表される**
1946年	東京に日本心霊科学協会が，仙台に東北心霊科学研究会が設立される
1947年	**チャーリー・スチュアート死去**
1949年	**米メリーランド・悪魔憑依事件（のちに『エクソシスト』の題材となる）**
1953年	オランダ・ユトレヒト大学で超心理学国際会議開催．ユトレヒト大学に超心理学講座開設
1956年	**モーリー・バーンスタインによる『第二の記憶』が刊行され，ベストセラーとなる．退行催眠で前世の記憶を語るこの本は30ヵ国で翻訳され，世界的ブームに発展．**米フィラデルフィアのセント・ジョゼフ・カレッジに超心理学実験室開設
1957年	**超心理学協会（PA）設立**

1958年　**米シーフォード・ポルターガイスト事例が新聞，雑誌，テレビに取りあげられ話題になる**

1960年　**デューク大学キャンパス内に心霊研究財団（PRF）が設立．研究部長はウィリアム・ロール**

1961年　レニングラード国立大学に超心理学研究所開設．**ハーバード大学で公開討論会「ESP」開催．ラインとティモシー・リアリーらが参加**

1962年　**プラット，ロシアのレニングラード研究所を訪問．ライン，人間本性研究財団（FRNM）設立**

1963年　プラット来日，東京で講演会開催．大谷宗司を会長として日本に超心理学研究会発足

1965年　**ライン，デューク大学を退官し，FRNMで研究を続ける**．カリフォルニア大学ロサンゼルス校でシンポジウム「超感覚知覚――事実か幻想か」開催

1967年　日本超心理学研究会第一回大会が東京で開催される

1968年　米バージニア大学精神科にイアン・スティーブンソンを所長として超心理学研究室開設．日本超心理学研究会が日本超心理学会に発展

1969年　**超心理学協会（PA），米国科学振興協会（AAAS）に登録**

1970年　**アイリーン・ギャレット死去**．カリフォルニア大学バークレー校でシンポジウム「ESPと心霊現象――心の見えない力」開催

1972年　スタンフォード研究所（SRI）で超心理学研究が開始する

1973年　**映画『エクソシスト』公開**

1974年　ユリ・ゲラー来日

1976年　**ポール・カーツにより国際的非営利団体「超常現象の科学的調査のための委員会（CSICOP）」設立**

1978年　**米陸軍（のちにCIAが管轄）による霊能スパイ活動・スターゲイト計画始動（1995年終了）**

1977年　**K・ラマクリシュナ・ラオがラインの後任として研究所長に任命される**

1979年　**ゲイザー・プラット死去．プリンストン大学にプリンストン変則工学研究課程（PEAR）設置（2007年閉鎖）**

1980年　**J. B. ライン死去**

1983年　**ルイーザ・ライン死去**

※参照：笠原敏雄編『サイの戦場――超心理学論争史』平凡社，1987年
※本書に関連する時代の項目のみ抜粋

著者 ステイシー・ホーン

1956年生まれ。1990年にニューヨークでソーシャル・ネットワーキング・サービスの先駆け的存在であるEchoNYCを立ち上げ、『*Cyberville: Clicks, Culture and the Creation of an OnlineTown*』（1998年）で、ノンフィクション作家としてデビュー。ニューヨーク市警の未解決事件捜査班を扱った『*The Restless Sleep: Inside New York City's Cold Case Squad*』（2005年）が話題を呼ぶ。邦訳に『猫と暮らす一人ぐらしの女』（晶文社）がある。

翻訳 ナカイサヤカ

1959年生まれ。ASIOS（超常現象の懐疑的調査のための会）運営委員（翻訳担当）。共著に『謎解き超常現象II』『謎解き古代文明』（以上、彩図社）、『検証 陰謀論はどこまで真実か』（文芸社）、訳書に『Textiles Across the Seas』（織の海道実行委員会）、『ティラノサウルス・レックス』『探し絵ツアーシリーズ（全9巻）』（以上、文溪堂）他。

監修 石川幹人 いしかわ・まさと

1959年生まれ。東京工業大学理学部応用物理学科卒。同大学院物理情報工学専攻。民間企業を経て、明治大学情報コミュニケーション学部教授（工学博士）。専門は認知情報学および科学基礎論。ASIOS発起人メンバー。2002年にデューク大学客員研究員としてラインセンターに滞在。
著書に『だまされ上手が生き残る——入門！進化心理学』（光文社新書）、『心と認知の情報学——ロボットを作る・人間を知る』（勁草書房）他。訳書にラディン『量子の宇宙でからみあう心たち——超能力研究最前線』（徳間書店）他。

超常現象を科学にした男
J.B.ラインの挑戦

2011年7月6日　第1刷発行

著者　★ ステイシー・ホーン
訳者　★ ナカイサヤカ
監修　★ 石川幹人

発行所　★ 株式会社紀伊國屋書店
東京都新宿区新宿 3-17-7

出版部（編集）電話　03-6910-0508
ホールセール部（営業）電話　03-6910-0519
〒153-8504　東京都目黒区下目黒 3-7-10

装丁　★ 松田行正＋日向麻梨子
印刷・製本　★ 三永印刷

ISBN978-4-314-01077-1
C0040 Printed in Japan

定価は外装に表示してあります